Angelo Par

LEONARDO DA VINCI

Lo psicotico figlio d'una schiava

Gingko Edizioni
2022

LEONARDO DA VINCI
Lo psicotico figlio d'una schiava

Angelo Paratico

La prima edizione di questo libro uscì a Hong Kong nel 2015, come *Leonardo Da Vinci a Chinese Scholar Lost in Renaissance Italy*; poi fu tradotto e pubblicato in Italia, da Gingko Edizioni, con il titolo di *Leonardo Da Vinci. Un Intellettuale Cinese nel Rinascimento Italiano*. Questa è una revisione dei due titoli, con l'aggiunta e l'integrazione di alcuni saggi, nel frattempo pubblicati dall'autore sul proprio blog.

Copyright © 2019 Gingko Edizioni
Vicoletto Valle n° 2, 37122 - Verona (VR)
www.gingkoedizioni.it

In copertina: Quadrella autografata creata dal giovane Leonardo Da Vinci (si veda il Capitolo Settimo di questo libro).

ISBN 978-88-95288-91-8

Seconda Edizione 2022.

Progetto grafico: Ploy Web Studio

Leonardo Da Vinci è stato forse il solo di quegli artisti del Rinascimento ad avere avuto uno sguardo veramente sovracristiano. Egli conosce bene l'Oriente, quello interno e altrettanto bene quello esterno. C'è in lui qualcosa di sovra-europeo e di taciuto, qualcosa che è tipico di chiunque abbia contemplato uno spettro troppo ampio di cose buone e di cattive

Friedrich Nietzsche

Possiamo sempre dimostrare che una certa definita teoria è sbagliata. Notate, comunque, che non possiamo mai provare che sia giusta.
Supponiamo che proponiate una buona teoria, calcolate le conseguenze, scoprite che ogni conseguenza da voi calcolata è in accordo con l'esperimento. La vostra teoria si dimostra per questo giusta? No. Semplicemente non si dimostra sbagliata

Richard Feynman

In fondo, l'opera di un genio si può considerare speculare al delirio di un folle, in quanto entrambe esprimono una sorta di acting out che origina dal rapporto dei due individui in questione con il mondo

Lauro Galzigna

Indice

Prefazione

di Salvatore Giannella*

Angelo Paratico, milanese, ha passato più della metà della sua esistenza a Hong Kong. Da sempre appassionato di Leonardo Da Vinci e d'arte orientale, analizzando fatti e documenti, seguendo deduzioni e dati storici, alacremente cerca di provare un'ardita tesi circa le origini etniche della misteriosa madre di Leonardo, Caterina. Non è un lavoro facile il suo, perché, come scrisse il grande storico dell'arte Adolfo Venturi: "Attribuire qualcosa a Leonardo è come prendere un ferro rovente con le mani nude."

È certo che Leonardo nacque a Vinci il 15 aprile 1452 da genitori non uniti dal vincolo matrimoniale: la sua nascita fu dunque casuale, un incontro furtivo fra il notaio della Repubblica fiorentina ser Piero Da Vinci, all'epoca ventiseienne e una misteriosa Caterina. Lei era sprovvista d'un cognome o d'un patronimico. Forse non fu una comune serva, neppure una contadinella delle campagne toscane, giudicando da causa e effetto deduciamo che fu una donna speciale, fiera e dotata d'una forte personalità, che incise in modo determinante sul genio del figlio, trasmettendogli i propri sentimenti.

Che Caterina fosse una serva "profumata d'Oriente" l'avevano prospettato già, in passato, altri autorevoli storici e studiosi. Per citare alcuni nomi, portano in Oriente le strade indicate dal direttore del Museo Ideale Leonardo Da Vinci, Alessandro Vezzosi: "Non dimentichiamo che la più probabile identità della madre di Leonardo è quella di 'Caterina schiava', presumibilmente di origine orientale convertita al cristianesimo e battezzata con il nome più comune nella Toscana del tempo; e che gran parte delle schiave presenti intorno al 1452 nelle case fiorentine proveniva dal mercato di Costantinopoli", mi scrisse, a proposito dei tanti legami di Leonardo che studiava e sognava l'Oriente, questo indagatore della vita di Leonardo e dell'albero genealogico della famiglia Da Vinci. In uno studio durato molti anni, condotto insieme alla storica Agnese Sabato, Vezzosi ha individuato ben 35 discendenti viventi di ser Piero Da Vinci, incluso il regista Gianfranco Zeffirelli, figlio illegittimo di Ottorino Corsi.

Per studiare l'origine orientale di Leonardo Da Vinci l'autore analizza il poco conosciuto fenomeno della schiavitù domestica, che si sviluppò nei paesi del Mediterraneo dopo il devastante passaggio della peste nera nel 1347 e il 1353. Il morbo proveniva dalla Crimea e si diffuse poi in tutta Europa, provocando, nel giro di pochi anni, la morte di circa il sessanta per cento della popolazione europea. Quello fu un evento epocale che provocò grandi sconvolgimenti socioeconomici. Le città vennero spopolate dalla falcidia e nessuno più lavorava la terra. Fu allora che genovesi e veneziani presero a importare delle schiave tartare, ossia mongole e cinesi, acquistandole in Crimea. La Crimea era parte dell'impero creato dai discendenti di Genghis Khan e a Tana, l'odierna Azov, genovesi e veneziani stabilirono la propria base più estrema. Anche la famiglia veneziana dei Polo vi tenne ciò che oggi chiameremmo un 'ufficio commerciale'. Tana era anche una delle tappe della Via della Seta che portava sino alla Cina e lo stesso Marco Polo (lo si evince dal suo testamento), tornando a Venezia, affrancò uno schiavo tartaro chiamato Pietro. Nel 1322 arrivò Dante Alighieri a Venezia, come ambasciatore dei Polentari, ma non sappiamo se incontrò Marco Polo

Sino ai primi decenni del XV secolo circa il 90 per cento di schiave importate dalla Crimea erano estremo-orientali e solo in parte greche, russe e arabe. Il traffico di schiave da Tana sino a Genova e Venezia (che durò sino alla caduta di Costantinopoli del 1453) fu molto redditizio. Queste ragazze costavano dai 20 agli 80 fiorini d'oro a testa e tale commercio coinvolse migliaia di bambine e ragazze di età compresa fra gli 8 e i 20 anni. Si conservano ancora centinaia di atti notarili e di assicurazioni nei quali si trova la descrizione fisica di queste schiave, con i loro nomi originali, ma in qualche caso soltanto appare la dicitura *orta kataiorum* ossia di origine cinese, *Katai* il nome usato per indicare a Cina dai tartari e che appare anche nel *Milione* di Marco Polo.

Gli abusi domestici furono comprensibilmente molti, prova ne sia il fatto che leggi severissime furono promulgate contro chi ingravidava le schiave altrui ma, d'altro canto, ogni forma di violenza era con- cessa ai proprietari. Se queste si ribellavano, le pene erano feroci: come minimo, frustate e bastonate *malo modo*. Le massaie italiane odiavano queste servette che attraevano le attenzioni dei loro anziani mariti, e non per nulla Francesco Petrarca le definì "nemiche nelle nostre case".

Il grande studioso della civiltà cinese Joseph Needham (1900-1995), autore della monumentale *Storia della scienza e della civilizzazione in Cina*, pubblicata in 22 volumi, così commenta il fenomeno: "Olschki ha descritto il poco conosciuto fenomeno del traffico di schiave tartare (mongole e cinesi) che hanno fornito servi domestici nelle case italiane dal XIV al XV secolo. Fra il 1366 e il 1397, ad esempio, non meno di 259 tartari, in maggioranza giovani donne, furono venduti nei mercati degli schiavi di Firenze. L'afflusso sembra sia iniziato nel 1328, quando al servo di Marco Polo, Pietro il tartaro, fu concessa la cittadinanza veneziana, e poi terminò con la caduta di Bisanzio nel 1453. Esiste una copiosa evidenza che molta commistione razziale avvenne e che ragazze mongole e cinesi hanno apportato un utile patrimonio genetico alla popolazione europea."

Lo studio degli archivi degli antichi ospedali degli Esposti in Toscana (allora gli orfani venivano chiamavano "esposti" o "gettatelli") mostra un gran numero di dati interessanti. Questi dati sono stati studiati e interpretati da una storica giapponese, Tomoko Takahashi, la quale in un suo libro del 2003 intitolato *Il Rinascimento dei trovatelli. Il brefotrofio, la città e le campagne nella Toscana del XV secolo*" prova che la stragrande maggioranza dei bambini abbandonati subito dopo la nascita fossero figli di schiave, perlopiù tartare. La schiava Caterina, madre di Leonardo Da Vinci, una volta ingravidata da ser Piero Da Vinci dentro alla casa d'un suo cliente, per nascondere lo scandalo, fu portata a Vinci. E fu a Vinci che partorì uno degli uomini più misteriosi e illustri mai esistiti.

Leonardo dunque, il più famoso "figlio della colpa" di tutti i tempi, nacque a Vinci alle ore tre di notte, secondo quanto scrisse suo nonno, Antonio, in una nota ritrovata ritrovata nel 1933:

Nachue un mio nipote, figliolo di ser Piero mio figliuolo, a dì 15 aprile 1452 in sabato a ore 3 di notte. Ebbe nome Lionardo...").
Nonno Antonio dà anche il nome del prete che lo battezza e dei testimoni presenti: "Battizzollo Piero di Bartolomeo da Vinci, in presenza di Papino di Nanni, Meo di Torino, Pier di Malvolto, Monna Lisa di Domenico di Brettone". Insomma, c'erano tutti: preti, testimoni e intimi. Mancavano i genitori. Ser Piero non c'era e nonno Antonio non nomina la madre, Caterina. Le ore a quel tempo si contavano a partire dal suono delle campane che battevano il Vespro, dunque Leonardo nacque verso le dieci e mezza di sera.

Dopo la nascita, ser Piero congegnò un matrimonio con un manovale della sua cerchia: Antonio Di Piero del Vaccha d'Andrea Buti, soprannominato Accattabriga. Nelle note del Catasto di Vinci per l'anno 1457, cinque anni dopo la nascita di Leonardo, leggiamo che nonno Antonio, di 85 anni (morirà forse a 96 anni), abitava nel popolo di Santa Croce, era marito di Lucia, di anni 64, e aveva per figli Francesco e Piero, d'anni 30, sposato ad Albiera, ventunenne. Convivente con loro era "Lionardo figliuolo di detto ser Piero non *legiptimo* nato di lui e della Catharina, al presente donna d'Achattabriga di Piero del Vacca Vinci, di anni 5."

* Salvatore Giannella è stato direttore di Genius, de L'Europeo, di Airone e di BBC History Italia. Ha curato le pagine di cultura e scienza del settimanale Oggi e, dal 2013 e, per cinque anni, la rubrica Il mio eroe su Sette, lo storico magazine del Corriere della Sera: una prima selezione, arricchita, delle interviste (dalla A di Alberto Angela e Renzo Arbore alla Z di Alex Zanardi e Sergio Zavoli), compare nel nuovo libro In viaggio con i maestri (Minerva, 2018). Ha pubblicato libri (tra gli ultimi, Voglia di cambiare e Operazione salvataggio per Chiarelettere, dedicati alle eccellenze dell'Europa e ai Monuments men i salvatori dell'arte, in Italia e nel mondo; e Guida ai paesi dipinti di Lombardia BookTime. Ha sceneggiato premiati docufilm per la Rai e ideato piccoli musei (il MAIO, Museo dell'Arte in Ostaggio, a Cassina de' Pecchi, alle porte di Milano). Cura un seguito blog al positivo: Giannella Channel.

Premessa

La storia non può essere interpretata esclusivamente analizzando fatti e documenti. Gli storici devono seguire indizi, ricordi e impressioni, poiché talora le prove non esistono, oppure, se esistono, sono distorte e confuse. Quando si studiano la vita e le opere di Leonardo Da Vinci questo problema si fa particolarmente acuto, giacché, nonostante tutti gli sforzi compiuti da grandi storici, la sua vita resta un enigma. Forse, nuovi documenti emergeranno in futuro, mettendo alla prova ipotesi oggi ritenute credibili e sicure, ma allo stato attuale delle cose si può affermare che conosciamo più dettagli biografici di tanti artisti rinascimentali, tutto sommato minori, che non del grande Leonardo.

Sappiamo che Leonardo Da Vinci nacque il 15 aprile 1452, a Vinci, in Toscana,[1] da genitori non legati da vincolo matrimoniale: la sua fu dunque una nascita accidentale, il risultato d'un furtivo amplesso fra ser Piero d'Antonio Da Vinci (1426- 1504) — un rampante notaio della Repubblica Fiorentina — e una misteriosa Caterina (1427/34-1494).

Questa ragazza non poteva sperare di diventare la sua legittima sposa, poiché ser Piero fu un professionista ambizioso, con forti aspirazioni al successo materiale e all'acquisizione di clienti nel competitivo mondo finanziario e mercantile fiorentino. Uno dei requisiti indispensabili per salire la scala sociale era lo sposarsi bene e, per rimediare al *faux pas* compiuto con una ragazza priva di mezzi, ser Piero agì da sensale nei confronti della sua vittima, dopo il parto, offrendola in sposa a uno dei suoi aiutanti: Antonio di Piero

---

1. Da una nota di Antonio Da Vinci — Archivio di Stato di Firenze, Notarile Antecosimiano, 16912, f.105v.

del Vaccha d'Andrea Buti, soprannominato l'Accattabriga: un nomignolo che, ieri come oggi, indica una persona facilmente irritabile e prepotente.

Caterina continuò a vivere a Vinci, dopo che vi era stata portata da Firenze per darvi alla luce Leonardo, badando al suo nuovo marito e ai cinque figli che successivamente la coppia mise al mondo.

Non si ha ragione di dubitare che Leonardo fu in quotidiano contatto con sua madre, benché alcuni biografi, senza averne le prove, accettano l'immagine romantica di un bambino strappato al seno materno subito dopo lo svezzamento e affidato da ser Piero alla sua legittima moglie, Albiera, impalmata a Firenze.

Nulla sappiamo della gioventù di Leonardo: dove la trascorse e con chi, e nulla conosciamo della sua educazione e dei suoi maestri, se mai ne ebbe, poiché egli si definì un *omo sanza lettere*.[2]

Sappiamo soltanto che fu impiegato nella bottega di Andrea di Michele di Francesco Cione, detto il Verrocchio (1435-1488) a Firenze, ma ciò accadde quando Leonardo aveva già diciotto anni — infatti, a diciassette anni, appare ancora in una dichiarazione dei redditi[3] presentata da suo padre — e quando il suo enorme talento artistico s'era già manifestato. È dunque ragionevole ipotizzare che Leonardo trascorse la propria gioventù a Vinci, vicino alla madre e al padre adottivo, non distante dalla chiesa di San Pantaleo,[4] alla periferia del paese, a Campo Zeppi, anziché a Firenze, dove suo padre perseguiva la propria carriera legale.

---

2. Codice Atlantico,117r-b. *So bene che, per non essere io litterato, che alcuno presuntuoso gli parrà ragionevolmente potermi biasimare coll'allegare io essere omo sanza lettere.*

3. Archivio di Stato di Firenze, catasto 909, cc. 497-498.

4. Renzo Cianchi *Ricerche e documenti sulla madre di Leonardo* Giunti, Firenze, 1975.

Leonardo, figlio illegittimo di ser Piero e di Caterina, deve aver cercato disperatamente quell'accettazione sociale che gli mancava, dopo aver realizzato che la sua posizione non sarebbe mai stata legalizzata.[5]

Il motivo per cui non sarebbe mai stato pienamente integrato nella famiglia dei Da Vinci, a differenza di molti altri illegittimi, deve essere dipeso dallo stato sociale di sua madre, una schiava straniera.

Anche fra le classi dominanti l'essere nati illegittimi, in quei tempi, non era un fatto raro o straordinario. Tuttavia, nel caso di Leonardo, si avverte la presenza di qualcosa di peggiore, che può solo essere messo in relazione con lo stato sociale di sua madre. Forse, fu proprio questo che gettò un'ombra oscura su tutta la sua esistenza anche se, sfortunatamente, ne sappiamo assai poco, visto che egli fu un uomo assai riservato, che mai abbassò la guardia nei suoi scritti per rivelare questo suo peccato originale.

Meditando sulla figura di Caterina, lo storico Edmondo Solmi (1874-1912) scrisse:

"Sembra quasi che la natura, dopo aver prodotto il miracolo, abbia voluto coprire d'un velo impenetrabile il luogo e l'essere umano, che sono stati strumento al miracoloso effetto."[6]

Sigmund Freud fu il primo a proporre un'interpretazione del carattere di Leonardo Da Vinci basata sull'influenza emotiva esercitata da sua madre, presentando la sua intuizione in un libro intitolato *Un ricordo d'infanzia di Leonardo Da Vinci.*[7]

---

5. Vanna Arrighi *La nascita di Leonardo* in *La vera immagine* Giunti, Firenze, 2005, p. 120.

6. Edmondo Solmi *Leonardo* Longanesi, Milano, 1972, p. 6.

7. Sigmund Freud *Leonardo da Vinci* Bollati Boringhieri, Torino 2013. Prima edizione *Eine Kindheitserinnerung des Leonardo da Vinci* Deutcke Verlag, Leipzig und Vienna, 1910. Il 1° dicembre 1909 Freud presentò questo saggio alla Società Psicoanalitica di Vienna, dove erano presenti anche Carl Gustav Jung (1875-1961) e Otto Rank (1884-1939).

Sin dalla sua pubblicazione, avvenuta nel 1910, il libro di Freud si è dimostrato sorprendentemente corretto su molti punti, una volta che i diversi tasselli dell'enigma leonardesco, come in un puzzle, vanno trovando il proprio posto. Questa geniale operetta di Freud verrà spesso citata nelle pagine seguenti.

Dunque, cosa si nasconde dietro la riluttanza di Leonardo nel rivelarci il proprio retaggio familiare? Si ha motivo di pensare che la sua reticenza e la sua cautela siano dovute all'esotica etnia della madre. Questo sarà il leitmotiv del nostro libro, in contrasto con le tante biografie già pubblicate, le quali, pur essendo continuamente riscritte, non tentano affatto di far luce su di lei.

La conclusione che si raggiunge è che Caterina, la madre di Leonardo, fu una schiava domestica cinese o tartara: ovvero una donna che, quasi per osmosi, fu in grado di trasmettere al sensibilissimo figlio una piccola parte della propria cultura etnica. Questo, tutto sommato, può essere stato il segreto più oscuro di Leonardo: egli non fu solo il figlio illegittimo di ser Piero, ma fu anche il figlio di una schiava domestica con radici orientali.

Per suffragare la nostra ipotesi, taglieremo con il rasoio di Occam il corpus delle opere di Leonardo, compiendo controlli incrociati sugli scarsi riferimenti biografici a nostra disposizione e utilizzando i documenti emersi nel corso degli anni dagli archivi.

Caterina dev'essere stata solo una bambina quando fu catturata da cavalieri mongoli e gettata in schiavitù, ma, ciò nonostante, è possibile che alcune ombre del suo paese perduto siano rimaste impresse nella sua mente. I tratti orientali del volto di Caterina non furono ricordati a Vinci perché — contrariamente a quanto si pensa oggi — in quell'epoca in Toscana gli schiavi orientali erano assai comuni, come scrissero gli storici Zanelli, Livi e Cibrario.

Gran parte di essi venivano chiamati *tartari* un termine generico usato per indicare varie tribù estremo-orientali poste sotto al dominio mongolo, cinesi compresi.[8]

George H. Edgell scrisse: "Poiché entrarono a migliaia, essi furono rapidamente assorbiti nella popolazione indigena, ma il ceppo mongolo potrebbe non essere stato raro nelle case e per le strade della Toscana".[9]

Ginevra Datini, l'amatissima figlia del mercante tardo-medievale Francesco Datini (1335-1410), nacque da una schiava domestica tartara, chiamata Lucia, che serviva in casa sua. Questa straordinaria scoperta non sarebbe mai avvenuta senza il ritrovamento fortuito, avvenuto nel diciannovesimo secolo, di un vero e proprio tesoro di lettere e di documenti che erano stati nascosti all'interno di una nicchia in un muro di Palazzo Datini, a Prato. 150.000 lettere, 500 registri dei conti, 300 contratti societari, 400 contratti di assicurazione, migliaia di polizze di cambio e di assegni.[10] Tale ritrovamento ha mutato la nostra visione del tardo Medioevo europeo ma, sfortunatamente, non abbiamo ritrovato nulla di lontanamente paragonabile per Leonardo Da Vinci e la sua famiglia.

Questo libro presenta una serie di documenti sulle origini di Caterina e sulla possibile influenza emotiva da lei esercitata sul proprio primogenito, offrendo sia prove concrete che deduzioni logiche che spiegano perché Leonardo Da Vinci ci appare più come un letterato cinese della dinastia cinese dei Ming che uno dei vanagloriosi

---

8. Rodolfo Livi *La schiavitù medioevale e la sua influenza sui caratteri antropologici degli italiani* Landi Editore, Parma, 1907, p.100. Come scrisse anche Luigi Cibrario nel suo *Della schiavitù e del servaggio* Civelli, Milano, 1868, p. 205: "Gli schiavi orientali arrivavano dal Mar Nero via Venezia. La gran parte erano definiti tartari, un termine ampio che comprendeva tutti i popoli sottoposti al giogo dei mongoli".

9. George H. Edgell *A History of Sienese Painting* MacVeagh, New York, 1932.

10. Iris Origo *The Merchant of Prato* Jonathan Cape, Londra, 1957.

caratteri del nostro Rinascimento, come Michelangelo Buonarroti, Benvenuto Cellini e Pietro Aretino. Verrà esaminato il Leonardo Da Vinci uomo, presentando ciò che potrebbe essere il suo più intimo segreto, ovvero — come Sigmund Freud distintamente sospettò — l'enigma di sua madre, Caterina, e l'influenza pressoché inesistente di un padre come ser Piero, con il quale Leonardo ebbe scarsi contatti e che, alla fine, disprezzò.

Leonardo soffriva di disortografia — un disturbo neurologico comune in bambini in età scolare, caratterizzato dall'incapacità di apprendere l'ortografia e che è associabile alla dislessia, spesso causata da problemi emotivi e affettivi. Come ebbe a scrivere un grande pensatore come Lauro Galzigna (1933-2014):

Nella comunità umana sono considerati geni gli individui di ingegno superiore, capaci di grandi scoperte ricordate dalla posterità...Vedere ciò che è nascosto ai comuni mortali può essere infatti un premio o una punizione riservata a chi è uscito dalla normalità per addentrarsi, più o meno profondamente, nei sentieri della follia...La pittura in generale è una pratica a cui concorrono perizia artigianale, attività percettiva e capacità di elaborarne i risultati con i contributi della memoria e dell'inconscio. Essa si basa sulla manipolazione di immagini contenenti significati e valori occulti esplicitati secondo un simbolismo e con colori simili o diversi dai colori della natura... In fondo, l'opera di un genio si può considerare speculare al delirio di un folle, in quanto entrambe esprimono una sorta di acting out che origina dal rapporto dei due individui in questione con il mondo.[11]

Dunque, il grande Leonardo fu certamente uno psicotico, forse a causa di forti traumi subiti in gioventù e

---

11. Lauro Galzigna http://www.psychiatryonline.it/node/2472

la sua vita fu una costante lotta per trascendere il proprio passato, fu un narcisista dalla personalità divisa che si poneva degli obiettivi intrinsecamente irraggiungibili che alimentarono la sua inestinguibile insoddisfazione. Fu questo che gli consentì di salire sopra a vette mai prima esplorate, ma, una volta giunto alla loro sommità, non vi trova alcun appagamento alle proprie turbe interiori, perché dietro a ogni vetta ne sorge una più alta, che lo costringe a riprendere l'ascesa.

Cronologia

1405

17 febbraio. Timur Khan (Tamerlano) muore di peste mentre è in marcia da Samarcanda verso la Cina, alla testa del proprio esercito. L'imperatore Yongle, della dinastia Ming, riesce a contenere i mongoli e a ristabilire il commercio con l'Asia Centrale e con l'Europa — una decisione che era stata scoraggiata dai suoi due predecessori, gli imperatori Hongwu e Janwen.

1421

Yongle trasferisce la capitale della Cina da Nanchino a Pechino.

1424

12 agosto. L'imperatore Yongle muore nel deserto del Gobi, combattendo contro i mongoli.

1426

Nasce ser Piero Da Vinci, il padre di Leonardo Da Vinci.

1424

Nasce la madre di Leonardo Da Vinci (o forse nel 1427). Il suo nome, dopo il battesimo, sarà Caterina.

1437

Giugno. Il Concilio di Firenze, fra la Chiesa orientale e quella occidentale termina con un accordo provvisorio, che viene però bocciato dai greci, al loro rientro a Costantinopoli. Sfuma l'ultima opportunità per un'unione fra la Chiesa ortodossa orientale e quella cattolica romana, un'unione che avrebbe potuto offrire un argine più forte all'aggressione ottomana.

1443

La madre di Leonardo viene catturata dai mongoli e poi venduta in un mercato della Crimea a mercanti veneziani, i quali fanno vela verso la propria città, passando per Costantinopoli. Una volta giunti a Venezia, un agente di ser Vanni, un ricco banchiere fiorentino, la compra. Sua moglie, Agnola, la impiegherà come schiava domestica nella loro casa in via Ghibellina, a Firenze.

1450

Johannes Gutenberg avvia un'officina di stampa, la prima a caratteri mobili.

1451

Agosto. Ser Piero Da Vinci, legale di ser Vanni, ingravida Caterina durante una visita nell'abitazione del proprio cliente.

24 ottobre. Muore ser Vanni. La vedova, Agnola, cede Caterina, ancora incinta, a ser Piero Da Vinci, il quale con l'aiuto di suo padre, Antonio, la trasferisce nella propria casa di campagna a Vinci.

Agosto-ottobre. Nascita di Cristoforo Colombo.

1452

15 aprile. Nascita di Leonardo Da Vinci, a Vinci, verso le ore 22.20.

Nel medesimo giorno, un sabato, il sultano Mehmed II (1432-1481) inizia le manovre d'assedio che culmineranno con la presa di Costantinopoli, conosciuta anche come Bisanzio o Romania. Ciò segnerà la fine dell'importazione di schiavi tartari in Italia.

Ser Piero Da Vinci sposa Albiera di Giovanni Amadori, una ragazza appartenente a una famiglia di ricchi notai.

Le truppe napoletane invadono il Chianti, mentre i

veneziani attaccano Milano.

27 luglio. Nascita di Ludovico Sforza, figlio di Bianca Maria Visconti (1425-1468) e Francesco Sforza (1401-1466).

30 dicembre. Una legge draconiana viene promulgata a Firenze. Viene imposta la pena di morte su chi ingravida le schiave domestiche altrui.

1453

L'isola vulcanica di Kuwae, a circa 1.900 chilometri dalla costa orientale australiana, esplode con una forza brutale, paragonabile a due milioni di volte la bomba atomica di Hiroshima. Il clima della terra cambia drasticamente, nevica per quaranta giorni in Cina meridionale e migliaia di persone muoiono di freddo e di fame.

L'Europa viene avvolta dalle tenebre, con frequenti piogge e grandinate. Questa eruzione è una ripetizione — su scala minore — dell'esplosione del Monte Tarawera, in Nuova Zelanda, avvenuta nel 1316, che causò un'estate senza sole in Europa e la morte per fame di milioni di contadini in tutto il mondo.

26 maggio. L'esplosione di Kuwae causa il fuoco di Sant'Elmo, visibile sulle cupole di rame delle chiese di Firenze. Lo stesso fenomeno viene osservato a Costantinopoli e interpretato come un segno che annuncia la caduta della città.

29 maggio. Caduta di Costantinopoli. La città viene ribattezzata Istanbul dai turchi. Questo segna la fine dell'Impero Romano, fondato nel 753 a.C.

12 settembre. Alle cinque di mattina un terremoto scuote Firenze.

La madre di Leonardo, Caterina, sposa Antonio di Piero d'Andrea Buti, un contadino di Campo Zeppi. Forse, egli era stato un mercenario, come suo fratello Andrea.

1463

Francesco Da Vinci, fratello minore di ser Piero, sposa Alessandra Amadori, sorella di Albiera, già moglie di ser Piero.

1464

14 giugno. Muore Albiera, moglie di ser Piero, a ventotto anni. Leonardo ha dodici anni.
1° agosto. Cosimo de' Medici muore a Firenze. Suo figlio, Piero, prende il suo posto.
Ser Piero sposa la sedicenne Francesca di ser Giuliano Manfredini.

1466

Il condottiero Francesco Sforza muore e suo figlio, Galeazzo Maria Sforza, diventa il nuovo signore di Milano.

1469

Ser Piero viene eletto notaio della Signoria di Firenze.
2 dicembre. Morte del trentacinquenne Piero de' Medici. Il potere passa ai suoi due figli, Lorenzo e Giuliano.

1470

Il nome di Leonardo viene registrato nella dichiarazione dei redditi del padre. Leonardo entra nel laboratorio del Verrocchio, dove lavorerà per sette anni.

1471

Marzo. Verrocchio riceve una commissione per le decorazioni dei festeggiamenti in onore di Galeazzo Maria Sforza, duca di Milano.

1472

Il nome di Leonardo compare nell'albo dei pittori di Firenze, ma alcuni storici contestano l'autenticità di questa nota.

1473
8 agosto. Primo disegno datato di Leonardo, un paesaggio della Valdinievole. Oggi è conservato nel Museo degli Uffizi, a Firenze.

1474
Verrocchio riceve una commissione per il dipinto della pala d'altare della cappella di Donato de' Medici nella Cattedrale di Pistoia. Le figure in quest'opera sono attribuite a Leonardo, Domenico Ghirlandaio, Botticelli, Perugino e Lorenzo di Credi, tutti appartenenti alla stessa bottega.
Febbraio. Francesca, la seconda moglie di ser Piero Da Vinci, muore senza aver generato figli. Leonardo ha ventuno anni.

1475
Nascita di Michelangelo Buonarroti. Morte di Paolo Uccello. Ser Piero sposa Margherita di Francesco Giulli, la quale gli darà sette figli.
26 dicembre. Galeazzo Maria Sforza muore assassinato a Milano.

1476
8 aprile. Leonardo lavora ancora presso la bottega dal Verrocchio, come indicato nel mandato di comparizione che riceve, insieme con altri ragazzi, accusati di sodomia nei confronti di un garzone diciassettenne, Jacopo Saltarelli.
Margherita, la terza moglie di ser Piero Da Vinci, partorisce un figlio maschio, Antonio.

1477
Leonardo lavora in maniera indipendente, forse vicino alla

cerchia di Lorenzo de' Medici, dove incontra Ludovico Sforza, esiliato da Milano.

1478

10 gennaio. Leonardo riceve l'incarico di dipingere una pala d'altare per la cappella di San Bernardo nel Palazzo della Signoria, a Firenze. La pala verrà poi completata da Filippo Lippi.

26 aprile. Giuliano, fratello di Lorenzo de' Medici, è assassinato durante la congiura dei Pazzi. Un'annotazione suggerisce che Leonardo aveva iniziato due dipinti, la *Madonna Benois* e la *Madonna del Garofano*. Dipinge Ginevra de' Benci, oggi esposta alla National Gallery di Washington. Ma la donna nel dipinto potrebbe essere Fioretta Gorini, la favorita di Giuliano de' Medici e madre di Giulio de' Medici, il futuro Papa Clemente VII. Essendo già morta quando la dipinse, Leonardo forse usò come soggetto la propria madre, Caterina.

1479

29 dicembre. Leonardo compie uno schizzo dell'impiccagione di Bernardo di Bandino Baroncelli, uno degli assassini di Giuliano de' Medici, arrestato a Istanbul, dove aveva cercato rifugio, e poi estradato a Firenze. I Baroncelli erano imparentati con la moglie di ser Vanni, la vecchia padrona della madre di Leonardo, Caterina.

1480

Ludovico è nominato tutore del nipote, Gian Galeazzo Sforza, e governa Milano in sua vece.

Ser Piero si trasferisce nella casa di via Ghibellina, ereditata da ser Vanni.

1481

Leonardo riceve una commessa per l'*Adorazione dei Magi* dal Monastero di San Donato, a Scopeto, nelle vicinanze di Firenze. L'opera si trova oggi esposta nel Museo degli Uffizi.

28 settembre. Tre monaci consegnano un barile di vino in casa di Leonardo. Questa è l'ultima indicazione della sua presenza a Firenze, durante la sua prima residenza.

1482

Settembre. Leonardo è a Milano con il proprio assistente sedicenne, Atalante Migliorotti, che lo ha seguito da Firenze.

Muore a Firenze Paolo dal Pozzo Toscanelli. Fu lui che nel 1474 scrisse una lettera al re del Portogallo, assicurando che era possibile raggiungere la Cina navigando verso ovest anziché verso est. Colombo scoprirà l'America cercando una rotta occidentale per la Cina.

1483

Una nuova epidemia di peste bubbonica colpisce Milano. Ambrogio de Predis e suo fratello, Evangelista, si accordano con Leonardo per un dipinto di una *Vergine delle Rocce*, destinata alla Confraternita della Immacolata Concezione. Ne vengono prodotte due copie. Un'edizione si trova nel Museo del Louvre a Parigi e una alla National Gallery di Londra.

1485

26 marzo. Leonardo descrive un'eclissi totale di sole, e suggerisce d'osservarla mediante un pezzo di carta forata con uno spillo. Dipinge il ritratto del *Musico* che è conservato presso l'Ambrosiana di Milano.

1487

Milano annette Genova e la Liguria. Leonardo lavora al Duomo di Milano, ricevendo pagamenti a rate.

1489

22 luglio. Piero Alamanni scrive a Lorenzo de' Medici dicendogli che Ludovico Sforza ha ordinato a Leonardo di erigere un grande monumento equestre in memoria di suo padre, Francesco. Leonardo dipinge la *Dama con l'ermellino*, il ritratto di Cecilia Gallerani, una delle favorite di Ludovico. In questo periodo è impegnato nello studio dell'anatomia.

1490

23 gennaio. Festa del Paradiso in onore di Gian Galeazzo Sforza e della sua sposa Isabella d'Aragona (1488-1524).

8 giugno. Ludovico Sforza chiede a Leonardo di lavorare alla cattedrale di Pavia e visita la città con Francesco di Giorgio Martini.

22 luglio. Il decenne Salai è preso a bottega da Leonardo. Il suo vero nome è Gian Giacomo Caprotti, e viene da Oreno, un paese della periferia milanese. Secondo Leonardo, Salai ruba, mente, è ostinato ed è un ghiottone. Il soprannome *Salai* deriva dal nome di un diavolo nella commedia del Pulci, il Morgante (XXI, 47, 7), ma, nonostante il suo deplorevole carattere, resta con Leonardo sino alla fine.

1491

Gennaio. Beatrice d'Este, sposa di Ludovico Sforza, giunge a Milano.

1492

8 aprile. Morte del Magnifico, Lorenzo de' Medici. Colombo scopre l'America. Leonardo disegna l'uomo

Vitruviano, conservato nelle Gallerie dell'Accademia a Venezia.

Rodrigo Borgia viene eletto Papa con il nome di Alessandro VI.

1493

18 marzo. Giulio, un misterioso apprendista tedesco, alloggia con Leonardo e forse passa informazioni ad Albrecht Dürer.

16 giugno. In una nota Leonardo dice che una donna di nome Caterina vive con lui. Leonardo lavora a un progetto per rendere navigabile il canale Martesana. Il cavallo di terracotta per la gettata bronzea del monumento è pronto: è alto sette metri, senza contare il cavaliere che Leonardo intende preparare più avanti.

1494

16 marzo. Bianca Maria Sforza, nipote di Ludovico Sforza, sposa l'imperatore Massimiliano a Innsbruck. Leonardo si trova a Vigevano, sul fiume Ticino, località estiva degli Sforza.

26 giugno. Caterina, madre di Leonardo, muore a Milano a sessantotto anni, ma nel certificato di morte s'afferma che ne ha sessanta.

Settembre. Carlo VIII dalla Francia entra in Lombardia alla testa di un potente esercito, diretto verso Napoli. Il re è intrattenuto a Pavia da Ludovico Sforza, con l'aiuto di Leonardo. Il duca d'Orleans (più tardi Luigi XII) prende Genova e minaccia Milano. Sua nonna era una Visconti e perciò accampa pretese su Milano. 21 ottobre. Il giovane Duca di Milano, Gian Galeazzo, muore a Pavia, forse avvelenato. Il giorno seguente Ludovico Sforza è proclamato Duca di Milano, rimpiazzando il figlioletto di Gian Galeazzo.

17 novembre. Il bronzo che è stato accantonato per il monumento equestre di Leonardo viene trasferito a Ferrara, per fondere cannoni.

1495
Leonardo inizia l'*Ultima Cena* nel convento domenicano di Santa Maria delle Grazie.

1496
Luglio. Ludovico parte per far visita all'imperatore Massimiliano e all'imperatrice, a Mals, in Austria, forse accompagnato da Leonardo. Massimiliano scende in Italia con un esercito. Leonardo completa il ritratto di Letizia Crivelli, quadro oggi conosciuto come la *Belle Ferronnière*.

1497
1° gennaio. La duchessa di Milano, Beatrice d'Este, muore di parto.
7 febbraio. Gerolamo Savonarola a Firenze ordina di bruciare articoli di lusso in piazza, questo viene detto il Falò delle Vanità. Dipinti preziosi, libri, manoscritti sono dati alle fiamme. Forse, i primi lavori di Leonardo spariscono in quel fuoco.
29 giugno. Ludovico spinge Leonardo a finire il *Cenacolo*. Il novelliere Matteo Bandello osserva come lavora Leonardo: per ore sta sul ponteggio e fissa l'opera incompleta, senza alzare il pennello.

1498
17 marzo. Leonardo si trova a Genova assieme a Ludovico per studiare i danni causati da una tempesta.
21 aprile. Leonardo dipinge due stanze del Castello Sforzesco a Milano.
23 maggio. Gerolamo Savonarola viene arso vivo.

1499

7 aprile. Carlo VIII muore ad Amboise.

26 aprile. Ludovico Sforza cede un vigneto a Leonardo. Si trova fra il Convento di Santa Maria delle Grazie e il Monastero di San Vittore.

28 maggio. Luigi XII è incoronato Re di Francia: una brutta notizia per Ludovico Sforza.

Luca Pacioli loda Leonardo nel suo *De Divina Proportione* nella dedica a Ludovico Sforza. Alcune delle illustrazioni contenute nell'opera sono di Leonardo. Il lavoro verrà pubblicato solo dieci anni dopo da Paganino Paganini di Venezia.

Le truppe turche, richiamate da Ludovico Sforza in funzione anti-veneziana, valicano il Tagliamento e prendono in ostaggio centinaia di civili.

6 ottobre. L'esercito di Luigi XII entra a Milano.

Dicembre. Leonardo si reca a Mantova, invitato da Isabella d'Este, sorella di Beatrice, la moglie defunta di Ludovico Sforza. Poi si sposta a Venezia.

1500

Febbraio. Ludovico Sforza riprende Milano con l'aiuto di truppe svizzere e tedesche.

10 aprile. Ludovico Sforza è fatto prigioniero dai francesi a Novara, dopo essere stato tradito da due soldati svizzeri. Viene portato in Francia, dove muore in prigionia.

Leonardo viene consultato dal Senato veneziano sulle difese contro i turchi in Friuli e suggerisce delle fortificazioni sul fiume Isonzo.

Maggio. Leonardo è a Firenze.

1501

19 settembre. Ercole I di Ferrara scrive una lettera al Cardinale di Rouen, uno zio del governatore francese di

Milano, chiedendo di voler acquistare il cavallo di creta di Leonardo.

24 dicembre. Giovanni Valla risponde dicendo che il Cardinale di Rouen necessita del permesso dal re di Francia, ma non si sa nient'altro del cavallo di creta. Leonardo dipinge la Madonna dei Fusi — ma la sua autenticità non è accettata da tutti — per Florimond Robertet. Poi viaggia a Roma.

1502

Durante l'estate, Leonardo si trova con Cesare Borgia ad Arezzo, e viene da lui assunto come ingegnere militare. È presente quando una delegazione turca arriva per incontrarlo.

Leonardo disegna un ponte che collega Pera a Costantinopoli e incontra Nicolò Machiavelli, ambasciatore fiorentino.

1503

Febbraio. La campagna militare di Cesare Borgia vien terminata. Leonardo ritorna a Firenze.

24 luglio. Leonardo visita un campo militare preparato dai fiorentini per assediare Pisa.

18 agosto. Leonardo riceve una commessa dalla Signoria. Gli si chiede di dipingere la Battaglia di Anghiari sul muro della sala del consiglio di Palazzo Vecchio.

31 ottobre. Giuliano della Rovere viene eletto Papa, con il nome Giulio II.

1504

25 gennaio. Leonardo viene consultato riguardo la collocazione della statua del David di Michelangelo.

9 luglio. Il padre di Leonardo, ser Piero, muore nella sua casa in via Ghibellina, proprio dove fu concepito Leonardo.

3 agosto. Un nuovo garzone tedesco, di nome Jacopo, viene preso a bottega da Leonardo.

1505

30 aprile. Leonardo riceve il pagamento dalla Signoria per il suo lavoro nella Sala del Gran Consiglio. Leonardo tenta di nuovo di creare una macchina volante, dopo un primo tentativo, fallito, a Milano.

1506

27 aprile. La Confraternita della Immacolata Concezione di Milano paga duecento lire in più a Leonardo e ad Ambrogio di Predis per la *Vergine delle Rocce*.
30 maggio. Leonardo lascia Firenze per Milano, richiamato dal governatore francese Carlo d'Amboise, conte di Chaumont, promettendo che ritornerà a Firenze tre mesi dopo.
19 agosto. Geoffrey Charles, cancelliere francese a Milano, chiede alla Signoria fiorentina di concedere più tempo a Leonardo.
9 ottobre. Pier Soderini, Gonfaloniere di Firenze, scrive lamentando che Leonardo ha ricevuto una notevole somma di denaro per il suo lavoro, ma questo è ancora allo stato di abbozzo.
Il quattordicenne Francesco Melzi entra nella bottega di Leonardo.

1507

2 gennaio. Luigi XII chiede all'ambasciatore fiorentino, Francesco Pandolfini, di permettere a Leonardo di lavorare per lui come pittore e ingegnere.
5 marzo. Leonardo è a Firenze per dar termine alla sua causa contro agli avidi fratellastri. Porta con sé delle lettere di raccomandazione scritte da Luigi XII e da Charles

D'Amboise. Alloggia nella casa di Piero di Baccio Martelli.
20 aprile. Charles D'Amboise restituisce a Leonardo il suo vigneto.
12 maggio. Leonardo ritorna a Milano.
24 maggio. Luigi XII arriva a Milano, e Leonardo organizza i festeggiamenti. Isabella d'Este e il fratello, Cardinale Ippolito d'Este, sono presenti.

1508
Maggio. Ludovico il Moro muore a Loches. Il luogo della sua sepoltura è ignoto.

1510
21 ottobre. Leonardo viene consultato circa la cappella del Duomo di Milano.

1511
10 marzo. Charles D'Amboise muore.
30 luglio. Nasce Giorgio Vasari, ad Arezzo. Leonardo prepara dei disegni per il monumento equestre dedicato al maresciallo Trivulzio, che oggi si trovano al castello di Windsor.

1512
I francesi vengono messi in fuga dai mercenari svizzeri e dalle truppe veneziane della Lega Santa, che insediano al potere Massimiliano Sforza, figlio di Ludovico e Beatrice d'Este.
Settembre. I Medici tornano a Firenze. Giuliano de' Medici è il nuovo capo dello Stato.

1513
20 febbraio. Muore Papa Giulio II.
11 marzo. Il fratello maggiore di Giuliano de' Medici,

Giovanni, viene eletto Papa e prende il nome di Leone X.

24 settembre. Leonardo parte da Milano diretto a Roma. Sono con lui il Salai, Francesco Melzi, il Fanfulla e un tal Lorenzo.

1514

Leonardo ritorna in Lombardia, sostando a Parma. Alla fine dell'anno torna a Roma.

31 dicembre. Leonardo viene espulso dalla congregazione romana di San Giovanni dei Fiorentini perché non ha versato la sua quota associativa.

1515

1° gennaio. Luigi XII muore senza eredi e Francesco I di Valois diventa il nuovo re di Francia.

9 gennaio. Giuliano de' Medici sposa Filiberta di Savoia, sorellastra di Luisa di Savoia, madre del re Francesco I.

14 dicembre. Leonardo incontra, a Bologna, Francesco I e il Papa.

1516

17 marzo. Giuliano de' Medici muore a Firenze. Alla fine dell'anno Leonardo accetta un invito da Francesco I per trasferirsi in Francia e si mette in viaggio con Francesco Melzi e Battista de Villanis. Salai li raggiungerà dopo. Arrivano al Castello di Clos Lucé, sito a poca distanza dalla residenza reale di Amboise, sulla Loira.

1517

1° ottobre. Lorenzo Ariosto scrive di un leone meccanico costruito da Leonardo per Francesco I.

10 ottobre. Il Cardinale Luigi D'Aragona e Antonio De Beatis fanno visita a Leonardo nel suo studio. Vi scorgono tre dipinti, uno dei quali è sicuramente la *Gioconda*. Gli altri ai quali accenna sono un San Giovanni Battista e una Sant'Anna, la Vergine e il Bambino con l'Agnello. Fuori vedono i codici e i libri presi al Duca di Milano e il quadro *La Belle Ferronnière*.

Sulla via del ritorno, si fermano a Milano per ammirare l'*Ultima Cena*, che si sta rapidamente deteriorando a causa della muffa.

1518

Maggio. La corte francese ad Amboise celebra il battesimo di Delfino e il matrimonio di Lorenzo II de' Medici, nipote del Papa, con una principessa francese. Caterina de' Medici sarà la loro unica figlia.

18 giugno. Il re accoglie gli ospiti al Castello di Clos Lucé per assistere agli intrattenimenti organizzati da Leonardo.

24 giugno. "Giorno di San Giovanni, ad Amboise, nel Palazzo del Cloux" questa è l'ultima frase, datata, scritta da Leonardo. Sul retro, dopo un teorema geometrico, si legge: *continuerò*.

1519

23 aprile. Leonardo detta il proprio testamento a Guillaume Boreau, notaio reale.

2 maggio. Leonardo muore a sessantasette anni. Al contrario di quanto comunemente si crede, è possibile che Francesco I sia stato veramente presente al suo capezzale, come narrato da Giorgio Vasari. Leonardo viene sepolto in una tomba provvisoria.

1° giugno. Francesco Melzi scrive una lettera ai fratelli di Leonardo, annunciando la morte del Maestro.

12 agosto. Leonardo viene seppellito nel chiostro della chiesa di San Fiorentino ad Amboise. La chiesa, da allora, è stata demolita e le tombe sono state distrutte.

Capitolo Uno

Ci fu un solo colonnello Lawrence, che morì trent'anni or sono e la cui storia è stata quasi universalmente travisata. Ah, se solo potesse uscire dalla tomba e riempire questo crudele vuoto!
Robert Graves

2 maggio 1519. Morte di Leonardo Da Vinci

I nostri lettori certamente sanno che il cinquecentesimo anniversario della morte del grande Leonardo cade il 2 maggio 2019, secondo il vecchio calendario giuliano. Questo corrisponde al 19 maggio secondo il calendario gregoriano, che regola le nostre esistenze.

Iniziamo questa esposizione partendo dalla sua fine, contrariamente a quanto solitamente si fa nelle biografie. Michel de Montaigne (1533-1592) scrisse nei suoi *Essays* che bisogna attendere la morte di una figura storica per capire se quel uomo o quella donna siano stati davvero fortunati e felici.

Prenderemo ispirazione da Gerolamo Cardano (1501-1577?) che, ancor bambino, conobbe Leonardo Da Vinci e che iniziò il suo *De Vita Propria Liber* descrivendo la forma dei propri piedi.

Ci troviamo a Clos Lucé, sulla Loira, ed è il 2 maggio 1519. A una trentina di chilometri di distanza si trova la fortezza di Loches, dove il Moro fu rinchiuso e vi era morto, solo e disperato, nel maggio del 1508.

Ci chiniamo sul cadavere di Leonardo Da Vinci, steso sul suo grande letto a baldacchino. Egli ci appare smunto e sofferente per la sua infermità, che dev'essere durata alcuni mesi. La malattia lo ha portato prematuramente alla morte, ancor giovane, a 67 anni e nel pieno del vigore, a dispetto dell'immagine del vecchione che ci siamo costruiti nella nostra fantasia. La sua parabola discendente doveva essere iniziata più di un anno prima, con una ischemia cerebrale che gli aveva paralizzato la mano destra, secondo quanto ci racconta Antonio de Beatis che lo aveva incontrato il 10 ottobre 1517.[1] Ad Amboise la primavera stava lasciando posto all'estate e il corpo doveva essere sepolto in fretta, anche se la sua tomba non era stata ancora completata.

Inizieremo, dunque, dalla contemplazione del suo cadavere e ci muoveremo a ritroso, investigando, per quanto possibile, la sua fama, la sua leggenda, le sue origini e le influenze che lo modellarono: soprattutto l'influenza che esercitò la sua misteriosa madre, cercando di ricostruirne il passato.

Il suo corpo è stato rivestito con lini e fini broccati, dopo che la sua domestica francese, Mathurine, aveva provveduto a lavarlo e profumarlo. Leonardo era un uomo molto ricco e avrà certamente lasciato detto ai discepoli di prepararlo bene, per dare una immagine decorosa di sé.

Il suo discepolo preferito, Gian Giacomo Caprotti, noto come il Salai, nativo di Oreno in provincia di Milano, era già in Italia da qualche mese, mentre l'altro suo assistente, il milanese Francesco Melzi, stava riordinando le carte che il

---

1. Il chierico Antonio de Beatis tenne un diario durante il suo grande tour europeo, iniziato il 9 maggio 1517, in compagnia del proprio superiore, il cardinale Luigi d'Aragona, un bastardo di sangue reale. I due rientrarono a Roma nel gennaio 1518. Antonio De Beatis *D'illustri città, messeri e leggiadre madonne: il viaggio del Cardinale Luigi d'Aragona in Germania, Olanda, Francia e Alta Italia*, 1517-1518 scritto da Antonio De Beatis, in (a cura di) Giovanni A. Bartolin, Claudio M. Tartari, "Trasposizione dall'originale in volgare edito da Ludwig Pastor", Edizioni Terra Santa, Milano, 2012.

Maestro gli aveva lasciato in eredità. Quando aveva dettato il testamento al notaio Bureau, Melzi aveva capito che gli stava lasciando le cose per lui più preziose: i suoi codici, pieni delle sue annotazioni, che conosceva come nessun altro al mondo e che sapeva decifrare. V'erano molti artisti italiani nelle vicinanze e alcuni di loro, saputo della sua morte, certamente passarono a dire una preghiera e dirgli addio.

Melzi li accolse con compunzione e poi li intrattenne, offrendo un bicchiere di vino, ma immaginiamo che già stesse pensando alle lettere che doveva scrivere e spedire in Italia per avvertire i parenti e gli amici della sua scomparsa. Lui non sarebbe tornato subito a Milano, però avrebbe mandato avanti il domestico, Battista de Villanis. Il Melzi conosceva bene re Francesco I e sapeva che ammirava Leonardo, al punto di averlo amorevolmente assistito sino a vederlo spirare fra le proprie braccia, scoppiando in lacrime come un figlio che dice addio al proprio padre. Dunque, grazie alla familiarità che aveva con il re, egli avrebbe tentato la fortuna in Francia, mettendo a frutto le proprie conoscenze altolocate e il rispetto che gli veniva mostrato. Francesco Melzi stava con Leonardo dal 1506 e fu, secondo Giorgio Vasari, un bellissimo fanciullo (un suo ritratto, opera del Boltraffio, pare confermarlo). Gli aveva fatto da segretario e da assistente personale, dato che parlava francese, anche se va detto che re Francesco e sua sorella, Margherita, parlavano bene l'italiano, essendo dei Savoia per parte materna.

La Francia era la super potenza dell'epoca, e con le sue micidiali artiglierie avrebbero tentato di conquistare l'Europa intera, dunque, il Melzi pensava che gli convenisse restare. Pare, comunque che non vi combinò nulla di buono: capì che a corte egli splendeva della luce riflessa dal suo maestro, come la Luna che riceve luce dal Sole. Pensiamo che, con il suo maestro morto, nessuno più gli badò.

Come abbiamo accennato nella presentazione, Leonardo fu certamente uno psicopatico e un narcisista la cui mente fu plasmata dalle proprie sventure infantili, un po' come per altri importanti personaggi storici, come lui sorti dal nulla, tutti caratterizzati da una forza di emergere quasi sovrumana.[2]

Come scrisse Virgilio *per aspera ad astra*.

Uno dei sintomi della sua nevrosi ci pare il fatto che non legò mai con nessuno, nel senso comune del termine, a parte i suoi giovani allievi. Leonardo conobbe, collaborò, discusse, ma non si mischiò mai a livello umano con nessuna donna o nessun uomo in particolare. Era cresciuto con un rozzo patrigno, che forse lo abusò sessualmente - e il fatto che lui poi abuserà sessualmente i propri giovani garzoni pare confermarlo – con un padre lontano e irraggiungibile, con una madre che lo adorava, che lo viziava, per quanto poteva e che avrà cercato in tutti i modi di proteggerlo.

Pensiamo che Leonardo soffrì d'uno sdoppiamento della propria personalità: negò e nascose le proprie umili origini, senza mai accennarvi nei suoi scritti e cercò in tutti i modi di trasformarsi nel più grande dotto esistente, in un mago e in un magnifico principe. Tutta la vita di quest'uomo può essere vista come un incessante lavorio, un fervore assoluto, per elevarsi, per distinguersi e staccarsi da quei "riempitori di destri" dei suoi contemporanei.[3]

Il castello reale d'Amboise dove si spense Leonardo Da Vinci, si trova strategicamente situato nel centro della Francia, sulla Loira, e Clos Lucé è una sua dipendenza.

Secondo delle antiche leggende che circolano da quelle

---

2. Si veda, per esempio: *Viaggio al Centro della Mente di Adolf Hitler* Gingko Edizioni, Verona, 2018.

3. I destri sono le latrine. Leonardo dice che la maggior parte degli uomini si lasciano dietro sulla terra delle latrine piene della proprie feci e nient'altro.

parti, una legione di Giulio Cesare vi aveva alzato le tende d'un accampamento, nel corso della sua guerra contro i galli ma, forse, questa non è solo una leggenda perché esistono ancora delle caverne e delle cisterne, note come i granai di Cesare.[4]

Più avanti nel tempo, Amboise divenne un oppidum gallo-romano, conosciuto come *vetus castellum* che fu in seguito ampliato sotto all'imperatore romano Magno Massimo (335-388). Gli abitanti si convertirono alla fede cristiana udendo le prediche di San Martino e il borgo fu saccheggiato dai normanni nel 853, poi di nuovo nel 878: risalivano il fiume dal mare coi loro barconi, cogliendo gli abitanti di sorpresa.

L'antica casata degli Amboise annoverava dei grandi condottieri, come Ugo II d'Amboise, che partecipò all'assedio di Nicea, a fianco di Goffredo di Buglione e, al ritorno dalle crociate, tra 1107 e 1115, costruì un castello proprio dove sorgevano delle rovine gallo-romane.

Nel 1214, Sulpicio III d'Amboise donò un appezzamento di terreno ai monaci del convento di Moncé, i quali iniziarono a costruire l'edificio che oggi conosciamo come Clos Lucé. Successivamente, quei monaci, con un atto notarile datato 26 maggio 1471, lo vendettero a Etienne le Loup, consigliere e amico particolare di Luigi XI, che era stato un semplice cuoco in gioventù. Tale edificio andava restaurato ed Etienne le Loup lo sistemò, modificandolo e ingrandendolo, portandolo a uno stato molto simile a quello attuale, con una facciata di pietra rosa, aggiungendovi dei bei giardini, delle vigne e una taverna. In quello splendido palazzo egli intratteneva il suo grande amico e benefattore, il re di Francia.

Re Carlo VIII nacque ad Amboise nel 1470, e il 22

---

4. Pierre de Vaissiere *Le Chateau d'Amboise* Calman Levy, Parigi, 1935. P. 133-134.

novembre 1490 acquistò Clos Lucé da Ètienne le Loup, per
3.500 corone d'oro. Filippo de Commynes racconta nelle
sue memorie che Carlo VIII, di ritorno dalla sua disastrosa
campagna militare in Italia del 1495, portò con sé artisti e
artigiani e che poi li mise al lavoro per trasformare Amboise
in un grande palazzo rinascimentale che potesse rivaleggiare
con gli splendidi palazzi che aveva visitato, traversando la
penisola italica.

Il 28 marzo 1495 il re scrisse da Napoli al fratello, il duca
di Borbone:

> *Fratello, voi non potete neppure immaginare quanti
> bei giardini ha tale città, credetemi sulla parola, pare
> il paradiso terrestre di Adamo ed Eva, dal tanto
> son pieni di cose belle e singolari. In questo Paese ho
> conosciuto i migliori pittori... le bellezze di Lione e
> delle altre località francesi neppure si avvicinano in
> bellezza a quanto ho visto qui. Per tal motivo intendo
> impiegare gli artisti che vi ho trovato e portarli ad
> abbellire Amboise.[5]*

In seguito, aggiunse anche una cappella per sé e per la
propria moglie, Anna di Bretagna, e fu lì che entrambi
trascorsero la loro breve e tragica esistenza, durante la quale
videro i loro quattro figli morire tutti ancora bambini. Lo
stesso re, forse affetto da sifilide contratta a Napoli, morì nel
1498, battendo accidentalmente il capo contro l'architrave di
una porta.

Suo cugino, divenuto re Luigi XII di Valois, fu il suo
successore sul trono di Francia, prendendo in sposa prima
la vedova di Carlo VIII e poi Maria Tudor. Regnò dal
1498 a 1515, ma anche a lui non riuscì di generare un

---

5. Terry Comito *Renaissance gardens and the discovery of Paradise* Univ.
Pennsylvania, 1971.

Re Francesco I di Francia, Castello di Amboise, Francia

erede maschio e la corona passò alla casa di Valois. Luisa di Savoia (1476-1531) divenne reggente di Francia, essendo vedova di Carlo di Valois-Orléans-Angoulême (1459-1496). Si trasferì ad Amboise e vi crebbe lì i suoi due figli: il duca d'Angoulême e futuro re Francesco I (1494-1547), e Margherita di Navarra (1498- 1524), la raffinata autrice della raccolta di novelle intitolata *Heptaméron*.

Filiberta di Savoia (1498-1524), la vedova di Giuliano de' Medici, duca di Nemours e protettore di Leonardo Da Vinci, era la sorellastra di Luisa di Savoia e, dopo la morte del marito, avvenuta nel 1516, si trasferì ad Amboise. Dunque, è possibile che dopo la morte del marito fu lei che convinse suo nipote, Francesco I, a invitare Leonardo in Francia, dopo che l'ebbe incontrato in Italia, anche se nulla sappiamo del ruolo giocato da queste due dame di casa Savoia nel determinare il destino del maestro fiorentino.

Dopo la morte di Leonardo, Luisa di Savoia riprese il controllo di Clos Lucé e dal 1523 Philibert Babou de La Bourdaisière e sua moglie, soprannominata *la belle babou* - una delle favorite di re Francesco I - s'insediarono a Clos Lucé. La residenza passò nel 1538 a Michel de Gast, un capitano delle guardie di Enrico III di Francia. Nel 1588 partecipò all'assassinio di Luigi di Guisa, noto come Luigi II, cardinale di Reims, e di suo fratello, il duca Enrico di Guisa, detto lo Sfregiato (1550-1588). Nel 1632 si ebbe il matrimonio del nipote di Antoine d'Amboise e la nipote di Michel de Gast e il palazzo ritornò a un ramo della famiglia D'Amboise, ma non collegato al ramo originario, giacché questo si era estinto con la morte di George d'Amboise nel 1525, alla battaglia di Pavia. Questi nuovi Amboise restarono padroni del palazzo di Clos Lucé sino al 1832. L'edificio poi passò alla famiglia Saint Bris, che lo trasformò in una sorta di sacrario di Leonardo Da Vinci, un luogo che ogni anno attrae decine di migliaia di turisti provenienti da tutto il mondo.

Leonardo raggiunse Clos Lucé nell'autunno del 1516, dopo un lungo viaggio e fu accolto dal re in persona, affiancato da sua sorella e da sua madre, a dimostrazione del grande rispetto che nutrivano per lui. Lo stipendio che egli aveva negoziato con il re era impressionante: mille corone d'oro all'anno. Era uno stipendio degno d'un principe, e comprendeva l'uso esclusivo di Clos Lucé, per lui e i suoi assistenti. A questi, Leonardo aggiunse una serva francese di nome Mathurine, la quale apparirà nel suo testamento quale beneficiaria di una veste nera di pelle, di una lunga *socha* di stoffa e di due ducati (*socha* vuol dire gonna in milanese, ma questo termine ha indotto in confusione molti biografi anglosassoni e francesi, non usi al vernacolo meneghino). A Francesco Melzi, invece, Leonardo lasciò il denaro ancora dovuto a lui in Francia, e che avrebbe dovuto riscuotere, e in più i libri *che il dicto testatore ha de presente et altri istrumenti et portracti circa l'arte sua e l'industria de' pictori* rendendolo l'esecutore del suo testamento.

Francesco I ammirava l'Italia e volle che lo spirito del Rinascimento italiano venisse trapiantato in Francia, per cambiarla dall'interno, e oggi possiamo dire che ebbe successo: Amboise divenne la culla del Rinascimento francese. Il sovrano era alto un metro e ottantacinque centimetri; ben proporzionato, possedeva un lungo naso aristocratico e indossava spesso la propria armatura dorata, volendo somigliare a uno di quei personaggi celebrati nei romanzi cavallereschi in gran voga in quei tempi. Cercava di distinguersi in tornei e in incessanti, oltreché inutili, guerre. Amava combattere da temerario, sempre in prima linea, e fu proprio per questo che fu catturato dagli spagnoli nella battaglia di Pavia, dopo essere stato disarcionato, pare, da Cesare Ercolani, il quale, per ironia della sorte, era il nipote del confessore di sua madre, il cardinale Cristoforo Numai.

Ad Amboise si trovavano molti artisti italiani, sia celebri che umili artigiani, come Domenico da Cortona; l'architetto e umanista francescano Fra' Giocondo; Gerolamo da Fiesole; il Primaticcio; Andrea dal Sarto; Marco d'Oggiono; Domenico Bernabei e tanti altri, i quali alloggiavano all'Ostello Joyeuse. Leonardo vi rivide il condottiero Galeazzo da Sanseverino (1458-1525), il quale a Milano ebbe il grande onore di essere borseggiato dal Salai per due lire e quattro soldi, durante una prova dei costumi da *omini salvatici* preparati da Leonardo per la *Festa del Paradiso*. Galeazzo era il nipote di una sorella di Muzio Attendolo Sforza e conte di Caiazzo. Dal 1487 era stato capitano generale dell'esercito degli Sforza e poi aveva sposato la figlia illegittima di Ludovico il Moro, la sua amatissima Bianca Sforza, morta a quattordici anni. Tradito il Moro e passato ai francesi, il Sanseverino fece una carriera folgorante che terminò violentemente nel 1525, con una palla spagnola sul campo di battaglia di Pavia.

A dispetto della paralisi alla mano destra, Leonardo s'applicò a progetti idrografici sulla Loira e a quello del nuovo castello destinato a essere costruito a Romorantin, a ottanta chilometri da Clos Lucé, anche se alla fine i lavori furono sospesi per via di un'epidemia di peste che colpì la Francia nel 1518. Pare comunque che una parte delle sue idee e dei suoi disegni furono impiegati per la costruzione di Versailles. Nel mese di ottobre 1517 si tenne un ballo ad Argentan, ma il nome di Leonardo non apparve nella lista dei presenti, anche se il suo leone meccanico fu tirato fuori e usato per stupire gli ospiti. Questo ingegnoso robot si muoveva sulle proprie zampe e traeva un *fleur-de-lis* dal petto. Fece la sua apparizione per la prima volta a Milano nel 1500, quando vi arrivò re Luigi XII e poi il 12 luglio 1515, quando Francesco I entrò nella città di Lione. Non si sa che fine fece, ma riapparve a Lione il 23 settembre 1548 quando vi passò re Enrico II, accompagnato dall'amante, Diane de Poitier. Sua moglie, Caterina de' Medici, vi giunse il giorno dopo.

Ad Amboise si tenne un grande banchetto dal 3 al 6 maggio 1518, per il battesimo reale del delfino e il matrimonio di Lorenzo II de' Medici (1493-1519) con Madeleine de la Tour d'Auvergne (1500-1519). Moriranno entrambi, di lì a poco, di peste bubbonica a Firenze, dopo la nascita della loro figlioletta, Caterina de' Medici, destinata a regnare sulla Francia.

Di nuovo si tennero delle feste il 15 maggio e il 17 giugno 1518, con celebrazioni all'aperto nei giardini di Clos Lucé. Quella pare essere stata, ancora una volta, una ripetizione della *Festa del Paradiso* organizzata molti anni prima da Leonardo a Milano, ma le cerimonie furono condotte da Galeazzo Visconti e non da Leonardo: forse un segno del suo cattivo stato di salute.

L'ultima nota datata di Leonardo in nostro possesso sembra essere questa:

a 24 dj giugno il dj di san giovanni/ 1518 in àbosa nel palazzo del clu.[6]

Il 23 aprile 1519, giorno di vigilia di Pasqua, pochi giorni dopo aver compiuto 67 anni, Leonardo dettò il proprio testamento al notaio reale Jean-Guillaume Boreau, e morì nove giorni dopo, il 2 maggio. Che il testamento originale sia stato redatto in francese risulta evidente da certi francesismi contenuti nella copia pubblicata e poi perduta, inviata dal Melzi (per esempio: *de soysante dece soldi*, ossia settanta soldi).

Il cardinale Federico Borromeo (1564-1631), grande collezionista d'arte, scrisse nel suo libro *Museum* quanto

---

6. *Codice Atlantico* 249 v-b (673 r.)

segue: "Dicono che Leonardo cessò d'essere fra le braccia del re Francesco I: un onore straordinario per un artista!".[7]

Mentre Vasari racconta che Leonardo spirò tra le braccia di Francesco I, molti altri suoi biografi ci dicono che il re si trovava quel giorno a duecento chilometri di distanza da Amboise, a St-Germain-en-Laye, per celebrare lì la nascita del suo secondogenito, Enrico, il quale in seguito divenne re Enrico II e sposò la fiorentina Caterina de' Medici, per poi morire in un torneo, con un occhio perforato da un colpo di lancia.

Enrico nacque a St-Germain-en-Laye il 31 marzo 1519, ma non siamo riusciti a trovare la registrazione della sua data di battesimo, avvenuta un mese dopo, nei primi giorni di maggio. Un'attesa di più di un mese per un battesimo reale, certo, appare strana, anche per via dell'alto tasso di mortalità dei neonati e per la convinzione che senza il battesimo le loro anime sarebbero finite nel Limbo, anziché in Paradiso.

Giovanni Paolo Lomazzo scrisse di aver appreso da Melzi che Francesco I, saputa la notizia della morte di Leonardo, pianse. Questo fu considerato da molti un indizio del fatto che il sovrano francese non si trovasse al suo capezzale.

Il primo a gettare dubbi sul racconto di Giorgio Vasari fu Léon de Laborde, nel 1850. Costui ritrovò un decreto reale datato 3 maggio 1519, firmato a St-Germain-en-Laye. Poiché tale località si trova, appunto, a due giorni di carrozza da Amboise, egli ritenne impossibile che re Francesco stesse al capezzale di Leonardo, in quel fatale 2 di maggio. Ma Aimé Champollion, in un suo articolo del 1856, fece notare che quel decreto reale sopra la data reca la dicitura *par le Roy* apposta dunque dal Cancelliere reale, e

---

7. Federico Borromeo *Museum. La Pinacoteca Ambrosiana nelle memorie del suo fondatore*, Claudio Gallone, Milano, 1997, p. 47.

ciò pare una prova di quanto diceva il Vasari: il re si trovava ad Amboise il giorno della morte di Leonardo e quindi al suo capezzale.

Gustavo Uzielli sottolineò che il re firmava i documenti e in seguito il Cancelliere vi aggiungeva la data del giorno in cui il sigillo reale era posto, per validarli.[8]

Pochi biografi prendono in considerazione il fatto che Giorgio Vasari incontrò o fu forse in contatto epistolare con Francesco Melzi. Questo dimostra che le ultime note biografiche di Vasari su Leonardo possono essere viste come le più veritiere e attendibili, eccetto che per il grave errore sulla sua età (75 anni), dato che queste notizie provenivano dalla bocca o dalla penna del Melzi. E non sarà azzardato pensare che Leonardo non avesse mai confidato al Melzi la data e le circostanze della propria nascita.

Altri ricercatori si sono chiesti perché Melzi non parlò di questo grande onore concesso dal re nella sua lettera ai fratelli di Leonardo, ma una plausibile spiegazione potrebbe essere trovata nel fatto che Melzi aveva già informato della morte i familiari. Infatti, nella lettera riprodotta successivamente, nella quale Melzi informa ufficialmente i parenti di Leonardo, lo scrivente esordisce con queste parole: "Credo siate certificati della morte di Maestro Lionardo fratello vostro...".

Nella prima edizione della Vita di Leonardo, del 1550, Giorgio Vasari scrisse:

Finalmente venuto vecchio, stette molti mesi ammalato; e vedendosi vicino alla morte, disputando de le cose catoliche, ritornando nella via buona, si ridusse alla fede cristiana con molti pianti; laonde confesso e contrito, se ben è non poteva reggersi in piedi, sostenendosi nelle braccia de' suoi amici e servi, volse

---

8. Gustavo Uzielli *Ricerche attorno a Leonardo Da Vinci* G. Pellas, Firenze, 1872, p. 96.

*divotamente pigliare il Santissimo sacramento fuor del
letto. Sopraggiunseli il re, che spesso et amorevolmente
lo soleva visitare; per il che egli per riverenza rizzatosi
a sedere sul letto, contando il mal suo e gli accidenti
di quello, mostrava tuttavia quanto aveva offeso Dio
e gli uomini del mondo non avendo operato nell'arte
come si conveniva. Onde gli venne un parossismo
messaggiero della morte; per la qual cosa, rizzatosi il
re e presoli la testa per aiutarlo a porgerli favore acciò
che il male lo alleggerisse, lo spirito suo, che divinissimo
era, conoscendo non potere avere maggiore onore, spirò
in braccio a quel re, nella età sua di LXXV.*

Nella seconda edizione, del 1565, tutte le allusioni al suo
spirito ateo furono censurate, e l'autore ci dice che *egli si
volse diligentemente informare delle cose catoliche e della nostra
buona e santa religione cristiana* anziché quel *disputando de le
cose catoliche* della prima edizione.

Il suo racconto degli ultimi istanti di vita di Leonardo
Da Vinci sembra molto vivido e credibile, anche se tutti i
biografi moderni tendono a metterne in dubbio la veridicità,
forse leggendovi una sorta di tradimento di quel Leonardo
Da Vinci che si erano costruiti nella propria immaginazione.

Il funerale di Leonardo si svolse tre mesi dopo la sua
morte: il 12 agosto, e fu seppellito nella chiesa di San
Fiorentino ad Amboise. Non è mai stato chiarito perché
ci vollero tre mesi per organizzare la sua sepoltura. Forse,
venne nel frattempo sistemato in una tomba provvisoria.

Come si è detto, Francesco Melzi scrisse il 1° giugno
una lettera ai parenti di Leonardo, informandoli della sua
scomparsa. Attraverso un suo zio, qualche tempo dopo,
spedì in Italia una copia del testamento di Leonardo. In
esso si stabiliva che il pezzo di terra a Fiesole che Leonardo
aveva acquistato nel 1503 andava al suo fratellastro e vecchio

avversario, il notaio ser Giuliano Da Vinci, un segno che nonostante tutto voleva esser parte della famiglia Da Vinci. La lettera di Francesco Melzi ai fratelli di Leonardo viene riprodotta qui di seguito:

Ser Giuliano e fratelli suoi onorandi.
Credo siate certificati della morte di Maestro Lionardo fratello vostro, e mio quanto ottimo padre, per la cui morte sarebbe impossibile che io potesse esprimere il dolore che io ho preso; e in mentre che queste mie membra si sosterranno insieme, io possederò una perpetua infelicità, e meritatamente perché sviscerato et ardentissimo amore mi portava giornalmente. È dolto ad ognuno la perdita di tal uomo, quale non è più in podestà della natura. Adesso Iddio onnipotente gli conceda eterna quiete. Esso passò dalla presente vita alli 2 di Maggio con tutti li Ordini della Santa Madre Chiesa, e ben disposto. E perché esso aveva lettera del Cristianissimo Re, che potesse testare, e lasciare il suo a chi li paresse; e sento quod Eredes supplicantis sint regnicolae: senza la qual lettera non potea testare che volesse, che ogni cosa sarebbe stato perso, essendo così qua il costume, cioè di quanto s'appartiene di quà, detto Maestro Lionardo fece testamento il quale vi avrei mandato se avessi avuto fidata persona. Io aspetto un mio zio quale vienmi a vedere trasferendo sé stesso di poi costì a Milano. Io glielo darò, ed esso farà buono recapito non trovando altro in questo mezzo. Di quanto si contiene circa alle parti vostre in esso testamento [altro non v'è se non] che detto Maestro Lionardo ha in Santa Maria nuove nelle mani del Camerlingo segnato, e numerate le carte, 400 scudi di sole, li quali sono a 5 per 100 e alli 16 d'ottobre prossimo, saranno 6 anni passati, e similmente un Podere a Fiesole, quali

vuole Sia distribuito infra voi. Altro non contiene circa le parti vostre, nec plura, se non che vi offero quello [che] voglio e posso, prontissimo e paratissimo alle voglie vostre, e di continuo raccomandandomi.
Dato in Ambrosia die primo Junij 1519. Datemene risposta per i Gondi.
Tamquam fratri vestro. Franciscus Mentius.

Nel testamento, Leonardo chiede di essere sepolto nella chiesa di San Fiorentino ad Amboise, definendo in dettaglio come organizzare il proprio funerale:

...vole che ale sue exequie siano sexanta torchie le quale saranno portate per sexanta poveri ali quali seranno dati danari per portarle a discretione del dicto Melzo le quali torzi saranno divise nelle quattro chiese sopradicte. Item el dicto Testatore dona a ciascheduna de dicte chiesie sopradicte diece libre cera in candele grosse che seranno messe nelle dicte chiesie per servire al dì che se celebreranno dicti servitii. Item che sia dato ali poveri del ospedale di Dio alli poveri de Sacto Lazaro de Amboysia, et per ciò fare sia dato et pagato alli Tesorieri depsa confraternita la summa et quantità de soysante dece soldi tornesi...

Non sappiamo se questa sua cura per il proprio funerale mostri un cambio d'opinione circa la religione cristiana, o semplicemente stesse seguendo le convenzioni, così come aveva fatto per il funerale di sua madre, a Milano. Nessuno può saperlo, poiché egli si sentiva un artista e un ingegnere al servizio del re, dunque un personaggio prestigioso che non poteva avere una cerimonia di basso livello.

Francesco Melzi si trattenne a Clos Lucé fin dopo il funerale ed è possibile che sia tornato a Milano l'anno seguente, oppure due anni dopo.

È stato notato che Leonardo non entrò nei dettagli per ciò che concerne la bara o l'epigrafe da porre sulla propria tomba — forse un segno che non gli importava granché del proprio corpo, ben sapendo che, proprio lui che conosceva meglio di chiunque altro l'anatomia della macchina corporea, esso deperisce rapidamente. Oppure questo è un ulteriore segno indicativo della sua nevrosi narcisistica, persone affette da questa psicosi non riescono ad accettare davvero il fatto che dovranno morire e credono che continueranno a vivere in altra forma nella memoria dell'umanità. Se questo era quanto pensava, ebbene, ha raggiunto il proprio obiettivo, dato che a cinque secoli di distanza siamo ancora qui a scriverne.

Il 15 marzo 1560 ad Amboise si ebbe una rivolta, guidata dalla nobiltà calvinista francese, desiderosa di liberare il re Francesco II dall'influenza dei Guisa. La rivolta finì in una carneficina. I calvinisti, fra l'altro, s'opponevano al culto dei defunti e, sfortunatamente, numerose tombe furono distrutte in quella zona e tante chiese cattoliche vennero rase al suolo.

Nel Settecento, Venanzio de Pagave (1721-1803), consigliere del governo austriaco di Lombardia e grande collezionista d'arte, si recò ad Amboise alla ricerca della tomba di Leonardo, ma non vi trovò nulla. Nel 1808 Napoleone I inviò il senatore Roger Ducos a seguire certi lavori di restauro ad Amboise. La chiesa di San Fiorentino era in rovina e Ducos ritenne che non valesse la pena di preservarla. Jules Duchatellier, figlio di un delegato di Ducos, dichiarerà in seguito che suo padre gli aveva raccontato che Leonardo si trovava sepolto nella cappella. La cappella fu comunque demolita; le pietre vendute e il piombo delle bare fuso per fare pallottole. Tutte le ossa contenute nella cappella furono prelevate e ammucchiate all'esterno.

V'è una storia piuttosto macabra, non confermata, su dei ragazzi che giocarono a calcio con quei teschi, finché un pio giardiniere di nome Goujon, angosciato da quella vista, fece riseppellire le ossa nel cortile. Forse, non proprio tutte le tombe furono aperte e in ogni caso non si sa dove Leonardo effettivamente era stato deposto.

Nel 1863, lo scrittore Arsène Houssaye, un altro entusiasta di Leonardo e amico di Joséphin Péladan, andò a cercare ad Amboise la sepoltura di Leonardo. Iniziò a scavare con tre squadre diverse e trovò subito uno scheletro completo — alcuni dicono con tre femori! — che aveva un braccio piegato, e un teschio in mano. Houssaye riferì che nelle vicinanze rinvenne anche dei frammenti appartenenti a una lastra, su cui erano incise le lettere LEO, e in un altro di questi frammenti DUS VINC. Queste schegge di marmo, insieme alle ossa, andarono poi perdute. Le dimensioni del teschio, secondo Houssaye, erano superiori alla media e dunque bastavano a spiegare il genio. Houssaye pertanto decise di aver trovato ciò che cercava: le ossa furono prima chiuse in una cassetta, che andò perduta e che poi riapparve di nuovo. Infine, sarebbero state sepolte assieme ad altre nella cappella di St. Hubert, con una lastra indicante che lì si pensa riposino i resti mortali di Leonardo.

Gustavo Uzielli, che nutriva poca simpatia per Houssaye, scrisse che: "Le mie indagini ulteriori mi hanno confermato essere la relazione da lui pubblicata un romanzo fantastico". Inoltre, precisò che la tomba di Leonardo si trovava nel chiostro e non nella chiesa, luogo dello scavo di Houssaye.

Alessandro Chiappelli (1857-1931), ministro per l'educazione del Regno d'Italia, provò anche lui a fare emergere i resti mortali di Leonardo, seguendo le vie ufficiali, ma gli fu risposto dal suo omologo francese che la ricerca era impossibile, dato che di Leonardo non resta nulla. Le guerre di religione e la Rivoluzione Francese avevano causato la distruzione di tutte le tombe.

Il miglior modo per sciogliere il mistero della etnicità di Leonardo resta la lettura del suo DNA materno, cercando le sue ossa, seguendo quello paterno, che ci è già noto. Una volta sicuri che almeno una delle ossa nella fossa di Amboise sia sua, si potrebbe seguire la pista di quello di sua madre.

Dopo il ritrovamento, quasi miracoloso, dello scheletro di re Riccardo III a Leicester, si può sperare che anche l'identificazione di un solo frammento osseo di Leonardo, con tracce di midollo, oppure di un suo dente, ad Amboise, non sia un'impresa impossibile.

Visitando le stanze che furono abitate da Leonardo a Clos Lucé, s'avverte ancora la sua presenza e, certamente, egli credeva all'esistenza di un'anima eterna, poiché scrisse:

> *Or vedi la speranza e 'l desiderio del ripatriarsi o ritornare nel primo chaos, fa a similitudine della farfalla a lume, dell'uomo che con continui desideri sempre con festa aspetta la nuova primavera, sempre la nuova state, sempre è nuovi mesi, è nuovi anni, parendogli che le desiderate cose venedo sieno troppe tarde, e non v'avede che desidera la sua disfazione, ma questo desiderio è ne in quella quintessenza spirito degli elementi, che trovandosi rinchiusa pro anima dello umano corpo desidera sempre tornare al suo mandatario. E vo' che s'apichi questo medesimo desiderio er quella quintaessenza compagna della natura, e l'uomo è modello del mondo.*[9]

Negli anni della maturità, Leonardo aveva scritto una commovente definizione dell'anima umana su un foglio che ora si trova nella Biblioteca Reale del Castello di Windsor. In una colonna laterale, accanto a degli schizzi anatomici,

---

9. British Library, *Codice Arundel*, F. 156v.

egli immagina che il feto in seno alla madre condivida l'anima con la sua genitrice, assieme con le sue passioni e i suoi desideri.

Dal racconto del Vasari ci possiamo figurare la disperazione di Leonardo nel dover abbandonare così tante idee, opere e progetti, lasciandoli incompiuti. Forse, si vedeva come un fallito e fu rattristato dall'aver sprecato il proprio grande talento. Trovandosi a dover compiere un passo così tragico, sentendo la vita scivolargli via fra le dita e muovendosi verso le terre dalle quali nessun viaggiatore è mai tornato, forse trovò la sua ultima consolazione e un moto d'orgoglio al pensiero che il figlio illegittimo di una schiava e di un notaio stesse spirando fra le braccia dell'uomo più nobile e potente d'Europa, che tanto l'amava e lo stimava.

Leonardo Da Vinci, Studio della lingua, Castello di Windsor, Royal Library, 19115r. Sulla destra, il legame tra l'anima del feto e la madre.

Ideale di bellezza femminile al tempo di Leonardo. Bartolomeo Veneto, *Ritratto di Lucrezia Borgia in veste di Flora*. 1505, Francoforte, Stadel Museum

Capitolo Due

Non c'è forse al mondo un esempio di genio così universale, inventivo, incapace di contentarsi, avido d'infinito e naturalmente raffinato, proteso in avanti, al di là del suo secolo e di quelli successivi. Le sue figure [di Leonardo] esprimono un sensibilità e uno spirito incredibili; traboccano d'idee e di sensazioni inespresse. Vicino ad esse, i personaggi di Michelangelo non sono che atleti eroici; le vergini di Raffaello non sono che placide fanciulle, la cui anima addormentata non ha vissuto.

Hippolyte Taine

Il Leonardo che tutti conosciamo e quello che non conosciamo

Entrando in una libreria, anche se posta nell'angolo più remoto della terra, e se chiediamo al commesso un libro su Leonardo Da Vinci siamo certi di uscire con qualcosa d'interessante da leggere o da sfogliare, un'opera certamente ricca d'immagini variopinte e ingegnose, di disegni, di affascinanti misteri.

Numerose biografie dedicate a Leonardo sono state scritte e continuamente vengono riscritte ogni anno. Molte di queste sono eccellenti, ottimamente documentate e strutturate, e ci offrono quei pochi fatti disponibili su di lui, con i commenti di suoi colti esegeti. Ma, assai singolare è il fatto che questi lavori invecchiano rapidamente, diventando presto obsoleti, perché lo studio della vita e delle opere

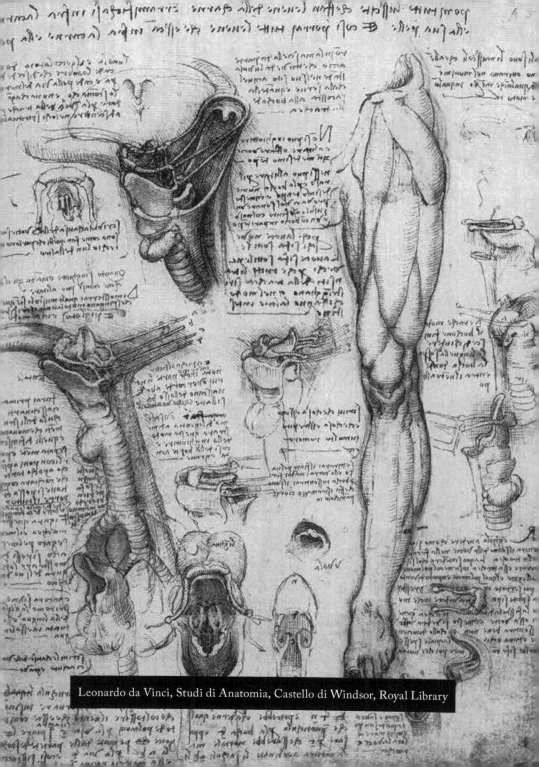

Leonardo da Vinci, Studi di Anatomia, Castello di Windsor, Royal Library

di questo proteico personaggio, morto cinque secoli or sono, è tuttora in corso. Nuove interpretazioni appaiono e documenti inediti riaffiorano di tanto in tanto, costringendo i biografi a rimescolare le carte che stringevano saldamente in pugno e a ritirare quelle che avevano calate sul tavolo.

Anche per questo motivo Leonardo Da Vinci è un caso più unico che raro nel panorama artistico e filosofico mondiale.

Leonardo Da Vinci entrò nella bottega di Andrea di Cione del Verrocchio verso il 1470, proprio nel momento in cui erano impegnati nell'installazione di una grande sfera di rame sulla lanterna del duomo di Santa Maria del Fiore. Esistono ancora dei disegni di Leonardo che ricordano quella grande realizzazione: perché quella fu davvero un'impresa d'alta ingegneria. La sfera pesava due tonnellate e aveva un perimetro di sei metri. Dovettero issarla a un'altezza di 107 metri, riuscendo a posizionarla sulla lanterna il 26 maggio 1471. Oggi è ancora lì, anche se un fulmine la colpì nel 1601, facendola cadere a terra, ma i frammenti furono risaldati e poi venne ricollocata al suo posto.

Andrea del Verrocchio svolse la propria attività all'interno della cerchia di Piero de' Medici (1416-1469), e poi del figlio, Lorenzo il Magnifico (1449–1492). Fu lui il maestro di Leonardo, pur essendo nato in una famiglia poverissima: suo padre era stato prima un muratore e poi un esattore delle tasse. Questo non era un fatto insolito. Il padre di Paolo Uccello, per esempio, fu un macellaio, e il padre di Botticelli, un conciatore di pelli.

La vita del Verrocchio prese una svolta tragica quando era ragazzo: giocando a tirar pietre con altri giovani - un passatempo comune in quegli anni fra i monelli fiorentini, e una vera e propria piaga sociale - uccise accidentalmente un amico quattordicenne, colpendolo in testa. Venne processato per omicidio colposo e chiuso in prigione. Nel frattempo suo padre morì, lasciando in miseria la vedova e i sei figli. Una volta uscito di galera, Andrea s'applicò intensamente allo studio e nel lavoro, impiegando tutta la propria forza di volontà e non smettendo più di lavorare sino al giorno della sua morte. Prima divenne un garzone dell'orefice Giuliano Verrocchi - da qui il suo nomignolo - e successivamente di Donatello, Pesellino e d'Alessio Baldovinetti, tutti grandi nomi negli annali dell'arte rinascimentale.

Andrea dimostrò di essere, soprattutto, un grande maestro, infatti, alcuni dei più grandi artisti del Rinascimento furono suoi allievi, oppure gravitarono attorno alla sua bottega: Lorenzo di Credi, Perugino, Francesco Botticini, Benedetto Buglioni, Francesco di Simone, Sandro Botticelli, Ghirlandaio, tanto per citare i più noti, anche se il più grande di tutti resta Leonardo Da Vinci.

Evidentemente, il Verrocchio permetteva ai propri allievi d'esprimersi liberamente nelle opere che venivano prodotte nella sua bottega, a tal punto che oggi è difficile stabilire quali creazioni siano davvero sue e quali vadano attribuite allo sforzo collettivo dei suoi talentuosi apprendisti. A quel tempo, i pittori dipingevano su tavole di legno, anziché su tela, e non firmavano le opere. Per questo motivo gli storici dell'arte basano le loro attribuzioni a Leonardo Da Vinci, invece che ad altri artisti, su documenti, testimonianze, caratteristiche tecniche e personali impressioni estetiche. Solo nell'ultimo secolo la scienza ha cominciato a giocare un ruolo decisivo nella giostra delle attribuzioni. Di conseguenza, per quanto riguarda le opere pittoriche di Leonardo, esiste un'unanimità d'attribuzione più o meno vasta solo per alcune di queste. Le opere certe di Leonardo non sono più di sette o otto, e per le altre vi sono diversi punti di vista, anche fortemente contrastanti.

Già con la *Vergine delle Rocce*, una copia al Louvre e l'altra alla National Gallery a Londra, le cose si fanno complicate.

Con la *Dama con l'ermellino*, che si trova a Cracovia, in Polonia, lo sfondo nero fu aggiunto nel diciannovesimo secolo e altri dettagli vennero mal ritoccati. Per il ritratto di *Musico*, nella Pinacoteca Ambrosiana a Milano, non tutti concordano che si tratti di una creazione completa di Leonardo e lo stesso vale per la *Madonna dei Fusi*.

Prima che gli storici d'arte possano attribuire con certezza un dipinto a Leonardo debbono studiare i documenti negli archivi, le note lasciate dai suoi contemporanei e i suoi appunti sui codici, dove, forse, troveranno traccia dei suoi disegni preparatori o di qualche sua nota rivelatrice.

Lo stile usato da Leonardo è molto peculiare, caratterizzato da un'estrema attenzione ai dettagli, da uno studio sofisticato delle proporzioni e dall'utilizzo dell'effetto sfumato nei contorni: uno stile ormai noto come *leonardesco*. Nessun altro artista dell'epoca, per esempio, sapeva rappresentare nei suoi soggetti la pupilla dell'occhio con tale precisione anatomica. Inoltre, Leonardo, come Michelangelo e Raffaello, era mancino e i tratti dei suoi disegni e dei suoi dipinti lo rivelano.

Dopo anni di studio e di lavoro con Andrea del Verrocchio, Leonardo avviò una propria bottega a Firenze, ma nel 1482 si trasferì a Milano, che a quei tempi era un ricco ducato governato dalla dinastia degli Sforza. Gli Sforza erano considerati dei *parvenu* e forse fu per questo motivo che vollero impressionare tutte le altre famiglie nobili della penisola italiana, mostrando la loro magnificenza. Lo stesso fondatore della dinastia ducale, Francesco Sforza (1401-1465), era il figlio illegittimo di una cortigiana, e dunque non potevano contare sulla nobiltà del sangue per mantenersi al potere.

Ludovico Sforza, detto il Moro, (1452-1508) era figlio di Francesco Sforza e di Bianca Maria Visconti e coetaneo di Leonardo. Nel 1476, suo fratello Gian Galeazzo, duca di

Milano, morì. Ludovico, insieme ai suoi tre fratelli minori, tentò di prendere il potere, ma fallì e fu esiliato. Nel 1480 rientrò a Milano e, dopo essersi sbarazzato del cancelliere Cicco Simonetta che l'aveva ostacolato, fu nominato reggente del ducato in nome e per conto del nipote e legittimo erede, Gian Galeazzo Sforza. Innamoratosi del potere, Ludovico ne usurpò la posizione, facendolo avvelenare nel 1494 e ricevendo l'investitura ufficiale al ducato di Milano da parte di Massimiliano d'Austria.

Per mantenersi in sella e controllare i complessi giochi diplomatici nella penisola italiana, ricca d'oro e di tesori, il Moro istigò e appoggiò la discesa di Carlo VIII in Italia per riprendersi Napoli, ma poi, vedendolo crescere troppo, entrò a far parte di una lega antifrancese guidata da Venezia. Il 1499 fu un anno pieno di colpi di scena.

Il ventottenne re di Francia, Carlo VIII, una sera alza troppo il gomito e, rientrando nei propri appartamenti del castello d'Amboise sulla Loira, non s'accorge d'una architrave più bassa delle altre e vi picchia una regal testata. Non riesce a dormire e il dolore aumenta durante la notte: viene chiamato il medico di corte ma non può nulla e il 7 aprile il re muore a causa d'una emorragia cerebrale. Il successore di Carlo VIII sul trono francese fu Luigi XII. Il 28 aprile riceve la corona francese: una pessima notizia per l'Italia e per i suoi fragili equilibri, perché quel re accampa pretese dinastiche su Genova e sul ducato di Milano, per via d'una sua nonna appartenente alla casata dei Visconti, una dinastia alla quale gli Sforza, secondo il nuovo monarca, hanno ingiustamente tolto Milano. Ludovico il Moro sa di aver i giorni contati e mette in moto i propri ambasciatori, cercando di parare il colpo. Mobilita Massimiliano d'Austria, lo sposo di sua nipote e arruola migliaia di mercenari svizzeri. Ordina che il bronzo messo da parte per fondere il gran cavallo di Leonardo da Vinci per commemorare suo padre, Francesco Sforza, venga subito spedito a Mantova per esser fuso in cannoni. I veneziani si schierano con i francesi e allora il Moro si schiera con i turchi, nemici dei veneziani. I turchi entrano in Friuli, valicando l'Isonzo e il Tagliamento e vi saccheggiano dei villaggi, portandosi via centinaia di prigionieri, donne e bambini, che rivenderanno come schiavi. Leonardo dapprima resta a Milano e v'accoglie Luigi XII che vi entra trionfalmente il 6 ottobre 1499.

Ludovico Sforza fu un uomo astuto e amante del bello che prese in simpatia Leonardo e divenne un suo estimatore. Milano, in quegli anni, era una delle città più ricche del mondo, con una popolazione di più di ottantamila cittadini e con centinaia di botteghe tessili, di officine che producevano aghi, spade, corazze e le *celebri milanesi* le cotte di filo d'acciaio che potevano proteggere dai colpi di pugnale e, un po' come Firenze, s'era ripresa rapidamente dalla moria causata dalla peste. Dunque, Leonardo abbandonò Milano, diventata pericolosa: i balestrieri guasconi usarono la forma in creta a grandezza naturale del gran cavallo di Leonardo per far pratica di tiro e la distruggono. Nel dicembre del 1499 parte, andando prima a Mantova, poi a Venezia. Leonardo pensa bene di andarsene con i propri allievi e con un amico, il matematico Luca Pacioli. Si fermano

Jacometto Veneziano (?)
Ritratto di Luca Pacioli e di Guidubaldo di Montefeltro
1495, Napoli, Museo di Capodimonte.

da Isabella d'Este per qualche giorno e poi riprendono il cammino verso Venezia.

Il re Luigi XII rimane incantato dalla *Ultima Cena* dipinta da Leonardo al punto di pensa di demolire il muro e portarsela in Francia.

Siamo certi che Leonardo andò a Venezia dove restò per uno o due mesi, solo per via d'una conferma secondaria: una lettera del liutaio Lorenzo Gusnasco a Isabella d'Este e una sua noterella nel Codice Arundel, conservato a Londra:

> *Ricordo come a dì 8 di aprile 1503 io Leonardo da Vinci prestai a Vante miniatore ducati 4 d'oro in oro [...] Ricordo come nel sopradetto giorno io rendei a Salaì ducati 3 d'oro, i quali disse volersene fare un paio di calze rosate co' sua fornimenti, e li restai a dare ducati 9, posto che lui ne de' dare a me ducati 20, cioè 17 prestali a Milano e 3 a Vinegia[...]".*

Il Salai, Gian Giacomo Caprotti, fu il discepolo prediletto di Leonardo, un monello al quale il grande uomo non sapeva mai dir di no. Questo è tutto quanto sappiamo della sua permanenza a Venezia.

Eppure, Luca Pacioli conosceva molte persone importanti a Venezia e conoscendo la sua ammirazione per il genio toscano gliele avrà certamente presentate.

Nel mese di febbraio del 1500 il Moro riprende Milano alla testa dei suoi mercenari ma riesce a tenerla solo per un mese e poi, tradito dagli svizzeri a Novara, vien portato in una gabbia di ferro sino a Loches, in Francia, dove morirà.

La scarsità delle notizie sulla permanenza a Venezia par quasi indicare che Leonardo Da Vinci sia stato impegnato in una missione segreta... e questo è possibile, poiché a quel tempo non era certo che Ludovico il Moro e la sua coalizione sarebbero usciti perdenti da quella guerra e, se avessero vinto, a Leonardo avrebbero tolto la sua amatissima vigna, o peggio, accusandolo d'intelligenza con il nemico. Ma di che missione si trattava?

Possiamo farcene un'idea dal foglio 669r. del Codice Atlantico conservato presso alla Biblioteca Ambrosiana di Milano e noto come *Memorandum Ligny*. Vi troviamo sopra due abbozzi di lettere scritte di pugno di Leonardo e che paiono dirette al Senato Veneto. Riguardano degli studi per difendere il Friuli dagli assalti dei turchi. Infatti, vi si parla di difese da costruire sull'Isonzo per contrastarli, ed è notevole il fatto che Leonardo avesse capito che la linea per contenerli era proprio quel fiume, infatti vi si dice, fra l'altro: "Illustrissimi signori, avendo io esaminato la qualità del fiume l'Isonzio, e dà paesani inteso come per qualunque parte di terraferma...".

Leonardo deve aver condotto un'ispezione sulle rive dell'Isonzo e parlato a chi ci abitava. Forse proponeva di farlo straripare per allagare il contado e impedire alla cavalleria turca di passare, poi passa a discutere di possibili sbarramenti fatti con delle palificazioni.

Esiste un'altra notazione di Leonardo che ci conferma nell'idea che effettivamente egli vi condusse un'ispezione e che propose delle modifiche difensive. Parliamo sempre del Codice Atlantico al foglio 215r. che risale al 1508, dove ricorda certi suoi studi fatti in passato: parla di un sistema per il trasporto delle artiglierie studiato per Gradisca del Friuli: "Bombarde da Lion a Vinegia col modo ch'io detti a Gradisca in Frigoli e in Ovinhie (Udine?)". Più avanti troviamo uno schizzo sul quale annota: "Il ponte di Goritia" e "Vilpago (Wippach)." Vi è una nota relativa a questa sua impresa nel Codice Arundel 270v. si legge "...e facciasi il serraglio mobile che io ordinai nel Frigoli, del quale, aperto una cataratta, l'acqua di quello usciva e cavava il fondo..."

Del sopralluogo di Leonardo non esiste traccia negli

archivi veneziani, ma sappiamo che il 13 marzo 1500 il Senato veneto discusse d'inviare Giampaolo Manfron con una delegazione di tecnici in Friuli e che durante il dibattito Pietro Moro (patron de l'Arsenale) s'alzò e disse che conosceva ingegneri militari che potevano preparare dei piani adeguati. A Pietro Moro fu affiancato Angelo Barozzi, un esperto di fortificazioni.

Con una loro prima relazione, del 22 marzo, chiedevano più soldati e più armi e il 3 aprile il Moro e il Barozzi rientravano a Venezia, dove presentavano le loro raccomandazioni al Senato della Serenissima. È possibile che Pietro Moro si fosse portato dietro Leonardo per avere un parere tecnico alternativo a quello del Barozzi, che passava per essere un uomo testardo e dal carattere difficile.

Il timore d'una invasione turca scemò dopo il 13 aprile 1500 quando i francesi sconfissero e catturarono il Moro, ponendo termine alla guerra.

Nel mese di aprile del 1500 Leonardo e Luca Pacioli si trovano già a Firenze, e la missione segreta in Friuli era dunque terminata. Leonardo, nel 1502, prende servizio come ingegnere generale di Cesare Borgia (1475-1507), ma poco appare nelle sue note di ciò che vi fece a livello bellico ed è solo grazie al suo amico e ammiratore Luca Pacioli che sappiamo che fu grazie a un suo intervento – che fu visto come prodigioso – che l'esercito del Borgia poté valicare un fiume che lo bloccava, ma di questo Leonardo neppure ne accenna nelle sue note.

Nel 1503 le guerre di Cesare Borgia, il figlio bastardo del pontefice Alessandro VI, cessarono e Leonardo rientrò a Firenze. Poi, nel 1506, ritornò a Milano, dominata dai francesi che nel frattempo gli avevano mostrato stima e simpatia, tutto sommato ben maggiori di quelle manifestate dai suoi concittadini fiorentini.

Come abbiamo già accennato, le fonti originali a stampa

su Leonardo sono scarse. In primo luogo, abbiamo la *Vita di Leonardo Da Vinci, Pittore e Scultore di Firenze* scritta da Giorgio Vasari, che costituisce una piccola parte del suo lavoro monumentale di biografo degli artisti toscani e non toscani che si distinsero durante il Rinascimento. Vasari pubblicò una prima edizione di questa importante opera nel 1550, e poi una seconda edizione, modificata e corretta, nel 1568, entrambe stampate a Firenze.

La prima edizione della *Vita di Leonardo* contiene alcune notizie che furono poi censurate nella seconda, forse perché il Vasari nel 1550 aveva solo Cosimo de' Medici come proprio sponsor, mentre nel 1568 egli si trovava sotto l'ala protettiva di papa Pio V, il bieco domenicano Antonio Ghisleri (1504-1572), un ex inquisitore che fece condannare a morte vari umanisti e scrittori per espressioni tutto sommato meno blasfeme di quelle attribuite dal Vasari a Leonardo, come Pietro Carnesecchi, Aonio Paleario e Niccolò Franco, quest'ultimo accusato di essere stato l'autore d'una pasquinata.

Anche Gerolamo Cardano fu arrestato, nel 1570, e detenuto dall'inquisizione di Bologna, per delle frasi contro i domenicani inserite dal suo stampatore di Basilea nel suo *De Rerum Varietate,* pubblicato nel 1557. Cardano fu costretto a ripudiare certe sue opinioni. Dunque, l'umore in Italia dopo il Concilio di Trento, tenutosi tra il 1545 e 1563, era mutato e si era compiuta una virata verso l'intolleranza religiosa. In più, c'è da aggiungere che il Vasari, in occasione della seconda edizione della *Vite* trovandosi verso il termine della sua esistenza, da artista ricco e stimato qual era non voleva certo correre inutili rischi, come per altro egli stesso dichiara nell'introduzione della seconda edizione, in cui pare voler mettere le mani avanti, accusando altre persone dell'inserimento di certe frasi critiche contenute nella prima edizione del suo libro. Egli scrisse:

Ne ho molte cose levate che senza mia saputa, ed in mia assenza, vi erano, non so come, state poste ed altre rimutate.

Anche il bonario Edmondo Solmi lo accusò d'ipocrisia, ma, forse, non si rendeva ben conto che il pericolo era davvero grande, e che è possibile che alcune frasi siano state inserite senza che l'autore se ne accorgesse: essendo questa una pratica comune in quei tempi.[1]

Per quanto riguarda Leonardo, troviamo cenni anche in altre opere biografiche meno note e meno complete, come il *Libro di Antonio Billi*; una biografia incompiuta di Paolo Giovio, e poi l'*Anonimo Gaddiano*.

Possediamo, inoltre, brevi citazioni di suoi contemporanei che lo incontrarono, come Luca Pacioli (1445-1517)[2]; Sabba da Castiglione (1480-1554), poeti, viaggiatori e, infine, le memorie di Antonio De Beatis.

Purtroppo, gran parte delle rare lettere composte da Leonardo non sono più disponibili, salvo alcune bozze contenute nei suoi diari, e non sappiamo neppure se furono completate e spedite. Ernest Gombrich notò che negli archivi italiani è possibile trovare varie lettere scritte dai grandi artisti del Rinascimento, ma non se ne trovano di Leonardo Da Vinci. Ciò sembra un'eloquente testimonianza dell'isolamento nel quale Leonardo trascorse la propria esistenza, studiando, disegnando e lavorando molto sodo. Sigmund Freud dedusse quanto segue:

L'ardimento e l'autonomia della sua successiva

---

1. Edmondo Solmi *Leonardo* Longanesi, Milano, 1972, pp. 226-227.

2. Luca Pacioli *De Viribus Quantitatis* Museo Aboca, Borgo San Sansepolcro, 2009. Completato nel 1509 e messo in circolazione come codice manoscritto. Sabba di Castiglione *Ricordi* Bartolomeo Bonardo, Bologna, 1546.

indagine scientifica presuppongono l'esplorazione
sessuale infantile non inibita dal padre, prolungata a
patto di escludere la sessualità.

Quando qualcuno, come Leonardo, non è stato
intimorito dal padre nella sua prima infanzia e si è
liberato nelle sue esplorazioni dai ceppi dell'autorità,
ci sembrerebbe una flagrante contraddizione che
restasse credente e non riuscisse a sottrarsi alla religione
dogmatica. La psicoanalisi ci ha insegnato a riconoscere
l'interconnessione esistente fra complesso paterno e
fede in Dio, ci ha indicato che il Dio personale non è
altro, psicologicamente, che un padre innalzato, e ci
pone ogni giorno sotto gli occhi i casi di giovani che
perdono la fede religiosa appena crolla in loro l'autorità
paterna.[3]

Dunque, secondo Sigmund Freud, Leonardo trascorse la
sua prima infanzia lontano dall'influenza paterna e ciò può
aver contribuito allo sviluppo del suo pensiero anarchico, del
quale accenna Vasari nella sua prima edizione.

Ma sono i suoi codici che ci forniscono alcuni punti
fermi su di lui, pur nella loro frammentarietà e oscurità.
Essi hanno fortemente contribuito alla fondazione della
sua immagine postuma di grande genio onnisciente. Senza
questi codici, o diari, per noi Leonardo sarebbe solo un
oscuro pittore che produsse pochissimo, prima di sparire
dalla faccia della terra e non ne saremmo attratti come oggi
lo siamo e ci interrogheremmo sul perché tanti letterati e
teste coronate abbiano avuto una così grande stima di lui.

Ne possediamo circa diecimila pagine, contenenti disegni
corredati da frasi e schizzi, e pochissimi accenni di natura
privata, anche se forse un numero altrettanto grande di

---

3. Sigmund Freud *Leonardo da Vinci. Un ricordo d'infanzia di Leonardo da Vinci*
Bollati Boringhieri, Torino, 1975, pp. 75-76.

pagine è andato perduto.

Paul Valery fece un'importante osservazione circa la riservatezza di Leonardo riscontrabile nelle pagine dei suoi diari pervenute fino a noi. Scrisse: "Lui è innocente della debolezza per la confessione e della mostra di vanagloria che trabocca in tanti cosiddetti diari intimi".[4]

E purtroppo questo è vero, ed è un grande peccato! Con un po' più di vanagloria o meno auto-repressione, Leonardo ci avrebbe fornito più informazioni e più indizi su di sé. Che non fu affatto vanaglorioso ma, apparentemente, umile, possiamo esserne certi: possediamo un sonetto scritto da Piattino Piatti (1442-1508), un nobiluomo milanese, nel quale egli lodava, appunto, la sua modestia.[5]

Intanto, andrebbe sottolineato che i diari, o codici, di Leonardo, furono noti alla maggioranza delle persone che lo conobbero e non venivano da lui tenuti segreti, anzi amava mostrarli.[6] E chi li vedeva ne restava impressionato, giudicandoli qualcosa di curioso e di magico: pure Vasari li descrisse con rispetto e ammirazione. Ciò che ne è rimasto si trova oggi sparso per tutta Europa e solo il Codice Gates è custodito negli Stati Uniti. Quest'ultimo fu un tempo conosciuto come Codice Leicester e, dopo essere stato acquistato dal petroliere Harmand Hammer nel 1980 in un'asta di Christie's a Londra, divenne il Codice Hammer, infine nel 1994 passò appunto al fondatore della Microsoft, William Henry Gates III, meglio noto come Bill Gates.

Seguire la traccia di questi diari è difficile e richiederebbe un libro dedicato solo a questo argomento. Semplificando il più possibile, quando Leonardo Da Vinci morì, ad Amboise

---

4. Paul Valery, *Introduction to the French Translation of Edward McCurdy's Notebooks of Leonardo*, Braziller, Parigi, 1942.

5. Piattino Piatti, *Elegiae cum epigrammatis veteribus et novis* Gottardo Da Ponte, Milano, 1507.

6. Antonio De Beatis, *The Travel Journal*, Hakluyt Society, Londra, 1979, p. 132.

in Francia, lasciò in eredità tutti i suoi manoscritti al più diligente fra i suoi allievi, un nobiluomo milanese di nome Francesco Melzi (1491/93-1568/70), figlio di Gerolamo Melzi, un comandante della milizia milanese. Francesco entrò nella bottega di Leonardo nel 1506, occupandosi di tenere in ordine i disegni e gli scritti del maestro, oltreché di dipingere. Continuò a dipingere ed ebbe Gerolamo Figino come proprio allievo. Fra il 1520 e il 1521 — non si sa quando di preciso — Francesco Melzi riportò tutti i documenti di Leonardo in Italia e li pose nella propria villa di Vaprio D'Adda, oggi in provincia di Milano. Sappiamo che li mostrava ad artisti e a curiosi che visitavano la sua casa e forse li mostrò anche a Giorgio Vasari. Quando rientrò a Milano dalla Francia, Melzi sposò Angiola Landriani, la quale gli diede otto figli.

Un particolare importante: sulla copertina del Codice Urbinate, Melzi annotò il titolo di diciotto codici di Leonardo, ma dodici di questi sono scomparsi, anche se forse una parte fu ritagliata e inserita in altri codici in nostro possesso.

Dopo la morte di Francesco Melzi, suo figlio Orazio, che non era affatto interessato a quanto il padre aveva accuratamente raccolto, mise i codici in soffitta *sotto a tetti negletti* senza preoccuparsi più di tanto del loro destino, forse perché ne ignorava il valore monetario. Li trascurò a tal punto che nel mese di aprile del 1587, Lelio Gavardi d'Asola, precettore dei suoi figli, ne rubò tredici, portandoseli a Pisa.

Quando i fratelli Mazenta lo vennero a sapere, lo convinsero a restituirli, ma pare che solo sette di quei tredici furono riconsegnati al proprietario. All'inizio, i fratelli Mazenta li tennero per sé — questi, evidentemente, erano una sorta di anello magico, come nei romanzi di Tolkien — e solo dopo essere stati sollecitati da Orazio Melzi, che nel frattempo s'era reso conto del loro valore pecuniario, furono restituiti.

Giovanni Ambrogio Mazenta (1565-1635) era un prete milanese e un architetto che nel 1630 scrisse un saggio intitolato *Memorie su Leonardo Da Vinci* un'opera commissionata da Cassiano dal Pozzo, segretario del cardinal Barberini, con l'idea di utilizzarla per un'edizione del *Trattato della Pittura*. Suo fratello, Guido Mazenta (1560–1616), scrittore e artista, fu colui che donò al cardinal Federico Borromeo il Codice C, che si trova oggi a Parigi, e come ne fosse venuto in possesso non è difficile intuirlo.

Le *Memorie* di Giovanni Ambrogio Mazenta sono un testo importante per ricostruire le vicissitudini dei codici di Leonardo dal 1585 al 1630. Nel 1590, Pompeo Leoni (1530-1610), un artista impiegato alla Corte di Spagna, li acquistò e se li portò a Madrid. Questo spiega perché alcuni dei codici, come il B, che si trova a Parigi, abbiano una traduzione in spagnolo. Si può dire che Pompeo Leoni si comportò come un vandalo, usando le forbici per ritagliare a proprio piacere le pagine di Leonardo, incollando i disegni e le parole senza ordine, rimettendoli insieme in modo arbitrario. Quando morì, nel 1610, tutti i suoi libri passarono al genero, Polidoro Calchi, assieme alla dimora milanese del Leoni, nota oggi come la casa degli Omenoni. Calchi, a corto di denaro, tentò di vendere i codici al granduca Cosimo II di Toscana, ma lo sciagurato consulente del granduca, Remigio Cantagallina, decise che quei diari erano opere di poco valore e che quindi non valevano neppure il modesto prezzo che era stato richiesto. Fu così che la straordinaria opportunità di avere tutti i codici leonardiani riuniti a Firenze svanì per sempre. Polidoro Calchi riuscì infine a venderli al conte Galeazzo Arconati (1592-1648), un collezionista d'arte e scienziato dilettante, il quale li pose nella sua gran villa di Bollate, vicino a Saronno.[7]

---

7. Carlo Pedretti *Leonardo e Io* Mondadori, Milano, 2008, p. 64.

Per fortuna, Arconati sapeva che erano documenti straordinari e nel 1637 ne lasciò alcuni in eredità alla Biblioteca Ambrosiana di Milano, fra i quali il Codice Atlantico, così chiamato per via delle dimensioni delle sue pagine, simili a quelle usate per gli atlanti, ma, purtroppo, ne tenne una parte per sé e alcuni li vendette, mentre altri andarono dispersi, prima e dopo la sua morte.

Uno dei codici del Arconati fu acquistato da Thomas Howard, conte di Arundel (1585–1646), un bizzarro bibliofilo inglese costantemente alla ricerca di libri e documenti relativi a Leonardo Da Vinci. Il conte Arundel morì a Padova dopo aver tentato, senza successo, di acquistare anche il Codice Atlantico dallo stesso Arconati. Suo figlio, Henry Howard, duca di Norfolk, nel 1667 presentò ciò che oggi conosciamo come Codice Arundel alla Royal Society e questo fu successivamente acquistato dal British Museum, dove è conservato. Il conte Arundel, in visita ad Arconati, vide in quell'occasione undici meravigliosi cartoni creati da Leonardo in preparazione della sua *Ultima Cena* che da allora sono spariti: questa perdita può essere descritta come una dalle più grandi negli annali dell'arte rinascimentale. Arundel li descrisse come segue:

A colori con pastelli e acquarelli che Leonardo realizzò per il Cenacolo, alcuni con due teste sono stati realizzati con leggerezza e nelle stesse dimensioni che sul muro.[8]

Nel maggio 1796 Napoleone Bonaparte entrò a Milano e tutti i codici conservati alla Biblioteca Ambrosiana furono requisiti. Prima di essere trasportati a Parigi come

---

8. Thomas Howard scrisse nel suo diario: "In colours but with creon and water worke, wch. Leonardo made for ye Caena Domini, in some of which are two heads, they are but slightly done & as I take it of the same biggnesse of ye wall was."

bottino di guerra, Napoleone se li fece portare e si dice che nello sfogliarli abbia esclamato, in italiano: "Questi adesso sono miei!".[9] Chiaramente, era un grande estimatore di Leonardo.

Dopo la caduta di Napoleone, nel 1815, solo il Codice Atlantico ritornò a Milano, mentre i piccoli ma deliziosi quattordici carnet d'appunti passarono inosservati e sono ancora conservati alla *Bibliotèque de l'Institut de France* a Parigi.

Quando fu nominato ispettore della Librerie di Francia, l'infame conte Guglielmo Libri (1801-1869), forse il più grande ladro di libri di tutta la storia dell'umanità, rubò varie pagine dei manoscritti A, B, ed E, e l'intero Codice sul volo degli uccelli, che faceva parte del manoscritto B. Si dice che Libri, quando voleva rubare una pagina senza dare nell'occhio, vi lasciava dentro un filo di cotone bagnato d'acido muriatico.[10] Quando ritornava, dopo un paio di giorni, la pagina si staccava con facilità. Il conte fu un brillante matematico, che pubblicò nel 1820 un trattato sulla teoria dei numeri che fu ben accolto in Europa nell'ambito scientifico. Fu poi nominato direttore della libreria dei Georgofili a Firenze, proprio nel periodo durante il quale sparirono centinaia di libri rarissimi. Sospettato di essere l'autore di quei furti, fu finalmente allontanato da Firenze e si trasferì in Francia. Dopo la rivoluzione del 1848, si trasferì in Inghilterra, diventando un cittadino britannico per aver sposato Melanie Double Collins, che morì nel 1865. Si risposò con Helen de la Motte e ritornò in Italia. Nel frattempo, un'azione legale contro di lui fu iniziata in Francia per i numerosi furti di libri, ma l'enormità delle sue sottrazioni divenne palese solo dopo la sua morte. Tutte le pagine leonardiane che trafugò furono rimontate, a casaccio

---

9. Carlo Pedretti, op. cit., p. 64.

10. Marco Cianchi, *Quel filo intriso di acido muriatico* in *Leonardo. I codici* Giunti, Firenze, 1999.

e una raccolta fu da lui venduta a Lord Ashburnham, in Inghilterra. I discendenti del Ashburnham, alla fine, cedettero alle pressioni francesi e nel 1890 concordarono la loro restituzione a Parigi.

Il codice sul Volo degli Uccelli venne regalato alla regina d'Italia, che poi lo donò alla Biblioteca Reale di Torino, dove è conservato. A Torino troviamo anche il famoso presunto autoritratto che raffigurerebbe Leonardo come un vecchione.

Oggi possediamo ventidue codici, ma la loro composizione, a causa delle forbici del Leoni, poco ha a che vedere con la loro originale disposizione studiata da Leonardo e dal Melzi. Il Codice Atlantico è il più grande e contiene dodici libri con più di 1.100 disegni e frammenti. A Milano, troviamo anche il Codice Trivulziano, legato anch'esso all'Arconati. Questo codice non andò mai a Parigi, perché gli esperti di Napoleone se lo lasciarono sfuggire, essendo conservato nella biblioteca privata del principe Trivulzio. [11]

Il Codice Urbinate e il Libro Perduto A si trovano a Roma, nella Biblioteca Vaticana, e contengono, fra l'altro, il manoscritto del libro che Leonardo intendeva dare alle stampe ma che fu poi pubblicato per la prima volta molto tempo dopo con il titolo *Trattato della Pittura con la vita dell'autore scritta da Raff. Dufresne* e coi tre libri della pittura ed il *Trattato della Statua* di Leon Battista Alberti e la vita di quest'ultimo scritta dallo stesso Dufresne, Paris Langlois, 1651. Nello stesso anno uscì un'edizione in francese del *Traité de la Peinture*. La prima edizione in inglese fu *A Treatise of Painting, faithfully translated from Italian by J. Rigau. It is prefixed A new life of the author, drawn up from authentic materials till now inaccessible* stampato da J. S. Hawkings, Londra, 1802.

---

11. Pietro C. Marani, Maria Teresa Fiorio *Leonardo* Electa, Milano, 2007.

Sir Kenneth Clark, uno dei più grandi esperti di Leonardo, ebbe questo a dire di tale libro:

Non sarà stravagante affermare che il Trattato della Pittura di Leonardo è il documento più prezioso dell'intera storia dell'arte.[12]

Questa osservazione, se non altro, sottolinea il valore inestimabile di tutti gli altri codici di Leonardo che, purtroppo, sono andati perduti.

A Parigi troviamo i carnet A, B, C, E, F, G, H, I, K, L e M, Ashburnham I e II alla Bibliotheque de l'Institut de France e delle pagine sparse al Museo Bonnat di Bayonne.

In Gran Bretagna troviamo, oltre al Codice Arundel al British Museum, il Codice Forster I, II e III al Victoria and Albert Museum, ma nulla di certo sappiamo della strada che essi presero per giungere in Gran Bretagna. Sappiamo solo che furono per breve tempo di proprietà del conte Lytton, a Vienna, per poi essere acquistati, nel 1876, da John Forster. Il codice conservato nel Castello di Windsor è di proprietà della Corona britannica ed è particolarmente ricco di stupendi disegni, forse il migliore di tutti per qualità artistica. Come divennero proprietà della famiglia reale britannica è ancora un mistero, ma ci sono tracce che partono, di nuovo, dall'Arconati. Poi passarono al pittore Sir Peter Lely, che operava ad Amsterdam, il quale li donò, o li vendette, a re Carlo II d'Inghilterra.

A Madrid troviamo il Codice Madrid I e II, che sono riapparsi nel 1966 dopo essere stati erroneamente etichettati presso la *Biblioteca Nacional*. Questi sono riconducibili a Pompeo Leoni. Nella Biblioteca di Christchurch, a Oxford, v'è una piccola collezione di disegni, donati dal generale

12. Kenneth Clark *Prefazione*, in Carlo Pedretti *Leonardo Da Vinci: A Lost Book, Libro A* University of California Press, Berkeley, 1964, p.VII.

John Guise e anche il Metropolitan Museum di New York possiede alcune pagine, come pure il Museo degli Uffizi. Il famoso Uomo Vitruviano di Leonardo viene conservato alle Gallerie dell'Accademia di Venezia, con altre pagine — poche ma tutte molto affascinanti — provenienti dalla collezione di Giuseppe Bossi (1777-1815), il quale pubblicò dei libri su Leonardo e, in particolare, *Del Cenacolo di Leonardo Da Vinci* uscito a Milano nel 1810. Bossi entrò in possesso di altri preziosi manoscritti, alcuni dei quali finirono alla British Library a Londra e, appunto, a Venezia.

Il Museo di Weimar, la Biblioteca municipale di Nantes, il Museo delle Belle Arti di Budapest e la biblioteca dell'Università di Basilea possiedono pagine leonardiane sparse, che forse originano dai furti del conte Libri o da altri collezionisti privati. Vari codici sono scomparsi e ne conosciamo solo il nome per via della famosa lista di Francesco Melzi, ma non sappiamo nulla del loro contenuto: per esempio, quello intitolato al duca d'Amalfi, il manoscritto sulla pittura, il codice Ludovico Sforza, quello del duca di Savoia e quello di Ercole Bianchi.

Una collezione di disegni erotici fu rubata dal Castello di Windsor, nel 1852, prima che li ricopiassero, e risultano tuttora dispersi. Forse, furono bruciati da un puritano tedesco, o forse non sono andati perduti per sempre: ad esempio, una figura ermafrodita di angelo incarnato, un disegno emerso solo nel 1990, faceva forse parte di una collezione privata tedesca e il fatto che si trovi in Germania mostra come il ladro tedesco in trasferta a Londra forse non li bruciò, e il resto potrebbe riemergere negli anni futuri.

Si disse che i curatori di Windsor tirarono un sospiro di sollievo quando questi disegni erotici sparirono, giacché erano imbarazzatissimi ogni volta che uno studioso chiedeva di esaminarli.[13]

---

13. The Sunday Telegraph, 5 aprile 1992

Nel 1542, mentre si trovava in Francia, Benvenuto Cellini (1500-1571) comprò un codice di Leonardo, che è oggi perduto, da un nobiluomo francese che necessitava di denaro. Vi si discuteva di scultura, architettura e di prospettiva. Cellini commise un grosso errore: prestò il codice a Sebastiano Serlio (1475-1554), il quale stava scrivendo un libro d'architettura. Cellini scrisse che Serlio adoperò quel codice meraviglioso solo *entro i limiti dalla sua limitata intelligenza* e che in seguito non glielo restituì. Il codice andò perduto.

L'unico codice oggi posseduto da un privato, autentico e completo, appartiene a Bill Gates. Ed è anche conosciuto come l'unico codice di Leonardo che non venne ereditato da Francesco Melzi. Gates lo acquistò nel 1994, da Christie's, per circa trentuno milioni di dollari. Fu un ottimo investimento, poiché oggi il suo valore è stimato a più di duecento milioni di dollari. Si tratta di una piccola raccolta di trentasei fogli larghi 299x220 millimetri, dunque di 72 facciate. Le ultime note sono del 1510 e i principali argomenti trattati sono il flusso dell'acqua, i vortici, le correnti e le cascate, oltreché varie osservazioni d'astronomia. Dal 1537 il codice fu di proprietà di Guglielmo Della Porta (1516-1577), a Roma, uno sculture e architetto, nonché parente di Giacomo Della Porta (1533-1602), l'architetto della Basilica di San Pietro e della facciata della Chiesa del Gesù, che segnò l'inizio dello stile Barocco. Si noti che, curiosamente, esiste un misterioso schizzo di una facciata di una chiesa[14] eseguito da Leonardo su un foglio conservato a Venezia, ripetuta in un angolo del San Gerolamo di Leonardo, conservato ai Musei Vaticani. Quel tipo di facciata divenne poi lo standard per le facciate di molte chiese gesuitiche sparse per il mondo, inclusa quella del San Paulo di Macao, in Cina, che fu disegnata dal gesuita Carlo

---

14. Gallerie dell'Accademia di Venezia, 21a

Spinola (1564-1622), il quale, forse, ebbe modo di vedere quella pagina di Leonardo.

Vari decenni dopo, Guglielmo Ghezzi acquistò il codice Leicester a Roma. Vi scrisse di suo pugno una nota in cui dichiara d'averlo pagato una somma ingente: "Acquistato per la gran forza dell'oro, per sublimare le fatigose raccolte del suo studio".

Nel 1717 Ghezzi lo vendette a Thomas Coke, il futuro Conte di Leicester, che si trovava in Italia per un tour, e i discendenti di Coke, nel 1980, lo misero all'asta da Christie's e l'acquirente fu il petroliere Hammer,[15] che 13 anni dopo lo cedette a Bill Gates.

Leonardo Da Vinci. Schizzo di una chiesa. Gallerie dell'Accademia, Venezia.
Barocco prima del Barocco?

15. Il *Codice Leicester* fu battuto nel dicembre 1980. Si veda lo splendido catalogo pubblicato da Christie's, che lo riproduce interamente, con un'introduzione e un apparato di note curato da Carlo Pedretti.

Pietro e Antonio di Miniato, *Margherita e Francesco Datini pregano la Vergine*. Prato, tabernacolo della Romita.

Capitolo Tre

Lussuria è causa della generazione
Leonardo Da Vinci

Schiave orientali a Firenze nel XIV e XV secolo

La schiava Caterina, madre di Leonardo Da Vinci, entrò quasi certamente nella nostra penisola attraverso Venezia. Questi schiavi, catturati chissà dove, una volta raggiunta la Crimea venivano rivenduti a mercanti genovesi e veneziani. Più del novanta per cento di loro erano di sesso femminile, e generalmente venivano classificati come *tartari* perché agli occhi degli europei somigliavano, nei tratti del viso, a dei tartari, o mongoli che dir si voglia.

Quando si parla di schiavitù, vengono in mente le suggestive immagini di piantagioni di cotone negli Stati Uniti d'America. Eppure, la schiavitù in Italia fu molto diffusa sino alla metà del diciottesimo secolo e non fu mai contrastata dalla Chiesa cattolica, sia da un punto di vista pratico che dottrinario. Ciò che troviamo negli scritti dei Padri della Chiesa sono deboli esortazioni a trattare gli schiavi umanamente, nulla di più, tant'è che il clero era molto coinvolto in tale disumano traffico. Sant'Agostino scrisse: "La causa primaria della schiavitù è il peccato... e questo può solo essere un giudizio di Dio, nel quale non v'è ingiustizia, e che sa come assegnare punizioni differenti secondo il deserto dei peccatori".[1]

San Basilio Magno (329-379) stabilì che gli schiavi che cercavano rifugio nei monasteri dovevano essere restituiti

---

1. Sant'Agostino *La Città di Dio* Einaudi, Torino, 1992, 19:12

ai loro legittimi padroni, a meno che questi si fossero mostrati straordinariamente crudeli. Incredibilmente, la schiavitù non fu mai vista come una palese contraddizione agli insegnamenti della Bibbia. Sì, il gettare in catene dei cristiani non era permesso, tuttavia la schiavitù degli infedeli e degli ebrei lo era, ossia era consentito schiavizzare coloro *qui non sint catholicae fidaei christianae*. Si deve però osservare che dopo il loro acquisto questi, entro due mesi, dovevano essere battezzati: quindi, 'tecnicamente', tutti gli schiavi erano cristiani!

L'economista e filosofo illuminista Melchiorre Gioia (1767-1829) evidenziò correttamente che:

> *Non fu la religione che fece sparire la schiavitù dalla maggior parte d'Europa, ma il lento progresso delle arti e del lusso.*

E ancora:

> *No, non è stata la religione che ha distrutto la schiavitù: gli schiavi sussistettero per molti secoli a fianco degli altari... La schiavitù è andata scemando in ragione dei progressi della filosofia, e i sovrani che attualmente la professano, pongono la loro gloria nel chiamare i servi della gleba alla libertà.*[2]

Ecco degli esempi, fra il 1359 e il 1363 il notaio della *curia venetorum* a Tana, in Crimea, fu un tal Benedetto Bianco, nativo di Venezia, il quale, quando rientrò in patria, divenne parroco della chiesa di Sant'Eufemia alla Giudecca. Dei suoi quattro anni trascorsi in Crimea ci sono rimasti 151 atti di compravendita di schiavi, sottoscritti a suo nome, relativi a diverse etnie, soprattutto tartari

2. Melchiorre Gioia *Del merito e delle ricompense* Ruggia, Lugano, 1835.

ma anche qualche cinese, indicato con la formula *ex ortha cathaiorum*[3] ossia provenienti dalla Cina (Cathay). Nel "Registro degli Schiavi" di Benedetto Bianco dell'anno 1360 troviamo questa suddivisione etnica: tartari, 50; circassi, 11; 1 cinese.

In un altro registro, del 1434-43, appartenente al ricco notaio veneziano Vittore Pomino, su 111 unità, di nuovo, solo il venti per cento circa erano maschi e il resto femmine: le principali etnie erano 38 tartari, 59 russi e 14 circassi. Questo traffico di esseri umani, da Oriente a Occidente, è innegabile per via dell'abbondanza dei documenti notarili originali che sono ancora conservati negli archivi. Questo tutto sommato sorprende, giacché si nota come sia stata operata una vera e propria rimozione dalla nostra memoria collettiva, benché, com'è stato notato: "La schiavitù molto spesso incoraggia il silenzio".[4]

Per studiare l'origine dello spregevole fenomeno della schiavitù in Toscana dobbiamo viaggiare indietro nel tempo, almeno sino all'11 agosto 1289. Una giornata memorabile perché i cittadini di Firenze si riunirono davanti alla chiesa di San Pietro a Scheragio e approvarono un decreto che proibiva a tutti, indipendentemente dalla loro condizione e censo, di vendere o comprare, sotto ogni condizione e per qualsiasi periodo, lavoratori di qualunque tipo e di ogni stato sociale. Tutti i diritti relativi al possesso di un cristiano furono aboliti, sia in città che nel contado. La pena inflitta ai trasgressori sarebbe stata l'annullamento del contratto e una multa di mille fiorini per gli acquirenti, venditori, testimoni, intermediari e notai. Solo il governo della città di Firenze, e in condizioni speciali, si riservava ancora il diritto

---

3. Iris Origo *The Domestic Enemy* Rivista Speculum, Vol. XXX, n.3, luglio 1955, p. 329. Provenienti dalla Cina.

4. Norman F. Cantor *In the Wake of the Plague* Simon & Shuster, New York, 2001, p. 203.

d'acquisto di servi della gleba cristiani. Quella legge abolì di fatto la servitù della gleba in modo efficace, un fenomeno che fu molto diffuso durante il periodo medioevale. Occorre tuttavia precisare che la condizione dei servi durante il Medioevo non era certamente paragonabile a quella degli schiavi: i servi stavano meglio e in tutta Europa mantenevano un minimo di diritti legali. Per esempio, era loro consentito di cacciare selvaggina — eccetto i cervi, che restavano riservati ai nobili — di pescare e di coltivare una parte della terra per sfamare la propria famiglia.

Tale nuova normativa a Firenze fu promossa da Giano della Bella (1240-1304), un nobiluomo che stette dalla parte del popolo minuto, come si definiva la gente comune. Oggi la chiameremmo una legge di sinistra, visto che fu promulgata per limitare il potere dei nobili, che sino ad allora erano autorizzati a possedere contadini, che lavoravano gratis per loro e quando erano chiamati alle armi dovevano combattere le loro guerre.

Anche in altre città italiane furono promulgate delle simili leggi e, in qualche caso, ancor prima di Firenze: a Padova nel 1235, e a Brescia nel 1239. È comprensibile che i nobili di fronte a una tale rivoluzione tentarono di resistere, ricorrendo a sotterfugi come la falsificazione dei contratti di lavoro, ossia fingevano che i servi ricevessero un salario e fossero impiegati per propria volontà, quando in realtà non lo erano. Ma, nonostante tutte le loro minacce e le violenze, questi sforzi furono vani, poiché emersero delle libere repubbliche basate sul commercio fra mercanti e quella divenne una tendenza irreversibile, avendo passato il punto di non ritorno.

Alcuni storici sostengono che uno dei motivi della perdita di prestigio dell'aristocrazia e del mito della cavalleria fu l'incursione dei mongoli in Europa, nel 1241. I mongoli distrussero un esercito russo, poi uno polacco-tedesco, e infine uno ungherese. I paesi dell'Europa orientale furono presi dal panico per via della comparsa di questi cavalieri misteriosi, i quali apparivano dal nulla e sparivano nel nulla: nessuno conosceva il loro linguaggio e le loro tecniche belliche. I mongoli avrebbero potuto avanzare verso Parigi e Roma, ma decisero che non ne valeva la pena. Indugiarono allora per alcuni mesi in Ungheria, poi girarono i propri cavalli e galopparono a Oriente, pur minacciando di tornare. Oggi sappiamo che la loro spedizione in Occidente era stata solo una prima esplorazione, e non una campagna di conquista. Varie teorie sono state proposte per spiegare il loro bizzarro comportamento, ma la spiegazione più plausibile è che i generali mongoli ricevettero ordini di rientrare per partecipare alla conquista della Cina, anziché sprecare tempo in Europa, troppo distante e con un clima freddo e umido che comprometteva l'efficienza dei loro micidiali archi riflessi e che faceva impantanare i loro piccoli cavalli.

Il caos sociale provocato dalla peste, nota come morte nera (1346-1353), proveniente dalle steppe orientali, velocizzò lo sviluppo sociale, affrancando il proletariato, in quanto ridusse le braccia disponibili per lavorare la terra e trasformò decine di milioni di servi, redenti solo a metà, in liberi agricoltori e, nel secolo successivo, in proprietari terrieri.[5] La peste fu definita: un punto di svolta nella storia umana. Una dichiarazione drastica, che però contiene più di un seme di verità. Il morbo, certamente, portò dei cambiamenti radicali e irreversibili nella società europea, poiché i campi non potevano essere coltivati e i padroni che vivevano nelle città dovettero mettersi in competizione fra di loro per l'assunzione dei lavoratori. I prezzi delle abitazioni crollarono e, come suggerisce Wilhelm Abel,

---

5. Wilhelm Abel, *Agricultural Fluctuations in Europe from the Thirteen to the Twentieth Centuries*, Palgrave MacMillan, Londra, 1980.

ebbe inizio una vera e propria: "Età dell'oro per i lavoratori salariati".[6] Nel secolo successivo all'arrivo della peste, vincitori e perdenti nelle società europee si scambiarono i rispettivi ruoli. La nobiltà terriera si trovò schiacciata, dovendo contrastare l'abbassamento dei prezzi dei beni immobili urbani, poiché esistevano molte case vuote e i costi della manodopera salirono: v'era molta richiesta di contadini per lavorare la terra e questi potevano facilmente trovare un lavoro. Anche le donne trassero dei vantaggi da questa situazione e ne uscirono vincenti, perché poterono in certi casi chiedere lo stesso salario offerto agli uomini per alcuni lavori e, comunque, poterono migliorare la propria condizione sociale. Per quanto riguarda la tecnologia, lo spopolamento delle terre causato dal morbo ebbe un impatto importante sullo sviluppo dei nuovi dispositivi che portarono a un risparmio della forza lavoro.

Alla vigilia dell'arrivo dell'epidemia, la Toscana era una delle regioni più densamente popolate d'Italia, con circa due milioni d'abitanti.[7] Nel 1347, solo a Firenze vivevano circa 94.000 persone, ma dopo che la peste la colpì, nel marzo del 1348, il numero era sceso a circa 37.000. La stessa percentuale di decessi, circa il sessanta per cento, fu riscontrabile sull'intero territorio italiano. La peste trovò terreno fertile a Firenze e nel contado, perché erano già prostrati da eventi naturali e prodotti dall'uomo. La leggendaria tempra dei fiorentini fu messa a dura prova più volte nello spazio di una sola generazione. La guerra contro Pisa del 1341; terremoti e piogge torrenziali nel 1375, che provocarono alluvioni; una catastrofe finanziaria nel 1346, causata dalla mancata restituzione di un enorme prestito concesso a re Edoardo III d'Inghilterra: si trattava della

---

6. Ibid.

7. Enrico Fiumi, *La popolazione del Territorio Volterrano* Giuffrè, Firenze, 1962, p. 290.

mostruosa somma di 1.365.000 fiorini d'oro prestati dai banchieri fiorentini per permettere al sovrano di condurre la sua guerra in Francia. Infine, nel 1347, la città fu colpita dalla carestia e di nuovo da un terremoto. Il morbo arrivò dal Mar Nero, dove i mercanti genovesi e veneziani mantenevano degli avamposti commerciali, trafficando con i mongoli dell'Orda d'Oro. Una volta arrivata in Sicilia, grazie a una nave genovese che vi fece scalo, l'epidemia si diffuse come un incendio nelle praterie e risalì inesorabilmente su per la penisola. All'inizio, fu definita un miasma, perché si credeva causata da aria malsana. Nel 1348, re Filippo VI di Francia ordinò alla facoltà di medicina dell'Università di Parigi d'indagare su quale potesse essere la causa di quella terribile moria. I migliori medici di quel periodo riferirono, il 20 marzo 1348, che l'origine più plausibile doveva essere ricercata in una congiunzione astrale fra Saturno, Giove e Marte nella Casa dell'Acquario.[8] Un saggio responso, tutto sommato, in quanto avrebbero potuto cavarsela dicendo che la colpa era degli ebrei, come in effetti fecero in Germania e in Austria, e a causa di ciò, in migliaia furono bruciati vivi. La risposta degli astrologi non provocò guerre e omicidi: accusando le stelle — come farà Don Ferrante nei *Promessi Sposi* — non crearono nuove vittime. Ebbene, l'unica opzione restava quella di mollare il secchio e scappare, come in effetti fecero un po' tutti. Un altro effetto a lungo raggio della peste fu l'instabilità sociale in tutta Europa negli anni che seguirono: un effetto, seppure ritardato nel tempo, fu il fatto che nel 1378, a Firenze, i poveri si ribellarono, facendo cadere il legittimo governo: un evento che passò alla storia come la rivolta dei Ciompi, il cui nome si riferiva originariamente ai follatori della lana che non avevano il diritto di negoziare il proprio salario. Tre anni dopo, in Inghilterra, si ebbe una simile rivoluzione di contadini,

8. Georg Sticker *Die Pest* Deutsk, Lipsia, 1908, 60-I..

conosciuta come la più grande insurrezione proletaria avvenuta prima della Rivoluzione francese. Incoraggiati alla ribellione da predicatori radicali, i contadini affamati e spaventati arrivarono molto vicini a rovesciare la monarchia, creando un regime cristiano simile a quello stabilito secoli dopo da Oliver Cromwell; essendo però disorganizzati e senza un vero leader, furono sconfitti e molti dei loro improvvisati capi finirono impiccati.

La peste permise anche di realizzare grandi fortune in poco tempo e incoraggiò pensieri dissoluti, anziché pietosi. Questo può forse essere spiegato con un meccanismo naturale di auto-conservazione: la riproduzione sessuale come antidoto alla morte che pareva avanzare alla stregua di un contadino che impugna la falce per tagliare le spighe in un campo di grano. Giovanni Boccaccio (1313-1375) compose il suo capolavoro *Decameron* in forma di raccolta di racconti narrati da giovani ragazzi e ragazze di ricche famiglie fiorentine, rifugiatisi in campagna, mentre la peste devastava la città. Una diversa visione è quella presentata da Giovanni Villani (1276-1348), storico fiorentino e cronista della peste, che osservò con occhio cinico l'epidemia che s'approssimava a Firenze.[9] Villani era un uomo deluso dalla vita e logoro, che in passato aveva fatto una fortuna e poi l'aveva persa ed era passato attraverso vari guai giudiziari: forse, per questo motivo la vide come una sorta di meritata punizione inflitta all'umanità peccatrice. Egli racconta che subito dopo l'entrata del morbo in città perirono migliaia di persone nel giro di poche settimane: intere scolaresche,

---

9. Giovanni Villani nella sua Nuova Cronica prese in considerazione l'ipotesi astrologica, ma la scartò. *Videsi negli anni di Cristo, dalla sua salutevole incarnazione, 1346, la congiunzione di tre superiori pianeti nel segno dell'Aquario, della quale congiunzione si disse per gli astrolaghi che Saturno fu signore: onde pronosticarono al mondo grandi e gravi novitadi; ma simile congiunzione per li tempi passati molte altre volte stata e mostrata, la influenzia per altri particulari accidenti non parve cagione di questa, ma piuttosto divino giudicio secondo la disposizione dell'assoluta volontà di Dio.*

dottori, preti, artigiani. Oggi non possiamo neppure immaginare tutti gli orrori che causò.

Il mercante pratese Francesco Datini perse i genitori e due fratelli, e sappiamo che la memoria di quell'epidemia influenzò per tutta la sua vita il suo comportamento. Fu proprio durante quel periodo che nobili e borghesi presero a importare schiavi non cristiani dalle stazioni commerciali in Oriente per riempire il vuoto lasciato dalla peste. Le rotte commerciali collegavano l'Europa con il grande impero mongolo — il più esteso mai costituito nella storia umana — e con lo sviluppo della navigazione nel Mediterraneo i contatti con loro si fecero più frequenti.[10] Le repubbliche marinare italiane, a partire dal dodicesimo secolo, furono in diretto contatto con i mongoli in Crimea, senza interferenze musulmane, e da tempo i mongoli vendevano schiavi ai mercanti italiani, i quali li pagavano in oro e argento, per poi trasportarli in altri paesi, rivendendoli e realizzando ingenti profitti. L'Italia era il loro principale mercato, ma non trascuravano di rivenderli anche ai musulmani sulle coste dell'Africa, dove quelli con la pelle bianca — che parlavano il mongolo e sapevano come combattevano — venivano venduti a caro prezzo, e i ragazzi allevati come tartari finirono spesso arruolati nella cavalleria mammalucca. Il risultato fu che, grazie a questi soldati che avevano ricevuto un primo addestramento dai guerrieri mongoli, appresero le loro tecniche di combattimento e anche per via di questa intelligenza i mammelucchi riuscirono a sconfiggerli nella battaglia di Ani Jalutl nel 1260. Il commercio degli schiavi iniziò durante il dodicesimo secolo e dapprima vide coinvolti soprattutto gli spagnoli e i genovesi. Nel 1261 l'imperatore bizantino Michele Paleologo concesse l'esclusività del commercio nella regione di Ponto al genovese Baldo Doria che, nel 1266, ottenne il permesso di stabilirsi in quella

---

10. Agostino Zanelli *Le Schiave Orientali a Firenze* p. 36

LE
SCHIAVE ORIENTALI
A FIRENZE
NEI SECOLI XIV E XV

SAGGIO

DI

A G O S T I N O   Z A N E L L I

DOTTORE IN LETTERE

ERMANNO LOESCHER
TORINO **FIRENZE** ROMA

1885

regione dal governatore tartaro Mengu Khan.[11] Con l'arrivo dei genovesi a Caffa, l'avamposto si sviluppò e nell'arco di dieci anni si trasformò da un villaggio di pescatori a una prospera città. Nonostante le grandi distanze, le notizie circolavano nelle due direzioni: sommosse, guerre e carestie, cambi dinastici e altro veniva diffuso. Gabriele de Mussis, un notaio di Piacenza, commentò nel suo diario dei: "segni terribili e misteriosi apparsi in Cathay, dove si trova il capo del mondo".[12]

In seguito, grazie ai traffici con l'Oriente, con la ricchezza che affluiva nelle casse delle repubbliche marinare italiane e con la domanda crescente di marinai e di lavoratori, anche i veneziani divennero mercanti di schiavi. Entro il quattordicesimo secolo gli italiani dominavano questo commercio, ma trasportavano soprattutto giovani ragazze di varie nazionalità, specialmente tartare, russe e comunque non cristiane. L'effetto fu che le schiave orientali divennero comuni nelle città italiane, soprattutto a Venezia e a Genova.[13] Tradizionalmente, Tana (Azov) e Caffa (conosciuta anche come Feodosia, o Teodosia) erano le porte d'ingresso occidentali per l'Asia e la Cina, ed era proprio lì che le carovane scaricavano spezie e medicine, perle, tessuti, uomini e donne, che venivano poi smistati verso l'Europa continentale. Partendo da quelle località, un coraggioso mercante poteva raggiungere la Cina in circa otto mesi di viaggio. La tassazione imposta dai mongoli era ragionevole, pari al tre per cento, del valore stimato, eppure alcuni mercanti rifiutavano di pagare, mettendosi nei guai. Il traffico di esseri umani con i tartari era in corso già da

11. Jeffrey Fynn-Paul, *Reasons for the limited scope and duration of Renaissance Slavery* Fondazione Datini, Prato, 2014.

12. Del De Mussis parla Stephen D'Irsay in *Defence Reactions during the Black Death*. Annals of Medical History, Roma, 1927.

13. Agostino Zanelli, *Le schiave orientali a Firenze nei secoli XIV e XV*, Loescher, Firenze, 1885, p. 36.

prima della peste, ma poiché dopo il passaggio dell'epidemia si fece tanto redditizio, questo incrementò rapidamente. Presto si crearono dissapori con il Khan mongolo Toqta, il quale nel 1307 arrestò alcuni residenti italiani di Sarai e, in seguito, assediò Caffa. I genovesi asserragliati al suo interno tennero duro per un anno ma, comprendendo che la loro posizione era indifendibile, diedero fuoco alla città e l'abbandonarono, imbarcandosi sulle proprie navi e prendendo il largo. Da quel punto in poi, le relazioni tra genovesi e mongoli rimasero tese fino alla morte di Toqta, avvenuta nel 1313. In seguito, gli italiani ritornarono, estendendo la loro occupazione a Sudak e spingendosi sino a Balaklava. Dall'inizio del quattordicesimo secolo sino alla fine del diciassettesimo, Venezia fu uno dei principali mercati per schiavi orientali di tutta l'Europa, specialmente per le schiave domestiche.[14]

Fra il 1414 e il 1423 si stima che vi fossero circa 10.000 schiavi residenti a Venezia[15] e una legge per l'abolizione della schiavitù non fu mai approvata, contrariamente a quanto si crede, e d'altro canto in quel periodo gli schiavi furono presenti anche in molte case italiane. La schiavitù in Europa fu attivamente praticata sino al diciottesimo secolo e, addirittura, anche sulle navi appartenenti alla

---

14. Enciclopedia Treccani, alla voce "Caffa". Il territorio di Caffa apparteneva allora ai Tartari, ed è quindi assai probabile che i Genovesi abbiano ottenuto di fondare la colonia da un khān del Tartari, forse Mangū, poco dopo il 1266. Secondo tradizioni genovesi, non confermate da documenti, la colonia sarebbe venuta formandosi intorno a un primo nucleo capeggiato da Baldo Doria, secondo altri da Antonio dell'Orto; certo è che la famiglia dell'Orto godette eccezionali privilegi in Caffa. Nel 1289 la colonia era già in grado di inviare una spedizione in soccorso dei Genovesi di Tripoli di Soria; nel 1290 aveva uno statuto, col suo console e un grande e un piccolo consiglio. Ma l'esistenza della colonia fu spesso turbata da assalti nemici: nel 1296 una flotta veneta al comando di Giovanni Soranzo, assalta e conquista Caffa e la tiene per tre anni; nel 1308 il khān dei Tartari Toqta la prende dopo otto mesi di assedio, per vendicarsi dei Genovesi che rapivano i fanciulli tartari e li vendevano come schiavi. Semidistrutta allora, è ricostruita e cinta di fortificazioni dopo la morte di Tōqtaw (1313).

15. Rodolfo Livi, *La schiavitù Medioevale*, Landi, Parma, 1907.

flotta della Santa Sede vi erano schiavi. Possediamo vari documenti provenienti dagli archivi di Genova relativi alla compravendita di schiavi e alcuni di questi risultano datati al 1677. Fu solo dopo la Rivoluzione Francese che il fenomeno si fece raro e poi lentamente sparì.

Santa Giuseppina Bakhita (1869-1947) nacque nel Darfur, in Sudan, e ancora bambina fu catturata da mercanti di schiavi arabi. Rivenduta a un generale turco, venne seviziata e marchiata, tagliandole la pelle e mettendovi sale. Fu poi comprata dal console italiano a Khartoum, Callisto Legnani, il quale la passò ad Augusto Michieli, la cui moglie le affidò la figlia e dall'Italia volle ritornare in Africa dove gestivano un albergo. Nel frattempo, Bakhita s'era avvicinata all'ordine delle Canossiane e quando i coniugi Michieli vollero costringerla a seguirli in Africa, a causa del suo rifiuto, adirono le vie legali. Nell'aula del tribunale dovettero spiegare alla signora Michieli che i contratti di schiavitù non valevano più in Italia e il 29 novembre 1889 Bakhita fu dichiarata legalmente libera. È comunque notevole che alla fine del diciannovesimo secolo in Italia un tribunale potesse emettere un certificato di liberazione per una schiava!

Si tende a minimizzare e a trascurare il fenomeno della schiavitù in Europa; questo è uno stato mentale che spinse lo storico Orlando Patterson a definire la schiavitù un'istituzione imbarazzante equiparabile alla morte sociale.[16] Eppure, tale fenomeno fu assai comune: gli schiavi maschi erano per lo più impiegati per svolgere lavori pesanti o come ciurma sulle navi. In una città come Lisbona, popolata da 100.000 persone, circa il dieci per cento degli abitanti era costituito da schiavi e la percentuale risultava ancora maggiore per Cadice. Nel 1495, Amerigo Vespucci fece una sosta alle Bahamas, di ritorno dall'America del Sud. Vi

---

16. Orlando Patterson *The Social Death* Harvard University Press, Harvard, 1982.

catturò 232 schiavi che poi rivendette in Spagna per poter coprire i costi del viaggio. Nella propria dimora di Siviglia egli possedeva cinque schiave, fra le quali due africane. Una di queste si chiamava Isabella e generò un figlio e una figlia, il cui padre fu probabilmente lo stesso Vespucci, visto che nel suo testamento chiese alla moglie di liberare i due giovani e di non rivenderli dopo la sua morte — una disposizione comune, forse motivata, nel caso di Vespucci, dal bisogno di lavarsi la coscienza prima di comparire davanti a San Pietro... anche se, evidentemente, se li avesse davvero voluti liberare avrebbe potuto far redigere un atto di manomissione da un notaio prima della morte.

Dopo essere sbarcati a Venezia o a Genova, gli schiavi tartari venivano rivenduti e, spesso, finivano in altre città: Napoli, Roma, Milano, Firenze, Siena, Bologna. Come accennato, i documenti conservati negli archivi fiorentini mostrano come questi schiavi fossero indicati come "tartari", un termine più comune di "mongoli", ovvero provenienti dalle terre poste sotto al dominio mongolo. Il paese che oggi conosciamo come Cina fu in realtà sottomesso al dominio dei mongoli per secoli e attraverso varie dinastie regnanti, in particolare la dinastia Yuan, fondata da Kublai Khan, che durò sino al 1368, allorché l'ultimo imperatore mongolo fu cacciato da Pechino, permettendo così l'insediamento della dinastia Ming, di etnia Han, anche se i mongoli continuavano a controllare ampie zone del paese. Già in precedenza i mongoli e i tibetani avevano dominato la Cina. Alla caduta della dinastia Ming, nel 1640, ripresero il potere, dandosi il nome di Qing. Quando, nel 1900, l'Italia e altre sette nazioni, inviarono navi da guerra e migliaia di soldati per liberare le legazioni diplomatiche assediate dai Boxer, queste nazioni stavano facendo la guerra ai mongoli, non ai cinesi, nel senso stretto del termine. I cinesi, in realtà, erano quei disperati che, a causa della carestia e delle ingiustizie, si erano ribellati attaccando gli europei e i giapponesi. Per quanto riguarda il traffico di schiavi verso l'Italia, ecco cosa scrisse Joseph Needham:

Olschki ha descritto il commercio poco noto di schiavi tartari (mongoli e cinesi) che rifornì di servi domestici le case italiane durante il quattordicesimo e quindicesimo secolo. Fra il 1366 e il 1397, ad esempio, non meno di 259 tartari, per lo più — ma non esclusivamente — giovani ragazze, furono vendute nei mercati di schiavi di Firenze. Il flusso pare essere iniziato verso il 1328, quando al servo di Marco Polo, Pietro il tartaro, fu concessa la cittadinanza veneziana e si verificò la caduta di Bisanzio nel 1453. Vi sono indizi che dimostrano una gran commistione etnica, e che le ragazze mongole e cinesi probabilmente fornirono degli utili geni alla popolazione europea.[17]

Questi schiavi furono prevalentemente giovani ragazze, e il loro prezzo dipendeva dalla loro bellezza. Perciò non fu certamente un fatto raro per i loro padroni l'avere rapporti sessuali con loro. Se poi restavano incinte, il neonato era abbandonato subito dopo la nascita o, in alcuni casi, un marito veniva trovato per metterci una toppa e sistemare la faccenda: il bimbo sarebbe stato poi adottato e il padrone avrebbe potuto decidere se legalizzare o meno la posizione del neonato nell'ambito familiare. Questo, spesso, dipendeva dalla tolleranza della moglie e degli altri figli legittimi. Durante i primi anni del quindicesimo secolo l'ospedale di una piccola città come Lucca registrò 165 bambini abbandonati all'orfanotrofio. 16 di loro erano figli di donne libere, 94 di donne sconosciute e 55 di schiave.

---

17. Joseph Needham *Science and Civilization in China. Introductory Orientations* Vol. I, Cambridge University Press, Cambridge, 1954.

Ma non è difficile credere che anche una buona parte dei bimbi registrati come figli di donne sconosciute fossero stati anch'essi partoriti da schiave. Una situazione analoga si registra anche a Firenze: per esempio, all'Ospedale degli Innocenti, fra il 1394 e il 1455, su un totale di 7.534 bambini abbandonati ben 1.096 figurano registrati come figli di schiave. Tutte le famiglie ricche di Firenze mandavano questi lattanti generati da schiave orientali all'Ospedale

Leonardo Da Vinci, *Madonna del Garofano*,
Alte Pinakothek, Monaco.

degli Innocenti, di solito il giorno dopo la loro nascita.[18]

Francesco Datini fece abbandonare la propria figlia illegittima, Ginevra, all'Ospedale di Santa Maria Nuova, a Prato, nel 1392. Datini aveva 59 anni e la bambina era nata da una schiava tartara ventenne di nome Lucia. Sua moglie, che non poté mai avere figli, forse aveva rifiutato l'entrata della bambina nella loro casa. Datini, pochi giorni dopo l'esposizione a Santa Maria Nuova, la recuperò e le trovò una coppia disposta ad allevarla e a prendersi cura di lei. Quando Ginevra raggiunse l'età di sei anni, Margherita Datini, che già frequentava la piccola, deve aver perdonato la scappatella al marito e accolse in casa la figlia illegittima di suo marito. Quando poi Ginevra crebbe, Francesco Datini la fornì di una dote. Lucia, la schiava tartara, nel frattempo venne data in sposa a uno dei servi di Francesco, un uomo chiamato Nanni di Prato. Possediamo il testamento di Francesco Datini, nel quale lasciò 1.000 fiorini d'oro alla sua amata Ginevra, e solo 100 alla propria moglie, che non gli aveva dato figli.[19]

Gli schiavi domestici apparvero in Toscana intorno al 1350. Fra gli altri, anche lo storico Salvatore Bongi spiega la loro rapida diffusione con le devastazioni provocate dalla peste. Fu un periodo conosciuto dagli storici come la fase del Mar Nero della schiavitù rinascimentale, perché il maggior numero di loro proveniva appunto da quelle zone e quello fu un fenomeno inizialmente limitato all'Europa meridionale, soltanto urbano e domestico.

Anche se possediamo solo dei vaghi indizi circa l'origine etnica della madre di Leonardo Da Vinci, qualche storico rifiuta tout court l'ipotesi che Caterina possa essere stata una schiava domestica e la crede piuttosto una contadina.

---

18. Tomoko Takahashi *Il Rinascimento dei trovatelli* Edizioni di Storia e Letteratura, Roma, 2003, p. 55.

19. Iris Origo *The Merchant of Prato* Jonathan Cape, Londra, 1957, p. 169-7.

Caterina fu un nome comune per le schiave battezzate, che nei documenti appare frequentemente assieme a Margherita, Maria, Lucia, Marta, Giovanna e Cristiana. Dobbiamo però ammettere che erano in ogni caso nomi molto comuni fra le ragazze italiane del tempo.

Cosimo de' Medici (1389-1464) fu un mercante e un cittadino della Repubblica Fiorentina ma fu investito di poteri straordinari che gli permisero di divenire una sorta di sovrano costituzionale. Lui stesso ebbe almeno quattro schiave: Chateruccia, Cristina, Catrina, e Zita. Sappiamo che comprò a caro prezzo anche una schiava circassa che si chiamava Maddalena, acquistata a Venezia nel 1427. La Circassia non è agevolmente circoscrivibile dal punto di vista geografico, ma può essere indicata come la parte orientale della Crimea, con Soci come capitale. Le donne circasse non erano considerate schiave ideali, perché avevano la tendenza a ribellarsi contro i propri padroni. Ciò nonostante, erano molto richieste per via della loro esotica bellezza e di solito spuntavano alti prezzi. Usando un'espressione comune in quegli anni: erano di *buon sangue*. Maddalena diede a Cosimo de' Medici un figlio, Carlo, e a dispetto della sua nascita illegittima questo fu poi legittimato e accettato come un Medici a tutti gli effetti, pur possedendo tratti somatici esotici, per così dire, fortemente orientali, a giudicare da un dipinto che, forse, lo ritrae. Nonostante il colore della pelle, Carlo divenne poi vescovo.

Per evitare il dilagare di abusi, nuove leggi vennero promulgate. Fu deciso che l'avere rapporti sessuali con le schiave altrui era un reato, e quando un uomo libero ingravidava una schiava doveva pagare il costo del parto e per il suo deprezzamento, oppure se moriva durante il parto doveva rimborsare al padrone il suo intero costo d'acquisto. Un passo in avanti rispetto alle antiche leggi romane sugli schiavi fu lo stabilire che i figli di una schiava e di un padre libero nascevano liberi: *et partus natus conditionem patris sequatur. Et si ex patre libero nascatur talis natus liber efficiatur ipso facto, et sit in omnibus et per omnia et quo ad omnes et ac si ex famula libera natus esset.*

Nell'archivio di Firenze i contratti d'acquisto per schiavi e schiave per gli anni che corrono dal 1366 al 1397 mostrano che le tartare furono 259, 27 greche, 7 russe, 3 dalmate, 2 circasse, un'araba e una cretese.[20] La predominanza delle schiave tartare durò sino alla caduta di Costantinopoli, nel 1453, e poi declinò, sino a scomparire del tutto. Ogni grande città teneva un registro degli schiavi e i loro padroni erano obbligati a comunicare alle autorità i loro prezzi d'acquisto, per motivi fiscali, e la loro età. Tutti gli schiavi andavano battezzati per legge entro due mesi dall'acquisto. Un fatto ovvio ma importante è che, anche se gli schiavi erano battezzati, questi mantenevano il proprio stato servile, poiché *libertas non datur per baptismus*[21] ossia il battesimo non fa guadagnare la libertà. Nella Commedia di Dante possiamo trovare menzione di tessuti provenienti dall'estremo Oriente che raggiungevano Firenze:

Con più color sommesse e sovrapposte
Non fer mai drappo Tartari né Turchi
Nè fur tai tele per Aragne imposte.[22]

E Giovanni Boccaccio, in un suo commento ai versi danteschi, dice: 'Noi possiamo manifestamente vedere nei drappi tartareschi, li quali sono veramente sì artificiosamente tessuti, che non è alcun depintore, che col pennello gli sapesse

20. Agnese Sabato, *Disappunti per una storia di schiave,* in (a cura di) Francesco Cianchi, *La Madre di Leonardo era una schiava?* Museo di Leonardo Da Vinci, Vinci, 2008, p. 32.

21. Agostino Zanelli, *Le schiave orientali a Firenze nei secoli XIV e XV*, Loescher, Firenze, 1885, p. 36.

22. Dante *Inferno* XVII, 16.

far somiglianti, non che più begli sono i tartari."[23] I mongoli non erano certo conosciuti come tessitori e artisti, dunque Boccaccio e Dante usano il termine tartaro per far riferimento ai tessuti cinesi che venivano prodotti nelle terre controllate dai mongoli. Per inciso: questa citazione ci mostra come i pittori dell'epoca tentassero di replicare quei modelli orientali.

Tessuti tartari furono usati in Inghilterra per fabbricare gli stendardi per l'ordine più nobile e antico della nazione: l'Ordine della Giarrettiera.

Il termine tartaro veniva generalmente usato per descrivere tutte le tribù appartenenti alla nazione mongola ed era un termine che possedeva un suono sinistro in Europa, perché la Bibbia indica una regione dell'Inferno con quel nome. Leggiamo nella II Lettera di San Pietro: "Dio non risparmiò gli angeli che ebbero peccato, ma li gettò nel Tartaro e li incatenò nel buio più cupo sino al giorno del giudizio universale."

Anche nella mitologia greca e romana Tartarus fu un luogo dell'oltretomba, associato a Gog e Magog. Come scrisse Vincenzo Monti nella sua traduzione dell'Iliade:

Tal de' fati è il voler, né de' tuoi sdegni sollecito son io, no, s'anco ai muti della terra e del mar confini estremi andar ti piaccia, nel rimoto esiglio di Giapeto e Saturno, che nel cupo Tartaro chiusi né il superno raggio del Sole, né di vento aura ricrea; no, se tant'oltre pure il tuo dispetto vagabonda ti porti, io non ti curo, poiché d'ogni pudor passasti il segno.

I mongoli apparvero in Europa nel 1241 dopo aver conquistato la Russia. Avevano con loro degli ingegneri cinesi che costruirono macchine da guerra e una forma

---

23. Giovanni Boccaccio, *Commento di Giovanni Boccacci sopra alla Commedia di Dante Alighieri*, Giunti, Firenze, 1732.

primitiva di cannoni che lanciavano cariche esplosive: questo ebbe un effetto terrificante sugli ungheresi.

Una parte di quei conquistatori mongoli si stabilirono in Russia e in Crimea, e da lì iniziarono a commerciare, ma non con i turchi, che vedevano come diretti nemici, ma con i mercanti veneziani, genovesi, i quali agirono da intermediari, stabilendosi al termine della Via della Seta. Nicola di Cosmo nota che:

> *Il commercio internazionale nei primi decenni del quattordicesimo secolo divenne più regolare e dei veri mercanti, non più degli avventurieri, si guadagnavano da vivere visitando i più remoti mercati di Pechino e di Quanzhou (Zaiton). Nomi come Vivaldi, Stancone, Bonaccia, Spazzapietra, Ghisolfi, Bestagno, Savignone, Vegia, Malrasi, Gentile, Ultramarino, Adorno, Basso e molti altri testimoniano il coinvolgimento di individui e di famiglie nel commercio con l'estremo Oriente. Jacopo di Oliverio, genovese, partito con il fratello per il Cathay, quadruplicò l'investimento "trafficando e commerciando" in Cina per più di dieci anni. Il ligure Antonio Sarmore morì a Pechino nel 1330 e aveva il magazzino pieno di tessuti. Andalò di Savignone fece per due volte il viaggio fra Genova e Pechino, l'ultima sua partenza è del 1336. Un contratto del 1343 firmato da Scacco Gentile mostra che stava importando grosse quantità di seta dalla Cina.[24]*

Ma chi furono veramente questi italiani che acquistavano

24.Nicola Di Cosmo, *Mongols and Merchants on the Black Sea Frontier (13th-14th c.): Convergences and Conflicts, in Turco Mongol Nomads and Sedentary Societies,* eds. Reuven Amitai and Michal Biran, Brill, Leiden, 2005. Henry Hoyle Howorth, *History of the Mongols. From the 9th to the 19th Century,* Longmans, Londra, 2003.

schiavi, importandoli dalla Crimea? Furono comuni mercanti, proprietari terrieri, medici, negozianti, preti, e questo creava problemi nelle loro case. Infatti, lo stesso Francesco Petrarca descrisse gli schiavi domestici come "nemici nelle nostre case".

In una lettera al marito, Margherita Datini definì le sue schiave tartare femmine bestiali, aggiungendo poi: "Non gli si può affidare la nostra casa, potrebbero rivoltarsi contro di noi", ma forse lei aveva un conto da regolare con una di loro, perché aveva attirato le attenzioni del marito, distogliendolo da lei, sua legittima sposa. Doveva essere molto difficile mantenere la pace domestica, quando sotto lo stesso tetto un uomo teneva la sua vecchia moglie assieme a delle ragazze tartare e circasse, spesso giovani e avvenenti. Se possiamo immaginare il punto di vista di queste spose, non possiamo figurarci il livello di abusi che quelle schiave dovettero subire nel corso della propria vita, e quando poi, in uno scatto d'ira, esse si ribellavano contro i propri tormentatori, le pene che venivano loro comminate erano, quelle sì, bestiali. I nomi di queste schiave li troviamo annotati in vari documenti legali che ci sono pervenuti, con dei cenni che descrivono la loro età, l'aspetto, il colore della pelle — marrone, gialla, pallida — e i loro difetti fisici. Leggiamo nomi come: Stimati, Zoniaeck, Erguleton. Alcune sono molto giovani, anche di otto anni. Il prezzo più alto, dai cinquanta agli ottanta fiorini d'oro, era riservato alle ragazze d'età compresa fra i quindici e i venticinque anni, senza grossi difetti corporei e non gravide.

Riportiamo alcuni esempi tratti da un libro pionieristico sull'argomento della schiavitù domestica, scritto da Luigi Cibrario (1802-1870). Si tratta di un libro rigoroso che fu il risultato delle sue accurate ricerche negli archivi di Venezia e di Genova. Vi vengono sottolineati certi problemi creati dalla schiavitù domestica e le punizioni severissime inflitte a chi osava ribellarsi.

Nel 1292 una certa Margherita, schiava della signora Filippa Barozzi, fu accusata di aver servito del cibo andato a male alla sua padrona, avvelenandola: fu condannata ad avere il naso e le labbra tagliate, poi fu marchiata con un ferro rovente e frustata.

Un'altra schiava di nome Clara fu attaccata e ferita da un vagabondo chiamato Nicoleto, mentre passava per Rialto, a Venezia. Si difese strappandogli il coltello che le aveva puntato contro e, nella colluttazione che seguì, lo uccise. Venne condannata *ad comburendum* cioè ad essere bruciata viva. Nel 1367, a Venezia, un tale Balazer, schiavo tartaro di Antonio Bono, scassinò la cassaforte del suo padrone e rubò

Anonimo, *Sarcofago del beato Odorico da Pordenone*, Duomo di Udine. A sinistra, cavalieri tartari.

tutti i suoi gioielli: fu condannato a morte.

Si ebbero anche vari casi di giovani nobiluomini che s'intrufolarono nelle case altrui per fare sesso con le giovani schiave che vi abitavano. Se colti in flagrante, venivano condannati a pagare una multa e, in qualche caso, anche a qualche mese di prigione, mentre la ragazza veniva frustata *malo modo* cioè brutalmente. Sempre a Venezia, nel 1368, un certo Clemente, schiavo mongolo liberato, aiutò altri schiavi a fuggire: fu torturato e poi condannato a morte, anche per aver derubato il proprio padrone. Assieme a lui furono giustiziati due schiavi che a loro volta avevano rubato per prepararsi alla fuga. È giunto fino a noi un atto giudiziario risalente al 1369, relativo alla condanna a morte di una ragazza tartara di nome Marta, la quale rubò soldi al proprio padrone, attratta dalla promessa, fattale da un'altra schiava tartara, d'aiutarla a ritornare nella loro lontana patria: fu arsa viva. Il padrone di queste schiave, Giovanni Canoza, venne sanzionato a causa della perdita di troppi schiavi, forse perché durante il processo risultò che egli le maltrattava, spingendole a fuggire.

Nel 1368, Angeletto Badoer assunse uno schiavo tartaro che era stato liberato, di nome Jacopo, il quale gli rubò degli indumenti. Jacopo fu condannato a perdere l'occhio sinistro.

Per l'anno 1369 possediamo vari documenti che registrano tentativi di fuga da parte di schavi. Una volta catturati, essi venivano marchiati con un ferro rovente sulla fronte e frustati.

Le leggi erano crudeli e modellate sul vecchio codice di Giustiniano, pertanto gli schiavi che fuggivano venivano trattati alla stregua di ladri, in quanto rubavano sé stessi ai propri padroni. Se li uccidevano o li ferivano, allora venivano torturati sulla pubblica piazza, per dare l'esempio, e poi finivano al rogo. Possediamo una curiosa lettera scritta dal poeta, scrittore e mercante fiorentino Franco Sacchetti

(1332-1400), nella quale egli scrive a Pisa al proprio agente. Dal tenore di tale missiva, pare molto agitato, perché la sua schiava tartara gli è sfuggita:

> *Una schiava di circa vent'anni è fuggita dalla nostra dimora, ha capelli e occhi scuri e un seno prominente, è piccola e il suo viso non è proprio come quello dei tartari, ma piuttosto come il nostro: non parla la nostra lingua in modo troppo scorretto. Il suo nome è Margherita, e l'ho acquistata solo qualche mese fa da Marco del Belloccio... ci è scappata via da Marignolle e ha portato con sé tutti i suoi vestiti: una gonna celestina, assai fresca, una veste di cotone, un asciugamano e altre piccole cose, e una vecchia gonna in pelle d'agnello con una cintura nera. Di solito porta un piccolo cappello.*

La ragazza era stata vista da alcuni lavoranti sulla strada per Pisa, in compagnia di un calzolaio e di uno zoppo. Portava con sé un fagotto, forse contenente i suoi vestiti. Il Sacchetti chiedeva al proprio corrispondente di cercarla attorno a Pisa e a Livorno, e di avvertire tutti i battellieri sull'Arno, e guardare nei bordelli: "Poiché spesso le portano lì".[25]

Non sappiamo se Franco Sacchetti riuscì ad acciuffarla e a riportarla a casa. Sappiamo che nei suoi *Sermoni Evangelici* afferma con forza che il battesimo impartito agli schiavi non comportava certo la loro liberazione. Dice infatti che si battezzano pure i buoi, e che questo era per il loro bene; tuttavia, egli pensava che gli schiavi si potessero liberare in certi casi:

> *Se uno schiavo, o schiava, poiché è venuto di parte*

---

25. Iris Origo, *The Domestic Enemy*, p. 350.

infedele, è fatto Cristiano, puote esser venduto o debbasi comperare? Io dico di sì [...] Benché io abbia comperato lo schiavo e poi vegna a battesimo, come servo e sottoposto viene al battesimo [...] poi la maggior parte sono come a battezzare buoi. E non si intende pure per lo battesimo essere cristiano; e non se' tenuto a liberarlo, benché sia cristiano, se non vuogli. Non dico, che se il vedi buono e che abbia voglia d'essere buono cristiano, che tu non facci mercé di liberarlo; e così faresti male e peccato, avendo schiavo o schiava di rea condizione, come la maggior parte sono, benché fosse cristiano, di liberarlo; perocché gli levi il bastone da dosso, e dàgli materia di fare ogni male.[26]

Ciò che segue è un famoso caso criminale. La mattina del 21 novembre 1371 la città di Venezia apprese di un omicidio d'un alto prelato. Il vescovo di Civitanova fu ritrovato nel suo palazzo con la gola tagliata e una coltellata che gli aveva squarciato il cuore. Si scoprì che l'omicidio era stato commesso da Giovanni, il suo schiavo tartaro. Tale schiavo, dopo averlo ucciso, aveva rubato diciotto ducati dalla sua borsa e altri articoli preziosi, per poi darsi alla fuga assieme a suo fratello, Pietro, alla sua figlia decenne e a una ragazza friulana chiamata Caterina. Non andarono lontani: il quartetto venne arrestato a Chioggia e portato a Venezia, dove si svolse il processo e la sentenza fu immediatamente eseguita, secondo le leggi vigenti.

Il 29 novembre lo schiavo Giovanni fu portato a Santa Croce, preceduto da un banditore che annunciava il suo immondo crimine. Prima sostarono davanti al luogo del suo delitto, dove la sua mano destra fu mozzata e sospesa con

---

26. Franco Sacchetti, *I sermoni evangelici, le lettere ed altri scritti inediti o rari raccolti e pubblicati con un discorso intorno la vita e le sue opere per Ottavio Gigli*, Le Monnier, Firenze, 1857

una corda intorno al collo. Al rullare dei tamburi, il corteo degli ufficiali giudiziari e della folla di curiosi raggiunse Rialto, dove, usando delle pinze, il boia gli staccò quattro pezzi di carne dalle cosce e dal petto, poi lo bastonarono, rompendogli le ossa, e infine fu squartato. Ciò che restava del suo corpo fu appeso a un palo, quale monito per gli altri schiavi che passavano di lì.[27]

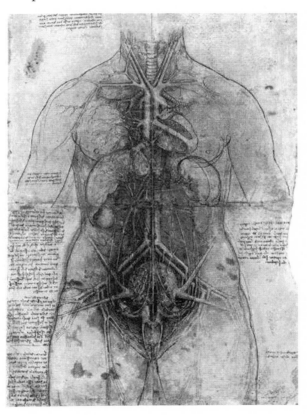

Leonardo Da Vinci, *Anatomia umana sul corpo di una donna*,
Castello di Windsor, Royal Library, 1228 r.

27. Luigi Cibrario *Della Schiavitù e del Servaggio* Civelli, Milano, 1868.

Una notte del 1378, Francesco, uno schiavo tartaro, s'intrufolò nella casa di Pasqualino Sabbionaio, mentre lui era fuori casa, ed entrò nel letto di sua moglie, convincendola di essere il marito. Una volta catturato, lo schiavo fu marchiato a fuoco e poi, per un anno, imprigionato, infine deportato in Sicilia, dove fu messo a lavorare in miniera. Sfortunatamente, gli atti non ci dicono se la signora Sabbionaio promise di essere più attenta con gli uomini che nottetempo le entravano nel letto.

Gli schiavi erano assicurati, come merce comune e varie polizze d'assicurazione per schiave tartare sono state ritrovate fra le carte di Francesco Datini. Leggendole, scopriamo che l'assicurazione sulla vita valeva cinquanta fiorini d'oro — il prezzo che era stato pattuito — ed era valida solo per i casi di naufragio, malattie, oppure violenze, ma non copriva il suicidio. Se una schiava si gettava volontariamente in mare durante il trasporto — questa eccezione indica come fosse un avvenimento abbastanza comune — nessun denaro doveva essere rimborsato dall'assicurante all'assicurato.

Nell'anno 1439, a Venezia, troviamo un verbale di una vendita di una famiglia tartara completa — il marito di ventott'anni, sua moglie di venticinque e i loro figli, d'età compresa fra i dieci e i cinque anni. Furono tutti venduti al Priore dell'Ospedale di San Pietro e Paolo, per 122 ducati d'oro.[28] Costantinopoli fu un importante centro per il commercio degli schiavi, sino a prima della sua conquista da parte dei turchi, avvenuta nel 1453. Dopo di che, trattarono principalmente schiavi cristiani, che venivano catturati durante i loro assalti alle coste greche e dell'Italia meridionale.

Bartolomeo Colleoni (1400-1475), un grande condottiero, fu catturato dai pirati musulmani quand'era giovane, ma dato che sapeva nuotare bene, pur essendo bergamasco,

28. Luigi Cibrario, op. cit., p. 233.

quando dal ponte della nave che lo stava trasportando in Algeria scorse le luci della costa italiana, si tuffò in acqua e riuscì a nuotare sino a riva. Lo scrittore spagnolo Miguel de Cervantes (1547-1616), autore del *Don Chisciotte* e reduce dal vittoriosa battaglia di Lepanto, fu catturato nel 1575 dai pirati musulmani e visse per cinque anni in abietta schiavitù, prima di essere liberato con uno scambio di prigionieri. Possediamo vari verbali, registri e contratti che furono scritti dai mercanti veneziani che commerciavano in schiavi, per i quali vi fu sempre una forte richiesta in Italia.

Giacomo Badoer, per esempio, acquistò schiavi dai mongoli a Tana e a Caffa, sul Mar Azov. Sappiamo che nel 1437 tornò a Venezia con 72 ragazze russe, circasse e almeno sette tartare o cinesi. Risulta però difficile credere che i mongoli vendessero le proprie donne, come abbiamo già detto, e i genovesi ebbero grossi guai proprio perché trapiantarono dei tartari in Africa settentrionale, i quali rivelarono le tecniche e le strategie belliche del proprio popolo. È più credibile che sotto la classificazione di "tartari" si celassero ragazze e ragazzi con tratti orientali, ma non appartenenti necessariamente alla razza mongola. Perciò in questa categoria bisognerebbe collocare anche i cinesi che si trovavano sottomessi ai mongoli in varie parti dell'Asia. Caterina, la madre di Leonardo, forse fu una di quelle passeggere sulle navi del mercante Badoer. Possediamo anche il diario di viaggio di Josephat Barbaro (1413-1494), il quale visse a Tana come mercante e ambasciatore della Serenissima, dal 1436 fino al 1452, e poi ancora nel 1472. Barbaro scrive che a Tana incontrò un ambasciatore mongolo che gli raccontò del suo ultimo viaggio che lo aveva portato nella capitale cinese — conosciuta oggi come Pechino — con una vivida descrizione di ciò che vi accadde e di come fu trattato. Una volta ritornato a Venezia, Barbaro comprò due tartari al mercato e li liberò, rimandandoli a

Tana: forse un segno della sua umanità e bontà d'animo, o forse l'ottemperanza di un voto che aveva fatto e che gli era stato esaudito.[29] Il numero di ragazze estremo-orientali vendute in Toscana scemò solo dopo il 1450, lasciando spazio a ragazze provenienti dalla Bulgaria, dalla Serbia, dall'Albania e dalla Grecia, oltre che dall'Africa.

In Cina, durante la dinastia Yuan, la schiavitù fu comune a causa del concetto di punizione collettiva per certi crimini. Se il capo di una famiglia cinese cadeva in disgrazia, oppure veniva arrestato per sedizione e poi giustiziato, tutte le donne della sua casa (quindi anche sua madre, le mogli e le figlie) venivano spesso vendute in schiavitù, mentre le ragazze venivano gettate nei bordelli come prostitute. La Cina restò sottomessa alla dominazione mongola sino al 1368, ma anche dopo il loro allontanamento dal trono imperiale i mongoli mantennero un forte controllo su vasti territori, sia nel settentrione che a occidente, territori che oggi fanno parte della repubblica popolare cinese. Con la fondazione della dinastia Ming (1368-1644), che rimpiazzò la dinastia Yuan (1271-1368), la schiavitù fu ufficialmente bandita, ma questa legge rimase lettera morta. La sovranità della dinastia Ming (1368-1644), propriamente cinese, sulla Cina continentale fu mantenuta solo grazie alla morte di Timur Khan, nel 1405, forse causata dalla peste, altrimenti sarebbe stata certamente abbattuta da una nuova invasione mongola, soltanto qualche decennio dopo la sua fondazione. Che il pericolo mongolo fu sempre presente, è dimostrato dal fatto che nel 1644, con la fondazione della dinastia Qing, i mongoli ripresero il pieno controllo della Cina, mantenendolo sino al 1912.

---

29. Luigi Cibrario, op. cit., p. 234.

Capitolo Quattro

*Ci troviamo ora in posizione di sciogliere il nostro
mistero, raccogliendo insieme tutti gli elementi di
evidenza e i diversi indizi... Comunque, dobbiamo
giungere a questo mantenendo la nostra mente aperta
e impiegare 'l'uso scientifico dell'immaginazione' come
disse l'immortale Sherlock Holmes, poiché 'dobbiamo
bilanciare le probabilità e scegliere la più plausibile.'*
Eric H. Cline

Caterina Buti. La madre di Leonardo

Apriamo questo capitolo prendendo in considerazione un
uomo collegato a Leonardo Da Vinci: il genovese Giacomo
Campora, che uno storico tedesco, Konrad Eubel, identificò
con lo *Iacobus dictus Italianus de Capha* nominato vescovo di
Cambalien, in Cina, il 2 ottobre 1426. La vita di Giacomo
Campora ci mostra quanto fosse possibile, anche in quei
tempi lontani, muoversi con relativa facilità da Oriente
a Occidente e viceversa. Egli apparteneva all'ordine dei
frati predicatori e si era laureato come *Magister theologiae*
a Oxford. Fu un teologo e un predicatore che si guadagnò
la fama di essere un esperto dell'Oriente, tanto che il doge
Tommaso Campofregoso, il 9 gennaio 1440, chiese al papa
Eugenio IV di mandarlo a Caffa, in Crimea.
Il 23 gennaio 1441 il Papa accettò e Campora fu
nominato vescovo di Caffa, ma una volta che si fu assicurata
quella posizione, Campora iniziò a comportarsi in modo
poco conforme al suo stato vescovile e, seguendo le proprie
ambizioni mondane, trascorse una grossa parte del suo

Leonardo Da Vinci, *Ginevra de' Benci*, National Gallery, Washington.
Oppure si tratta di Fioretta Gorini? O di Caterina, madre di Leonardo?

tempo fuori dalla propria diocesi, a Genova e a Roma, costringendo il Papa ad ammonirlo perché facesse ritorno in Crimea.

Campora obbedì, ma poco più avanti si mise contro la locale comunità di mercanti, scrivendo lettere a Genova con le quali li accusava di essere degli inetti. I mercanti presentarono una contro petizione chiedendo la sua rimozione e accusandolo di condotta amorale. Mentre si trovava a Caffa, Campora comprò una schiava tartara e poi, stancatosi di lei, la rivendette a un suo amico genovese. Nel 1456, lo troviamo a Graz, in Austria, dove tenne un discorso all'imperatore Federico III, che fu poi fatto circolare, per promuovere una nuova crociata contro i turchi: *Oratio sive collatio predicta facta est coram invictissimo Cesare Romanorum imperatore Friderico tercio in Graetz die prima februarii anno Domini 1456 per dominum Iacobum Campora in sacra theologia professorem ac Dei et Apostolica sedis gratiam episcopum Caffensem.*

Conosciamo la data e il luogo della sua morte, nel 1459, a Genova. Ma perché Campora è importante ai fini della trattazione di Leonardo Da Vinci? Ebbene, in gioventù Campora scrisse un piccolo trattato in volgare, intitolato *Sull'immortalità dell'anima*, che fu ristampato in diversi luoghi ed ebbe una prima edizione a stampa presso Giovanni Filippo de Lignamine, a Roma, nel 1472.

Come scrive Roberto Zapperi, per dimostrare la fortuna dell'opera: "L'anno stesso della prima edizione, il conte padovano Naimero de Conti ne offrì un esemplare manoscritto al duca di Ferrara, Ercole d'Este, presentandola come *cosa catolica et autentica et al mio picolo giudicio assai speculativa*. Autenticamente cattolico, il trattatello lo era di certo, 'assai speculativo' certamente no. Si tratta infatti di un'opera di modesto impegno dottrinale, concepita con intenti scopertamente divulgativi e di mera edificazione"[1].

---

1. Voce di Roberto Zapperi, *Dizionario Bibliografico degli italiani* Treccani, Vol. 17, 1974.

La popolarità di questo testo fu forse dovuta al fatto che era scritto in buon italiano, semplice e leggibile. Una copia finì nella lista dei libri posseduti da Leonardo Da Vinci e si tratta dell'unico suo libro trattante argomenti teologici — un fatto alquanto curioso, conoscendo le sue passioni e le sue antipatie. Perché dunque Leonardo lo trovò interessante? Forse Leonardo incontrò a Genova qualcuno che lo aveva conosciuto e che gli donò quel libro? Forse è da mettersi in relazione con il fatto, del quale parleremo più avanti, che una lettera per costruire un ponte sul Bosforo fu da Leonardo scritta da Genova e poi fatta arrivare alla corte del sultano a Istanbul.

Anche la vita di Beltramo Mignanelli (1370-1455), come quella del Campora, ci mostra come le vie d'Oriente fossero aperte. Mignanelli fu un mercante senese che visitò l'India e si recò anche a Damasco e a Gerusalemme nel 1400; anche per tale motivo fu un influente consigliere di papi e cardinali, scrivendo addirittura una biografia di Timur Khan, e poi nel 1416 partecipò al Concilio di Costanza.[2]

Possediamo una lettera di Francesco Datini — il mercante di Prato, come intitolò la sua biografia Iris Origo — con la quale egli comunica al proprio agente a Venezia di comprare per lui una piccola schiava tartara, robusta ma non troppo carina e non più vecchia di dieci anni, perché quando sono giovani, sono più facilmente plasmabili. Non fu la sua unica richiesta di schiave tartare: possediamo altre lettere scritte dal Datini, nelle quali ne chiede altre per aiutare nel suo palazzo nei lavori domestici: come portare la legna o prendere il pane dal forno.[3]

Il patronimico e il nome originale della madre di

2. Angelo Michele Piemontese, *Memorie levantine e ambienti curiali. L'Oriente nella vita e nella produzione di un senese del Quattrocento: Beltrami di Leonardo Mignanelli* Quaderni di storia religiosa, XIII, 2006, pp. 237-68

3. Iris Origo, *The Merchant of Prato* Jonathan Cape, Londra, 1957.

Leonardo, Caterina, ci sono sconosciuti. Questo è uno dei motivi per cui non poteva essere la figlia di un povero contadino di Vinci, come leggiamo di solito nelle biografie di Leonardo e, forse, apparteneva alla stessa categoria delle ragazze acquistate dal Datini, anche perché da una portata del sessantaquattrenne Accattabriga del 1487 sappiamo che lei aveva 60 anni. Dunque, aveva partorito Leonardo all'età di 25 anni, ben oltre la normale età da marito. Se non si era sposata prima, pur essendo piacente, il motivo doveva consistere non solo nel fatto che non possedeva una dote ma che era una schiava senza diritti. Oltretutto, Caterina, come abbiamo già detto, non sposò il padre di suo figlio, ser Piero Da Vinci, dopo che partorì Leonardo. Ser Piero sposò una benestante signorina fiorentina. Tale comportamento da parte di ser Piero avrebbe quasi certamente provocato una vendetta, o almeno una richiesta di compensazione da parte dei parenti di Caterina, se li avesse avuti lì, perché pure i semplici contadini possedevano un codice d'onore durante il Rinascimento.

L'uomo che sposò Caterina si chiamava Antonio di Piero del Vaccha d'Andrea Buti, conosciuto come Accattabriga. Il nomignolo volgare indica che proveniva da un ceto sociale inferiore a quello dei Da Vinci ed era probabilmente un ex mercenario, riadattatosi alla vita borghese come lavorante presso alla loro fornace. Quest'uomo fu certamente molto vicino a ser Piero e a suo fratello Francesco — un po' come quel Nanni di Prato che sposò la schiava tartara di Francesco Datini — e possediamo un certo numero di indizi su di lui perché validò vari documenti redatti da ser Piero Da Vinci. Sembra che egli venisse convocato da ser Piero ogniqualvolta necessitasse di un compiacente testimone.

Naturalmente, non possiamo conoscere la sua vera natura, ma a parte il suo pessimo nomignolo sappiamo che suo padre possedeva un podere e che lui riuscì a mantenere

Caterina e i figli che insieme generarono. La casa in cui visse con Caterina, dopo il loro matrimonio, si trovava a Campo Zeppi di Vinci, vicino alla chiesetta di San Pantaleo, la quale è tutt'ora visibile, anche se priva delle campane. Sorge dove il torrente Vincio sfocia dalla catena collinosa lunga venticinque chilometri, conosciuta come Monte Albano,

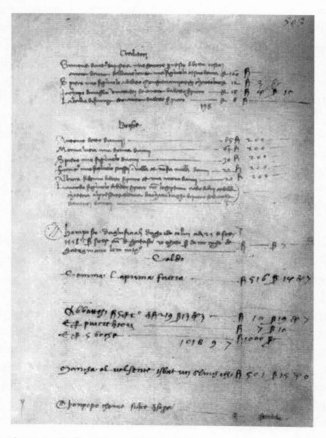

Antonio di Ser Piero da Vinci, il nonno di Leonardo. In questo documento si dice che Leonardo ha 5 anni e sua madre è Chateria. Catasto 1458, Archivio di Stato di Firenze, 795, cc.502-503.

e si spaglia nelle paludi di Fucecchio. Tra il 1453 e 1463, Caterina mise al mondo cinque figli. La loro primogenita, Piera, nacque nel 1453, un anno dopo Leonardo da Vinci. Il nome della figlia fu evidentemente scelto in onore di ser Piero, che li aveva accoppiati e li manteneva. Dopo Piera, ebbero Maria, Lisabetta, Francesco e l'ultima fu Sandra.[4] Il loro unico figlio, Francesco, morì a Pisa intorno al 1490, mortalmente ferito da un colpo di archibugio, e a partire dal 1530 il cognome Buti era estinto a Vinci.

È solo grazie a un documento, scritto da ser Piero Da Vinci per conto di suo padre Antonio Da Vinci, che si trova nella portata — una dichiarazione dei redditi — per l'anno 1457 che conosciamo il nome della madre di Leonardo. Senza questa carta oggi saremmo qui a chiederci quale fu il suo nome.

In questo documento l'ottantacinquenne Antonio Da Vinci dichiara che fra le bocche della sua casa c'è anche Leonardo, di 5 anni, e che è nato illegittimo.

Lionardo figliuolo di detto Ser Piero, non legiptimo nato di lui e dalla Chateria, al presente donna d'Accattabriga di Piero del Vaccha da Vinci, d'anni 5.[5]

Il nome della madre qui andava messo per forza per richiedere la deduzione fiscale di 200 fiorini che alla fine fu comunque negata. Se l'avessero riconosciuto legalmente, tale deduzione sarebbe stata accordata; un nuovo segno, dunque, che non intendevano affatto ammetterlo nella famiglia Da Vinci.

Antonio chiama la madre Chateria, non Chaterina, usando la pronunzia della lettera C tipica della gorgia

4. Alessandro Vezzosi, *Agnese Sabato, Leonardo. Mito e verità* Museo Leonardo Da Vinci, Museo Ideale, Vinci, 2006

5. Archivio di Stato di Firenze, Catasto, 795, f. 503r.

toscana. Noteremo che oggi Chateria sia un nome abbastanza comune negli Stati Uniti, anche se la sua origine parrebbe essere estremo-orientale. È questa solo una coincidenza, oppure era il nome originale della ragazza?

Una schiava di nome Caterina appare nel testamento di uno dei benestanti clienti di ser Piero da Vinci, un tale ser Vanni di Nicolò di ser Vanni. La possibilità che questa Caterina e la madre di Leonardo siano la stessa persona, come ha cercato di dimostrare Renzo Cianchi, è alta. È dunque possibile pensare che questo ser Vanni l'acquistò a Venezia tramite un suo agente e poi la mise a lavorare nella propria casa fiorentina.

Caterina o Chaterina, come scrivevano a Firenze, fu un nome assai comune in quei tempi. Santa Caterina da Siena fu una grande santa della Chiesa, morta nel 1380.

Nel 1493 Caterina, madre di Leonardo, era vedova e andò a vivere a Milano con Leonardo — il suo unico e ormai famoso figlio — ove morì fra le sue braccia l'anno successivo. La datazione precisa, con giorno, luogo e ora della nascita di Leonardo, emerge da un'annotazione lasciata da Antonio Da Vinci nell'ultima pagina del protocollo personale, una sorta di diario, che era appartenuto a suo nonno, che ebbe nome anche lui ser Antonio Da Vinci. Questa nota fu scoperta solo nel 1931 da Emil Möller e fu pubblicata nel 1939. Ecco l'inizio dell'annotazione di Antonio Da Vinci:

> *Nachue un mio nipote, figliuolo di ser Piero mio figliuolo, adi' 15 d'aprile in sabato, a ore 3 di notte. Ebbe nome Lionardo. Batezollo pietre Piero di Bartolomeo da Vincci, Papino di Nanni Bannti, Meo di Tonino,*
> *Piero di Malvoltto, Nanni di Renzo, Arigho di Giovanni Tedescho, monna Lisa di Domenichi*

di Brettone, monna Antonia di Giuliano, monna
Niccholosa del Barna, mona Maria, figliuola di Nanni
di Renzo, monna Pippa di [Nanni di Lorenzo – due
parole cancellate] di Previchone.[6]

Incredibilmente, il nome della partoriente non viene citato! Dunque, Leonardo Da Vinci nacque il 15 aprile, alle tre di notte, come scrivono molti suoi biografi? Per quel che importa, le ore non furono le tre del mattino ma piuttosto, seguendo il modo di computare il tempo in quel periodo, l'inizio di una nuova giornata era fissato di sera dopo che le campane battevano l'Ave Maria. Il 14 aprile il tramonto cadde circa alle ore 18.50, e mezz'ora dopo iniziò il nuovo giorno. Da quel punto, non dalla mezzanotte, dovremmo contare tre ore, arrivando alle 22.20. A ben guardare, dunque, la data di nascita di Leonardo andrebbe fissata al 14 aprile, non il 15, e alle ore 22.20. E questo senza voler contare lo scarto in avanti causato dalla riforma del calendario fatto da papa Gregorio XIII, allorché si passò da giovedì 4 ottobre 1582 a venerdì 15 ottobre 1582.

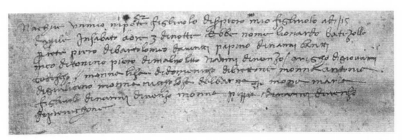

Nascita di Leonardo, Archivio di Stato di Firenze, Notarile Antecosimiano, 16912 c.105v

---

6. Francesco Cianchi *La madre di Leonardo era una schiava?* Museo Leonardo da Vinci, Vinci, 2008.

A partire dai tempi di Giovanni di Averardo de' Medici, padre di Cosimo de' Medici, il registro delle terre (catasto) fu un potente strumento per controllare la tassazione dei proprietari terrieri, e tutti gli uomini di sostanza posero molta cura nel tenere un registro personale di tutti i propri affari e delle proprie transazioni. Il supporto finanziato fornito da Cosimo de' Medici al condottiero milanese Francesco Sforza danneggiò le finanze di Firenze e le tasche dei suoi cittadini più abbienti furono periodicamente alleggerite al fine di risparmiare alla città gli assalti della soldataglia milanese e napoletana, ma questo pose le basi della sua grande ricchezza che durò per secoli. Quell'alta tassazione forse giocò un ruolo nel cambio di residenza di Antonio da Firenze a Vinci, dove era più bassa.

In un documento datato 1457 e compilato a Firenze da Antonio Da Vinci, troviamo delle discrepanze — o, per meglio dire, una palese contraddizione — con quanto suo figlio, ser Piero Da Vinci dichiarerà in un documento datato 1480, ventitré anni dopo.[7]

Nel documento del 1457, Antonio da Vinci parla di un testamento redatto sei anni prima a favore di suo figlio, da parte di Ser Vanni di ser Niccolò di ser Vanni, con il quale era in affari. Antonio dichiara che i frati di San Gerolamo di Fiesole, dopo aver preso ciò che vollero prendersi, rifiutarono di accettare il resto, mettendo l'eredità nelle mani del Papa e dell'Arcivescovo di Firenze, Antonino, che dopo la sua morte fu elevato agli altari, il quale decise che quei soldi di Ser Vanni erano stati guadagnati disonestamente e che, pertanto, il testamento era invalido e i soldi sarebbero stati impiegati per opere di bene e distribuiti. Le proprietà sarebbero state vendute e il denaro ricavato speso per i poveri. Dunque, Antonio afferma che: *mai se ne trasse nulla,*

---

7. Ibid.

et in tutto è spento et annullato.[8]

L'esattore delle tasse deve aver creduto a questa favola ma noi oggi sappiamo per certo che ventitré anni dopo ser Piero raccontò un'altra storia. Ser Piero scrisse che sin dall'anno 1479 egli viveva nella casa lasciatagli in eredità da ser Vanni di Niccolò di ser Vanni, situata in via Ghibellina, citando appunto il testamento di ser Vanni, datato il 19 settembre 1449 e redatto dal notaio ser Filippo di Cristoforo. Questa casa in via Ghibellina era un piccolo palazzo in centro a Firenze, e perciò la dichiarazione di ser Piero chiaramente contraddice ciò che suo padre ebbe a dichiarare ventitré anni prima, anche se in realtà la grafia di Antonio pare essere proprio quella di Ser Piero che forse li redasse entrambi. Dunque, non è vero che il testamento di ser Vanni fu completamente invalidato dall'arcivescovo Antonino, il quale era comunque al corrente dei traffici illeciti di ser Vanni. Un'altra nota contenuta nel documento datato 1457, e presentato a nome di Antonio Da Vinci, ci conferma la data della morte del settantunenne ser Vanni. Egli morì il 24 ottobre 1451 — l'anno in cui Leonardo fu concepito — e fu sepolto nella chiesa di Santa Croce il giorno seguente.[9] Ma chi fu questo ser Vanni?

Ser Vanni di Niccolò Vecchietti nacque a Firenze intorno all'anno 1380, figlio di un boscaiolo con lo strano nomignolo di *tante chose*. Il suo nome appare in una dichiarazione dei redditi datata 1404, e anche nella corporazione dei boscaioli, di cui fu eletto priore. Si sposò per due volte: la sua prima moglie fu sepolta nella chiesa di Santa Croce nel 1426, e la seconda si chiamava Agnola di Piero di Giovanni di Piero

8. Antonino Pierozzi (1389-1459), arcivescovo di Firenze e severo domenicano, scrisse libri di teologia come la *Summa Moralis*, un *Cronicon* e un *Confessionale*, che andarono attraverso molte edizioni. Esiste una cattedrale a lui dedicata a Manila, nelle Filippine.

9. Archivio di Stato di Firenze, Arte dei medici e speziali, 244, c. 52v. Monna Agnola Baroncelli aveva 39 anni quando Ser Vanni morì.

di Bandino dei Baroncelli. Non ebbero figli ma adottarono un ragazzo nativo di Olmi di Mugello, Domenico di Nanni, che quando morì ser Vanni aveva solo 14 anni. Questo ragazzo fu probabilmente un orfano della guerra del Mugello, un'area devastata dall'esercito milanese comandato da Niccolò Piccinino. I milanesi furono sconfitti ad Anghiari, il 29 giugno 1440, dai fiorentini, appoggiati dalle truppe papali e veneziane, guidate da Giovanni Antonio Orsini e dal cardinale Ludovico Scarampi Mezzarota.

Ser Vanni, in seguito, divenne un banchiere e un usuraio, collaborando con Ottaviano di Piero Gerini e arricchendosi nel corso degli anni. Forse, agiva come uno strozzino, anche se un documento presentato da ser Vanni nel 1441 — di nuovo la calligrafia assomiglia a quella di ser Piero Da Vinci — dichiara di essere disoccupato e ingiustamente perseguitato dall'esattore delle tasse. Ser Vanni termina questa sua lamentela affermando di essere indigente, perché ha ben dodici persone da sfamare nelle sue varie proprietà sparse in città e nel contado.

C'è un altro documento simile, datato 1446, nel quale di nuovo ribadisce di non dover nulla all'esattore. Nell'ultimo documento accenna anche al nome di sua moglie, Agnola Baroncelli.

I Baroncelli furono una famiglia potente a Firenze, vicina alla famiglia dei Pazzi, talmente vicini che nel 1478 un Bernardo di Bandino Baroncelli assassinò Giuliano de' Medici, il fratello di Lorenzo de' Medici. Datosi alla fuga e credendo d'essersi messo in salvo presso il Gran Turco a Istanbul, venne riconsegnato ai fiorentini e impiccato a Firenze il 29 dicembre 1479. Il suo arresto e la sua estradizione furono visti come un segno del grande prestigio goduto a livello internazionale dal casato dei Medici. Leonardo era presente alla sua impiccagione e ne trasse un famoso schizzo, che lo raffigura appeso per il collo, con una descrizione dettagliata del colore dei vestiti che indossava:

Berettina di tanè, farsetto di raso nero, cioppa nera foderata, giubba turchina foderata di gole di volpe e l'collare della giubba soppannato di velluto appicchiettato nero e rosso, Bernardo di Bandino Baroncelli. Calze nere.[10]

Forse Leonardo fu mandato dal suo maestro, Verrocchio, a osservare quella scena con l'idea di creare un dipinto per tramandare ai posteri la vendetta di Lorenzo de' Medici per l'uccisione del suo amato fratello. Ma se davvero esisteva, quel progetto non lo portarono a compimento.

Leonardo Da Vinci, *Impiccagione di Bernardo di Bandino Baroncelli*, avvenuta il 29 dicembre 1479, Museo Bonnat.

10. Bonnat Museum, Bayonne, Ref. 659.

Il testamento redatto da ser Vanni, datato il 19 settembre 1449, è un documento lungo una decina di pagine, scritto sia in latino che in italiano e redatto presso il Monastero di Santa Maria degli Angeli dal notaio ser Filippo di Cristofano. In esso viene stabilito che ser Vanni lascia tutti i propri possedimenti ai frati di San Gerolamo di Fiesole e le altre eredità a ospedali, individui e istituti religiosi. Lascia notevoli quantità di denaro: 1.500 fiorini all'Ospedale di Santa Maria Nuova; 400 fiorini alla moglie e 500 al figlio; 50 alla sorella; 200 al cognato, e via dicendo. I principali eredi furono comunque i frati del convento di San Gerolamo ed è solo grazie a dei codicilli stilati il 29 novembre, a distanza di due mesi dalla prima stesura, che ser Piero entra nell'eredità di ser Vanni. E dei nuovi codicilli datati 16 marzo 1451 cambiano ancora sensibilmente il contenuto del testamento.

I primi codicilli avevano già posto ser Piero fra i beneficati di ser Vanni, nominandolo suo esecutore testamentario, aggiungendo:

Che'l detto Ser Piero abbia gli alimenti et la tornata della chasa di Firenze in quel modo et per quella forma et per quel tempo che pare o parrà [a mona Agnola, donna di detto testatore].

Queste ultime parole, fra parentesi quadre, furono cancellate e una mano, che assomiglia a quella di Ser Piero, precisa: *in tutto e per tutto chome parrà al detto Ser Piero.*

Cerchiamo di chiarire questo punto chiave. Ser Vanni nomina ser Piero Da Vinci proprio esecutore testamentario, poi gli attribuisce l'utilizzo — ma non il diritto di proprietà — della sua casa di Firenze, aggiungendo che questo può avvenire solo con il consenso di sua moglie, Agnola, che ne resta proprietaria assieme al figlio e a una nipote. Ma queste parole vengono cassate e una nuova frase viene aggiunta, il che mette fuori gioco la sua vedova e gli altri due: ser Piero Da Vinci sarà libero di stabilirsi in casa sua senza che Agnola abbia il potere di decidere nulla. Inoltre, con il paragrafo sette, biffato (barrato) nel testamento vien precluso l'utilizzo della casa alla sorella di ser Vanni, Niccolosa, a discrezione di Monna Agnola. Cosa dobbiamo pensare di tutto ciò? Difficile dirlo, ma secondo la legislazione vigente all'epoca questo documento avrebbe potuto essere impugnato e il notaio denunciato per aver imbrogliato le carte a proprio favore.

È inspiegabile, infatti, che ser Vanni disprezzasse la propria moglie e il proprio figlio al punto da permettere a ser Piero, un giovane e ambizioso notaio non imparentato con loro, di decidere se questi potessero continuare a vivere in casa propria. Tutto ciò fu deciso con il consenso di Ser Vanni? Non lo sappiamo, ma è plausibile pensare che ser Piero apportò questo cruciale cambiamento subito dopo la sua morte del suo assistito, oppure quando egli era già moribondo, dato che aveva già ricevuto carta bianca da lui. Agnola, quindi, venne esclusa, e ser Piero poté decidere indipendentemente, senza interferenze, per ciò che diverrà la sua dimora in via Ghibellina. Secondo la storica Elisabetta Ulivi, subito dopo la morte di Ser Vanni nacque una controversia legale con Ser Piero che si sviluppò in parallelo con quella iniziata dal Vescovo Antonino e gli altri eredi.

Ser Piero e Agnola devono aver chiuso la loro disputa con un compromesso che assegnava l'abitazione alla donna sino alla sua morte, avvenuta l'11 aprile 1477.

Forse l'anno, il 1480, nel quale ser Piero dichiara nella propria portata che vive nella vecchia casa di ser Vanni ha un suo peso. Forse, capì che a quel punto nessun Baroncelli, dopo la congiura dei Pazzi, poteva azzardarsi ad alzare il capo e impugnare le carte presentate da un vecchio notaio che era un fedele servitore della casata medicea.

È forse giunta per noi l'ora di cambiare la nostra opinione, tutto sommato positiva, sul padre di Leonardo, e iniziare a vederlo sotto una luce più cruda ma realistica. Forse, ser Piero fu un truffatore e un profittatore senza scrupoli, in contrasto con l'immagine benigna offerta da tutti i biografi di Leonardo Da Vinci, una immagine che si basa essenzialmente su di una pia illusione, anziché sui documenti.

È ormai chiaro che il padre di ser Piero, Antonio Da Vinci, non disse tutta la verità con quel suo "in tutto è spento et annullato" e dobbiamo perciò concludere che ser Piero giocò sporco ma la fece franca. Il valore di quel bene immobile nel centro di Firenze era enorme, ma ser Piero deve aver pensato di poter manipolare la vedova senza grossi problemi e, in effetti, ci riuscì, anche se commise un errore: ingravidò la schiava di ser Vanni e di Agnola, Caterina.

Nel testamento di ser Vanni si parla di una certa serva, ma "serva" in quell'epoca significava schiava domestica, e non serva nell'accezione moderna del termine, mentre le vere e proprie domestiche, nate libere e salariate, venivano chiamate "fantesche", oppure famule in latino.

Le leggi fiorentine erano molto chiare sulla distinzione fra una *serva* e una *fantesca* e per chiarire ogni dubbio, poco dopo, nello stesso documento questa serva viene nominata con il suo vero titolo: *schiava*. Il nome della schiava di ser Vanni era Caterina. Vi si dice che questa Caterina lavorava nella casa di ser Vanni e nel testamento di ser Vanni viene lasciata in eredita a sua moglie, Monna Agnola:

Che la Chaterina schiava... stia sotto l'obbedienza et
servitù di monna Agnola, sua donna, tutto il tempo
di sua vita, cioè di monna Agnola, et in quel modo et
quella forma che a monna Agnola parrà et piacerà, et

sia in sua potestà sia il volerla ritenere o vendere.[11]

Possediamo svariati documenti che dimostrano come solitamente gli schiavi venissero posti in libertà nei testamenti lasciati dai propri padroni, ma ser Vanni, apparentemente, non temeva di comparire davanti a Dio con un tale peso sulla coscienza. Abbiamo un'ulteriore dichiarazione dei redditi presentata da Agnola, datata 27 febbraio 1458, che non fu redatta dal notaio ser Piero Da Vinci, nella quale la schiava Caterina non è più con lei, perché nel frattempo ha assunto una fantesca, menzionando anche il suo salario: dodici fiorini annui. Questo dimostra che si era liberata della schiava e aveva assunto una donna per sbrigare le faccende domestiche. Dov'era finita Caterina?

Testamento di Ser Vanni. *Chaterina Sclava.* Archivio di Stato di Firenze, Notarile Antecosimiano, 45 r. 7399.

Renzo Cianchi (1901-1985) trascorse la sua vita ricercando e studiando documenti relativi a Leonardo Da Vinci, fondò a Vinci il Museo Ideale dedicato a Leonardo Da Vinci e pubblicò un gran numero di saggi e di libri sull'arte rinascimentale. Fu lui il primo a proporre l'ipotesi che la schiava Caterina, la madre di Leonardo, era proprio lei. Parlò di questa sua idea con Neera Fallaci, la sorella della scrittrice Oriana Fallaci, la quale, nel 1975, pubblicò un articolo su tale argomento.

In seguito, Renzo Cianchi lasciò le sue ricerche sulla

11. Elisabetta Ulivi *Per la genealogia di Leonardo* Museo Ideale, Vinci, 2008 p.44.

schiava Caterina nel cassetto della propria scrivania. Ma per fortuna ne parlò a suo figlio, Francesco, dopo che scoprì di essere gravemente ammalato. Francesco Cianchi continuò le ricerche del padre e, dopo la sua morte, pubblicò un libro che contiene queste sue sorprendenti scoperte. Poiché la data di nascita di Leonardo è incontestabile, Renzo Cianchi tornò indietro, a nove mesi prima della sua nascita, al luglio del 1451, e trovò varie tracce lasciate da ser Piero a Firenze: un documento datato 7 luglio e poi un altro datato 15 luglio, entrambi a Firenze, e altri ancora, immediatamente prima e dopo queste date. Tali scritture dimostrano che ser Piero risiedeva a Firenze in quel tempo e fu a Firenze che entrò in contatto con la madre di Leonardo, dunque nessuna contadinella di Vinci. Non è azzardato pensare che a quel tempo ser Piero fosse già ospite nella casa di ser Vanni, in via Ghibellina, e, mentre il suo cliente agonizzava, ser Piero deve aver approfittato della sua serva. Ser Piero Da Vinci

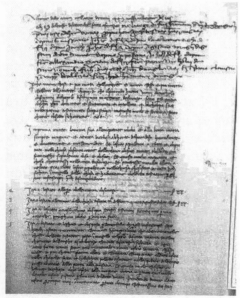

Correzioni fatte da Ser Piero Da Vinci nel testamento di Ser Vanni, Archivio di Stato di Firenze, Notarile Antecosimiano, 52 r. 7399.

ci appare come un uomo mosso da una forte libido e, forse, non seppe trattenersi ed ebbe un furtivo rapporto con questa Caterina di ser Vanni.

Dopo la morte di ser Vanni e con la gravidanza di Caterina che progrediva, Agnola volle liberarsi della propria schiava, forse richiedendo un rimborso del suo valore a ser Piero, come una sorta di chi rompe paga. Non solo questo, forse Agnola, dopo lo shock dell'apertura del testamento del marito e dei guai legali che seguirono, propose uno scambio a ser Piero: il suo silenzio sulla gravidanza della schiava in cambio dell'usufrutto della casa, che ormai non era più davvero sua, per apparente volontà del marito defunto. L'aver ingravidata una schiava altrui era un crimine sanzionato pesantemente dalla legge. Infatti, una vecchia legge promulgata nel 1363, ma ancora in vigore, prevedeva che quando un uomo ingravidava una schiava appartenente a qualcun altro doveva pagare le spese del parto e poi rimborsare al proprietario un terzo del suo costo. Inoltre, doveva sostenere i costi per il mantenimento del nascituro.

Questa sorta di abusi erano talmente diffusi che solo qualche mese dopo la nascita di Leonardo furono promulgate delle leggi ancor più severe. Il 30 dicembre 1452 una legge conosciuta come *contra deviantes sclavos* venne promulgata, e nei casi estremi in cui la schiava veniva rapita per più di tre giorni il colpevole rischiava di essere condannato a morte per impiccagione *ita ut moriatur* ossia appeso fino alla morte.[12] Dunque, può darsi che Agnola e ser Piero sedettero a un tavolo e strinsero un accordo pecuniario: ser Piero mise da parte, almeno per un po', i propri diritti di possesso sulla casa nella quale lei viveva con il figlio, in cambio del silenzio della donna riguardo al suo passo falso con la schiava. Ciò potrebbe spiegare la dichiarazione compilata da Antonio Da Vinci nel 1457: non

---

12. Francesco Cianchi, op. cit., p. 21.

cercava solo di ridurre le tasse, ma anche di proteggere la reputazione del figlio.

Ser Piero, con l'aiuto del padre, organizzò il trasferimento di Caterina a Vinci, dove possedevano una casa di campagna, lontano dagli occhi indiscreti e dai pettegolezzi dei fiorentini. Tenere Caterina lontana da Firenze era la migliore opzione disponibile per evitare un duplice scandalo che avrebbe potuto compromettere la carriera di ser Piero. Perché prima di tutto egli avrebbe dovuto ammettere d'essere il padre di un figlio avuto congiungendosi con la schiava di un suo cliente, mentre quello stava morendo nel proprio letto e, a parte i risvolti boccacceschi della storia, si mostrava inaffidabile, danneggiando la proprietà di un cliente.

Secondo punto, ancora più rischioso, correva il pericolo di essere denunciato dalla vedova per aver falsificato il testamento del marito.

Per mantenere la situazione sotto controllo, ser Piero deve aver promesso un marito e poi la libertà a Caterina, dopo il parto del loro figlio, e alla vedova il permesso di vivere tranquillamente nella propria abitazione in via Ghibellina sino alla sua morte. Il castello di bugie creato da padre e figlio funzionò bene, e un'illustrazione di questo fatto può essere ravvisato leggendo la biografia di Leonardo Da Vinci scritta da Giorgio Vasari. Nella prima edizione del 1550, nonostante fossero trascorsi 108 anni dalla nascita di Leonardo, ser Piero viene menzionato come lo zio di Leonardo, non come suo padre.[13] Questo errore fu poi corretto nella seconda edizione del 1568, in cui Vasari afferma correttamente che Leonardo fu il figliuolo di ser Piero da Vinci, non il nipote. E nel *Anonimo Gaddiano* una fonte biografica primaria, che predata quella del Vasari, si afferma curiosamente quanto segue:

---

13. Agostino Zanelli *Le schiave orientali a Firenze nei secoli XIV e XV* Loescher, Firenze, 1885, p. 68.

*Quantunque fussi legittimo figliolo di Ser Piero da
Vinci era per madre nato di buon sangue.*

Non è vero, come sappiamo, che fosse legittimo e, infatti,
non c'era bisogno di ribadirlo se davvero lo fosse stato. Poi,
quello strano accenno al buon sangue della madre parrebbe
un'allusione al fatto che fosse una schiava. L'espressione
veniva usata comunemente per indicare che godevano di
buona costituzione.

Un'altra fonte biografica di primaria importanza, il *Libro
di Antonio Billi*, non dice nulla sulla nascita di Leonardo,
salvo che fu un cittadino di Firenze. Dopo la morte di ser
Vanni tutti i contatti professionali fra la sua vedova, Agnola
e ser Piero, terminarono. Lei si servì di un altro notaio per le
proprie transazioni legali, un evidente segno dell'incrinatura
del loro rapporto.

Ser Piero Da Vinci si trasferì nella casa di Ser Vanni
meno di due anni dopo la morte di Agnola e pochi mesi
dopo la rovina della casata dei Bandinelli. Il figlio adottivo
di ser Vanni e di Agnola, Domenico, viveva per conto
proprio e nel 1460 sposò Leonarda, figlia di un operaio della
lana, Tommaso di Santi Feini, e andò a stare con i suoceri.
La giovane coppia morì giovane, nel 1469, lasciandosi dietro
i propri bambini.

Un documento che dimostra la concessione della libertà
della schiava Caterina che era stata di proprietà di ser Vanni
non è stato ancora ritrovato, sebbene molti notai fiorentini
redigessero spesso questo tipo di documenti legali. Pure
Ser Piero Da Vinci ne redasse alcuni e uno di essi viene
menzionato nel libro Ricordanze A di Francesco di Matteo
Castellani (1418-1494). In questo libro troviamo un cenno
fuggente a una transazione effettuata da ser Piero Da
Vinci per una schiava che si chiamava Caterina ed è datato
dicembre 1452 ma, purtroppo, questa Caterina risultava

assunta da Ginevra d'Antonio Redditi, e non da Agnola, la moglie di ser Vanni. Forse, un documento del genere verrà ritrovato negli anni futuri, dato che per contrarre matrimonio con l'Accattabriga a Vinci necessitava di tale atto liberatorio.

Per quanto ne sappiamo, una certa Caterina compare solo quattro volte nei codici di Leonardo Da Vinci, ma, secondo alcuni biografi, questo non basterebbe per identificarla come sua madre.

Una nota non datata di Leonardo dice:

> *Dimmi come le cose passano di costà e sappimi dire sella chaterina vuole fare (o stare).*[14]

Sulla stessa pagina, Leonardo trascrisse i seguenti versi dal XV libro delle Metamorfosi d'Ovidio.

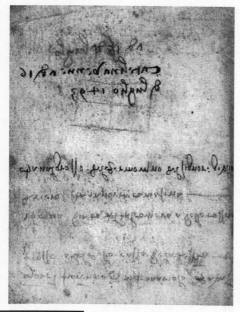

Leonardo Da Vinci, *Caterina arriva a Milano*. Codice Forster III, f.88r.

---

14. Codice Atlantico, 71r a.

Elena piange quando scorge il proprio viso rugoso riflesso nello specchio e si stupisce di come due eroi abbiano potuto rapirla

Il 16 luglio 1493 Leonardo era a Milano e scrisse nel proprio diario che una donna di nome Caterina venne da lui.

Dobbiamo osservare che in occasioni simili, quando ebbe delle persone che si stabilirono nella sua bottega, egli usò l'espressione stare *con mecho.*

Per il Salai, il suo discepolo prediletto, aveva scritto:

Jachomo vene a stare chon mecho il dí della madalena nel mille 490 d'anni 10.[15]

Per Caterina, invece, usò solo la parola vene e, forse, come segno di un suo tormento interiore ripeté la data per due volte e fece un errore nel suo nome:

A dì 16 di luglio Catelina venne a dì 16 di luglio 1493.[16]

Il seguente accenno a Caterina, datato 26 gennaio 1494, in una nota sui soldi dati a lei per delle piccole spese, recita:

Caterina s.10/Caterina soldi 10.

È difficile credere che un uomo come Leonardo, curioso, sensibile, non s'identificasse psicologicamente con lei: come lei fu abbandonato, come lei fu poco considerato da ser Piero.

Leonardo passò i primi trent'anni della sua esistenza fra Firenze e Vinci, certamente rimanendo in contatto con lei e con i suoi fratellastri e sorellastre di Vinci. La sua ultima

---

15. Quaderno C, p. 15

16. Codice Forster III, f88r.

nota riguardante Caterina concerne la sua morte e la sua sepoltura, per la quale lasciò una lista dettagliata delle spese per il suo funerale. Ma fu questa Caterina davvero sua madre? Sì, siamo certi che lo fu e gli indizi non mancano.

Caterina, forse, era già ammalata quando raggiunse il suo celebre figlio a Milano. Possiamo pensare che fu lui che le chiese di raggiungerlo, così che avrebbe potuto prendersene cura. Osservando le scarse note disponibili e la lista delle spese per il suo funerale, la gran parte dei suoi biografi si dice certa che non poteva essere la Caterina che lo aveva generato, ma che si trattava di una serva che aveva impiegato a Milano, perché Leonardo avrebbe dovuto esprimersi in modo diverso nei confronti di sua madre. Eppure, le loro argomentazioni non reggono perché anche quando egli scrisse della morte del padre s'espresse in maniera similmente repressa. Questa lista delle spese per il funerale è insolitamente dettagliata, e nulla di simile può essere trovato

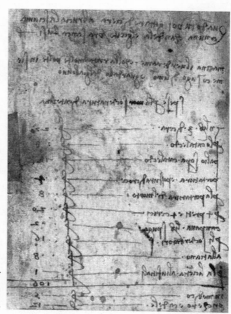

Leonardo Da Vinci, *Spese per il funerale di Caterina.*Codice Forster II, f.64 v.

140

per altri membri del suo circolo. Sigmund Freud sottolineò che questo suo puntiglioso annotare i dettagli doveva avere un effetto tonificante sul suo subconscio.

Sbaglia di nuovo il suo nome *Catelina* e ha un ripensamento sulla parola *morte* cancellandola e cambiando in *sotterramento*:

Spese per lo sotterramento di Catelina

In libbre 3 di cera	s.27
Per lo cataletto	s.8
Pallio sopra cataletto	s.12
Portatura e postura di croce	s.4
Per la portatura del morto	s.8
Per 4 preti e 4 cherici	s.20
Campana, libro, spunga	s.2
Per li socterratori	s.16
All'anziano	s.8
Per la licenzia a li ufficiali	s.1
	——
	106
In medico	s.5
Zucchero e candele	s.12
	——
	123[17]

Questa lista appare nel *Codice Forster* sotto una ricetta per cera e succo di limone. I biografi che non riconoscono questa Caterina come la madre di Leonardo pensano che le spese fossero troppo basse. Ma 123 soldi non furono affatto una piccola somma, come dimostrò Luca Beltrami in uno dei suoi saggi.[18] A quel tempo, a Milano, con un

17. Codice Forster II, f. 64v.

18. Luca Beltrami *La madre di Leonardo* La Nuova Antologia, Roma, 1921.

soldo si potevano comprare nove litri di vino, o sei uova. L'importanza di questa persona è anche evidente dal fatto che Leonardo chiamò ben quattro preti per celebrare il funerale e per una comune serva questo sarebbe stato eccessivo.

Un fatto che nessuno ha fin qui notato è che questa Caterina non poteva essere milanese, perché non aveva parenti per provvedere al suo funerale, poiché proprio lui dovette sborsare tutto quanto serviva. Dunque, se fu solo una serva, perché Leonardo scelse una donna proveniente da un'altra città, e non una di quel luogo come farà poi in Francia, assumendo una certa Mathurine che farà capolino nel suo testamento?

Un fatto nuovo dimostra però che questa Caterina fu certamente sua madre, un mistero che è stato risolto molto recentemente. Si tratta di una nota apposta su un documento, scritto in latino e datato 26 giugno 1494, emerso dall'Archivio di Stato di Milano, che riguarda la morte di una certa Caterina da Firenze:

In die jovis 26 Iuniis P[orta] V[ercellina] P[arocchia] S[anctorum] Nabaris et Felicis. Chatarina de Florenzia annorum 60 a febre ter[zan] a contr.a dupla iudico m[agist].ri Concordi de Castrono Decessit.[19]

Giovedì 26 giugno, nella parrocchia di San Nabore e San Felice a Porta Vercellina, Caterina da Firenze, sessant'anni, muore di malaria. Poi segue il nome del funzionario.

Stranamente per Milano, viene usato il nome Chatarina, anziché Caterina — ma forse Leonardo ha fornito al magistrato dei documenti che sua madre aveva con sé, nei

19. Archivio di Stato di Milano, Fondo Popolazione, parte antica, (1491-1494). Pubblicato per la prima volta in (a cura di) Arrighi, V.; Bellinazzi A.; Villata, E., Leonardo da Vinci: *La vera immagine*, Giunti, Firenze, 2006.

quali la sua identità era indicata appunto alla fiorentina come Chaterina.

Non sappiamo dove Leonardo abitasse in quel tempo, ma in seguito ebbe un vigneto da Ludovico Sforza, con un atto ufficiale datato 26 aprile 1499, proprio dove morì sua madre, a Porta Vercellina. Supponendo che la diagnosi sia stata corretta, Caterina avrebbe potuto contrarre la malaria nelle paludi di Fucecchio, dov'era endemica.

Dal 1494 in poi non si sono trovati altri atti di morte di un'altra Caterina da Firenze deceduta a Milano, e grazie a questa fortunata scoperta archivistica il caso può dirsi chiuso. Quella Caterina era la madre di Leonardo.

Uno dei primi ad aver suggerito questa possibilità fu un romanziere e un visionario: Dmitrij Sergeevic Merezkovskij, un visionario russo che in un suo romanzo datato 1900 *La Resurrezione degli Dei: Leonardo Da Vinci*. Merezkovskij fu uno dei fondatori del Simbolismo, nacque a San Pietroburgo nel 1866 e morì a Parigi nel 1941.

Sigmund Freud lo lesse e l'apprezzò moltissimo. Scrisse:

> *Questa interpretazione del romanziere filosofo non è certo dimostrabile, ma essa può pretendere a una tale intima verosimiglianza, concorda così bene con ciò che per altro verso sappiamo del modo di atteggiarsi sentimentale di Leonardo, che non posso trattenermi dal riconoscerla per vera... ma esistevano anche per lui momenti in cui ciò che era stato represso riusciva con la forza a manifestarsi, e la morte della madre, una volta così ardentemente amata, era uno di questi. Nel conto delle spese di sepoltura abbiamo davanti a noi l'espressione, deformata sino all'irriconoscibile, del lutto per la madre.[20]*

20. Sigmund Freud *Leonardo Da Vinci. Un ricordo d'infanzia di Leonardo Da Vinci* Bollati Boringhieri, Torino, 1975, p. 59.

Leonardo Da Vinci, secondo Sigmund Freud, era affetto da neurosi ossessiva, le cui tracce possono essere rilevate nelle note relative sia alla morte della madre che in quelle per la morte del padre, che analizzeremo nel capitolo successivo.

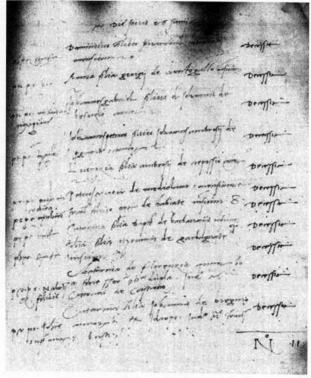

Nota della morte di Caterina. Archivio di Stato, Milano, parte antica, 79 (1491-1494).

Capitolo Cinque

E questo uomo ha una somma pazzia che sempre stenta
per non stentare e la vita a lui fugge, sotto speranza di
godere i beni con somma fatica acquistati.
Leonardo Da Vinci

Quella canaglia di ser Piero, il padre di Leonardo Da Vinci

Le ricerche sulla famiglia di Leonardo Da Vinci iniziarono in maniera rigorosa solo a partire dal 1746, grazie a Giambattista Dei, uno storico impiegato dal granduca di Toscana. Nel tentativo di ricostruire l'albero genealogico della famiglia Da Vinci, egli trovò nel catasto di Firenze del 1469-70 il documento riportato nel capitolo precedente, nel quale si dimostra che Leonardo fu il figlio naturale del notaio ser Piero Da Vinci e che nacque nel 1452.

Questo venne comunicato dal Dei ad Anton Francesco Durazzini, e fu da lui incluso in una biografia su Leonardo, pubblicata a Lucca nel 1771, con il titolo di *Raccolta di elogi d'uomini illustri toscani*. Nel libro Durazzini includeva anche una lettera di Francesco Melzi, nella quale egli comunicava il decesso del maestro ai suoi fratellastri per parte paterna, indicando anche il giorno della sua morte, il 2 maggio 1519.

Purtroppo, gran parte dei documenti originali raccolti da Giambattista Dei andarono poi dispersi; una parte venduti al conte Passerini, una parte all'Archivio di Stato, e il resto svenduto a peso dopo la sua morte. Una vera tragedia, perché molte delle preziose carte svanirono per sempre, compreso il testamento di Leonardo, redatto ad Amboise

Leonardo da Vinci, Morte di Ser Piero Da Vinci, *Codice Arundel*, 272 r.

il 23 aprile 1519, nonché la procura fatta dal De Villanis, fedele servitore di Leonardo, per lo zio del Melzi.

Dopo che l'opera contenente le ricerche del Dei fu pubblicata, un gran numero di storici, artisti, dilettanti, truffatori apparve sul campo, seguendo le tracce costantemente interrotte dei documenti e delle opere di Leonardo Da Vinci. La sua prima vera biografia la si deve a Carlo Amoretti, con il suo libro intitolato *Memorie storiche su la vita, gli studi e le opere di Leonardo da Vinci* uscito nel 1804.

Gustavo Uzielli (1839-1911) fu un grande ricercatore di documenti leonardeschi e merita qualche parola in più, giacché dedicò tutta la sua vita alla ricostruzione della biografia di Leonardo, compiendo delle scoperte importanti nel corso della sua lunga carriera.

Ecco cosa scrisse, raccontando una sua visita presso la casa di un contadino, dove riuscì a scoprire dei documenti originali:

Nella primavera del 1869 mi fu detto dal signor Ulisse Cantagalli che presso Montespertoli, in un luogo chiamato Bottinaccio, abitava un contadino che si chiamava Vinci e che diceva di possedere scritti di Leonardo. Infatti, recandomi qualche tempo dopo in quel luogo, mi fu mostrato da Tommaso Vinci un involto, ed esaminatolo riconobbi che era appunto l'archivio posseduto in passato da Anton Giuseppe Vinci, e che videro il Dei e il conte Rezzonico, ma privo dei documenti che essi avevano copiati. Ciò che mi tolse ogni dubbio fu il trovarvi una lettera indirizzata al detto Anton Giuseppe, pretore a Barberino del Mugello, e di aver riconosciuto, dopo esser tornato a Firenze, che il carattere dei titoli delle camicie dell'archivio ritrovato e il carattere del Dei

*erano identici, e che per conseguenza quelle camicie
dovevano essere state poste dal Dei stesso.*

*L'archivio era assai disordinato, e non ne rimanevano
che le camicie coi numeri 3,7,10,13,16 e 17. Mancava
la lettera del Melzi, che non fu ritrovata nel 1779, né
vi era il testamento di Leonardo Da Vinci che pure in
quell'anno vi fu copiato dal Peruzzi; e mancava anche
la procura fatta dal de Villanis a Gerolamo Melzi.*

*Da quanto precede si ricava che dei due primi
documenti le copie più certe che attualmente si abbiano,
trovasi, in quanto alla lettera del Melzi, fra le reliquie
dei manoscritti del Dei; in quanto poi al testamento,
nei manoscritti del De Pagave.*

*I documenti più importanti, conservati nell'archivio
di Tommaso Vinci, si riferivano al padre e ai fratelli
di Leonardo; e benché il nome di quest'ultimo non
vi si ritrovasse, pure mi furono utili per la storia
della sua famiglia. Tommaso Vinci non seppe darmi
informazioni precise intorno a quei manoscritti, e
avendogli fatto notare la mancanza di molti di essi,
egli altro non seppe rispondermi se non che in passato
erano stati fra le mani di un tal prete Corsi di Vinci,
e che forse avrei potuto ottenere maggiori schiarimenti
da due sue cugine che abitavano in quel villaggio.
Recatomi colà e trovate quelle due donne, mi riferirono
che da bambine avevano visto dei documenti in mano
della madre, che li conservava in una fodera. Essa
mostrava ai forestieri l'albero della sua famiglia che
trovavasi fra quelli, poiché teneva in poco conto gli
altri. Un giorno finalmente le furono richiesti da
Tommaso Vinci, a cui li dètte. Mi aggiunsero essere
stati quei fogli in mano di varie persone in Vinci, fra
le quali mi citarono il Marchese Mazenta.[1]*

1.Gustavo Uzielli *Ricerche attorno a Leonardo Da Vinci* G. Pellas, Firenze, 1872.

Come si può intuire, leggendo questo brano, quello era ancora un periodo entusiasmante per la ricerca di documenti originali riguardanti Leonardo. Come scrive l'Uzielli, delle grandi scoperte erano ancora possibili. Eppure, quel tempo non è molto lontano e, tutto sommato, si può sperare che alcuni documenti fondamentali per ricostruire la biografia di Leonardo, che oggi pensiamo perduti, possano riapparire.

Come scrivono due grandi esperti di Leonardo Da Vinci, Agnese Sabato e Alessandro Vezzosi: "Spesso si segnalano nuovi documenti intorno a Leonardo. Non sempre risultano attendibili, talvolta sono già noti ad alcuni studiosi, oppure sfuggono agli esperti nei canali alternativi della comunicazione virtuale o nelle censure bibliografiche. In effetti, la miniera delle possibili riscoperte, invece di esaurirsi, sembra entrare in una fase di accelerazione".[2]

Molta gente crede ancora che il cognome Da Vinci sia un toponimo, e che indichi la provenienza dal paese di Vinci, eppure già al tempo di Leonardo, "Da Vinci" era un cognome, ovvero si sarebbe chiamato Leonardo Da Vinci anche se avesse visto la luce a Roma.

Esiste una certa confusione nella grammatica italiana circa l'uso della particella "da", che dovrebbe essere usata con la minuscola quando indica un nobile e quando si tratta di falsi cognomi medievali, e con la lettera maiuscola per persone comuni, dunque la useremo in forma maiuscola per Leonardo. Leonardo stesso, quando si firmava in modo formale, utilizzava la "D" maiuscola. Il cognome Da Vinci era abbastanza comune a Firenze. Nel 1301 la città ebbe un gonfaloniere di nome Lapo Da Vinci, benché pure lui, in effetti, provenisse dal borgo di Vinci. Il ramo di Leonardo Da Vinci era composto da notai che acquisirono la cittadinanza fiorentina nel secolo precedente ma mantennero delle radici a Vinci. Conosciamo un atto

---

2. Elisabetta Ulivi *Genealogia di Leonardo* Museo Vinciano, Vinci, 2008, p. 5.

ufficiale scritto a Firenze da ser Guido di ser Michele Da Vinci, datato 1339. Questo potrebbe essere il quadrisnonno di Leonardo. Il figlio di ser Guido, ser Michele, fu anche lui un notaio, così come suo figlio, Ser Guido (1332-1360) e poi il figlio di quest'ultimo, ser Piero (1360-1417), il quale sposò una donna ricca e diventò un notaio rispettato, impiegato nella Cancelleria della Repubblica.

La tradizione dei notai risulta interrotta solo dal nonno di Leonardo, Antonio, nato fra il 1371 e il 1376, il quale non ebbe una vera e propria professione ma si mosse fra Firenze e Vinci, dove possedeva una casa e dei terreni. Dato che non fu un notaio, non poteva meritare il ser davanti al proprio nome — una specie di "Dott." — anche se per rispetto in qualche documento il titolo gli è comunque attribuito.

Antonio si sposò tardi, unendosi in matrimonio con la figlia di un notaio, Lucia di ser Piero Zosi di Bacchereto. Il padre di Leonardo, ser Piero Da Vinci, nacque il 19 aprile 1426, a Vinci, seguito da un fratello minore, Giuliano, che morì quand'era un neonato. Poi venne una sorella, Violante (1432-1458), la quale sposò Simone di Antonio da Pistoia. Ultimo arrivò Francesco (1436-1504/5). Questo Francesco nacque quando Antonio Da Vinci aveva già cinquant'anni e ne aveva quasi ottanta quando ebbe la gioia di portare in braccio il nipote illegittimo, Leonardo. La data della morte di Antonio è sconosciuta, ma non era certamente più in vita nel novembre del 1462. Ser Piero Da Vinci fu un uomo che perseguì il successo, le donne e il denaro con molta energia e determinazione. A tale energia fece riscontro la sua crescente fortuna: nel 1471 fu nominato procuratore del convento della SS. Annunziata; nel 1484 notaio della Signoria e fiduciario delle più illustri famiglie fiorentine, compresi i Medici. Fra tutti i notai del tempo, egli resta l'autore del maggior numero di atti notarili nel pubblico Archivio dei Contratti. Non per nulla, Bernardo Cambi aveva cantato:

Se fate una fornata
Di buon procuratori,
Non si lasci di fuori
Ser Piero da Vinci.

Il Cambi era più mercante che poeta, e non ci è dato sapere se intendesse con queste sue *Frottole* lodare o uccellare il rampante notaio.

Un piccolo ma divertente aneddoto che mostra l'attrazione di ser Piero per i soldi fa capolino nella Vita di Leonardo di Vasari, in cui l'autore riferisce di un contadino che consegna uno scudo ligneo al padre dell'ancora adolescente Leonardo, perché glielo facesse decorare. Leonardo, ricevutolo dal padre, vi disegnò sopra una testa di Gorgona che rigurgita fuoco, accompagnato da insetti, serpenti e rane. Il giovane Leonardo evidentemente giocò uno scherzo al padre, posizionando lo scudo in una stanza buia. Quando ser Piero lo vide, ne fu impaurito, e chiese al figlio cosa avrebbe dovuto fare con quello scudo. Leonardo gli disse di riportarlo al contadino. Ma ser Piero, rendendosi conto del valore pecuniario dell'opera, andò direttamente al mercato e lo vendette per cento ducati a un mercante, il quale poi lo rivendette al duca di Milano per trecento ducati. Dopodiché, Ser Piero acquistò uno scudo da quattro soldi con un dozzinale cuore trafitto da una freccia e lo portò al contadino, il quale ne fu soddisfatto.

Non sappiamo più nulla dello scudo di Leonardo, ma questo aneddoto dimostra che Leonardo fu già un artista in giovane età, un burlone, e amava stupire il padre. Ser Piero invece ci ricorda il cinico descritto da Oscar Wilde: "Uno che conosce il prezzo di tutto ma il valore di niente".[3]

Ser Piero Da Vinci iniziò la propria carriera legale a Pisa

---

3. Charles Nicholl *Leonardo Da Vinci. The flights of the mind* Penguin, Londra 2004, p. 107.

e a Pistoia, ma eventualmente aprì uno studio a Firenze, svolgendovi la propria attività legale sino alla morte. Sposò la sua prima moglie, Albiera di Giovanni Amadori, dopo l'epifania del 1452. Albiera aveva circa sedici anni e ser Piero dieci di più. Albiera veniva da una famiglia fiorentina di ricchi calzolai che possedevano un palazzo con una torre in Borgo dei Greci e un altro nel Santo Spirito. Nel 1462, sua sorella più giovane, Alessandra, sposò il fratello minore di ser Piero, il ventisettenne Francesco, e all'inizio i due fratelli vissero insieme a Firenze, condividendo una casa in via delle Prestanze.

La storica Elisabetta Ulivi ipotizza che Leonardo, allora tredicenne, abbia seguito lo zio Francesco e il padre a Firenze, frequentandovi per un breve periodo, come dice il Vasari, una scuola d'abaco, dato che non v'erano scuole simili nel borgo di Vinci. In seguito, per motivi a noi sconosciuti, i due fratelli si separarono, addirittura dividendo il proprio patrimonio, e Francesco se ne tornò a Vinci. Forse, i due fratelli avevano litigato? Possibile, ma nulla sappiamo.

Francesco Da Vinci, forse, svolse un importante ruolo nella vita del giovane Leonardo, poiché non ci appare come eccessivamente ambizioso e in seguito trascorse buona parte della propria esistenza nel podere di campagna a Vinci, dopo aver lavorato come calzolaio a Firenze per il suocero. Francesco e sua moglie Alessandra non ebbero figli e, nel suo testamento — scritto subito dopo la morte di ser Pietro — Francesco lasciò in eredità delle proprietà al suo nipote prediletto, Leonardo, anche se inserì la clausola che dopo la morte di Leonardo, se lui non si fosse sposato, quei beni dovevano passare ai figli legittimi di suo fratello Piero. Forse, Francesco pose quella clausola temendo, come poi in effetti accadde, che i figli di ser Piero potessero impugnare il suo testamento, facendo leva sul fatto che, secondo la legge, Leonardo non era davvero parte della famiglia Da Vinci, non essendo mai stato riconosciuto.

Infatti, dopo la morte di Francesco, il testamento venne effettivamente contestato dagli altri figli di Ser Piero, con ser Giuliano Da Vinci alla loro testa, notaio pure lui, il quale non volle accettare il lascito fatto al suo fratellastro Leonardo.

Leonardo ne fu molto amareggiato e si vide costretto a difendersi legalmente, coinvolgendo nella disputa addirittura il re di Francia e il governatore francese di Milano, Charles D'Amboise. Nei suoi codici si leggono delle note relative a questa disputa — in particolare nel Codice Atlantico troviamo un suo amaro sfogo.[4]

Dopo dieci anni di matrimonio, Albiera e ser Piero ebbero una figlia, battezzata il 16 giugno 1463. Sfortunatamente, la neonata morì poco dopo e l'anno seguente morì anche Albiera, durante una nuova gravidanza. Più tardi, nel 1465, ser Piero sposò Francesca di ser Giuliano di Filippo Manfredini, una ragazza quindicenne appartenente a una famiglia di notai benestanti e illustri. Anche Francesca morì in giovane età, nel febbraio 1474, senza aver generato figli. Solo un anno dopo la morte della seconda moglie, ser Piero si sposò per la terza volta, con Margherita Giulli, una diciassettenne proveniente da una famiglia della classe media ma finanziariamente solida. Il padre della ragazza aveva operato nel lucroso commercio della seta e la provvide d'una buona dote. Ser Piero e Margherita si sposarono il 25 maggio 1475. Margherita partorì sette figli tra il 1475 e il 1485, ma a fine agosto del 1485 morì pure lei e il suo corpo fu posto a riposare con le altre mogli e i bambini nella tomba di famiglia di ser Piero.

L'aspettativa di vita per le donne fertili durante il Rinascimento era orribilmente corta, soprattutto per via di complicazioni post-parto. Ecco perché uomini ricchi come

---

4. Codice Atlantico, c.571 a.v.

ser Piero tendevano a sposarsi più volte durante la loro vita.

Dopo la morte di Margherita, l'indomito notaio prese la sua quarta e ultima moglie, Lucrezia Cortegiani, di ventisei anni, appartenente a una famiglia illustre ma a corto di denaro, anche loro mercanti di tessuti. Lucrezia non ebbe una dote, ma la sua famiglia era vicina ai Medici e quello era un contatto molto importante per ser Piero. Questo fatto potrebbe dimostrare come ser Piero ormai non cercasse più una dote, bensì contatti politici. La sposa, in seguito, si trasferì nella bella casa di Ser Piero in via Ghibellina, prendendosi cura dei ragazzi lasciati da Margherita, che l'aveva preceduta, e generando almeno altri otto figli — incrementando così la folla dei fratellastri e delle sorellastre di Leonardo Da Vinci.

Lucrezia seppellì ser Piero il 9 giugno 1504. Non conosciamo la data di morte di Lucrezia Cortegiani, anche se ci è noto il suo ultimo testamento, datato 7 dicembre 1531.

Quando ser Piero Da Vinci morì, Leonardo aveva ventitré sorellastre e fratellastri, di cui forse due illegittimi, come lui. I fratelli di Leonardo, figli di altre madri, si spartirono le sostanze lasciate loro da ser Piero, e Leonardo non contestò, sapendo bene che non ne aveva diritto.

Nel corso delle sue ricerche negli archivi fiorentini, Elisabetta Ulivi scoprì due importanti indizi, prima sconosciuti: ser Piero potrebbe aver avuto altri due figli illegittimi, oltre a Leonardo. V'è un'annotazione di un Pier Filippo di ser Piero Da Vinci, che appare essere un fratello maggiore di Leonardo e che morì nel 1516. Questo, forse, è il primo figlio illegittimo avuto da ser Piero, nato prima di Leonardo da una donna sconosciuta e non presente nelle note di Antonio da Vinci; poi ne appare un secondo, tale Benedetto Da Vinci, nato dopo Leonardo.

A questo proposito, si può citare una rara lettera di

Leonardo, contenente ciò che molti storici pensano essere stata una semplice svista ma, forse, alla luce delle ultime scoperte d'archivio, d'errore potrebbe non trattarsi affatto.

In tale missiva Leonardo accenna a un fratello maggiore! Si tratta di una richiesta di raccomandazione inviata al cardinal Ippolito d'Este, nella quale Leonardo accenna a un testamento redatto dal padre in suo favore — che se davvero esisteva non fu mai trovato — e chiede assistenza per la sua disputa legale.

La lettera risulta datata 18 settembre 1507 e fu spedita da Firenze. Non risulta essere stata scritta di suo pugno, ed è conservata nella Cancelleria Estense a Modena.

Inizia con queste parole:

> *Illustrissime ac Reverendissime Domine mi honorandissime Comen Etc.*
> *Pochi giorni sono ch'io venni di Milano, et trovando che uno mio fratello maggiore non mi vuol servare uno testamento facto da 3 anni in qua che è morto nostro padre...*[5]

Gustavo Uzielli non commentò su quel fratello maggiore di Leonardo, ritenendolo un errore del copista. E alcuni biografi di Leonardo videro in questa sua lamentela sul testamento (uno mio fratello maggiore non mi vuol servare) un riferimento al testamento di suo zio Francesco — redatto il 12 agosto del 1504 — e non a un lascito testamentario, mai ritrovato, redatto da ser Piero. Occorrono nuove ricerche, eppure la scoperta di Elisabetta Ulivi circa l'esistenza di un possibile fratello maggiore di Leonardo apre delle nuove vie per future ricerche d'archivio.

---

5. Archivio di Modena, Cancelleria Estense, busta 4, datata 18 settembre 1507. Scritta forse da Agostino Vespucci e questo riduce la possibilità che si tratti di un errore: perché devono averla letta entrambi prima di spedirla.

Un'ulteriore complicazione è data dalla presenza di un certo Paolo de Leonardo Da Vinci de Florentia, un incisore esiliato e imprigionato a Bologna per cattiva condotta, forse per omosessualità. Alcuni credono che si tratti di un allievo di Leonardo Da Vinci, oppure che si abbia a che fare con un terzo figlio illegittimo di ser Piero Da Vinci![6]

Quando morì ser Piero Da Vinci tutti i suoi beni furono divisi fra i suoi nove figli maschi legittimi, nati da varie madri, con un accordo fra di loro raggiunto il 30 aprile 1506.[7] Almeno due di essi morirono di peste negli anni successivi. Uno di questi figli legittimi di ser Piero fu ser Giuliano, il fratellastro di Leonardo che aveva impugnato il testamento dello zio Francesco, causandogli tante scocciature.

Leonardo fu battezzato con un nome che non appariva nell'albero genealogico della famiglia Da Vinci. Ciò può essere interpretato come un segno che i Da Vinci non ebbero mai intenzione di integrarlo. Come già dimostrato, Leonardo Da Vinci fu un bastardo: un aggettivo che indica un bambino nato fuori dal vincolo del matrimonio ma che viene percepito come dispregiativo, indicando anche un furfante, un perfido, tanto per menzionare alcune definizioni, neppure le peggiori.

L'essere nati bastardi ma con sangue blu o a capo di una forza militare era accettabile, a patto che poi la posizione venisse legalmente normalizzata. Questo dunque non chiudeva le porte del potere e la penisola italiana fu peculiare sotto a questo aspetto. Come annotò Philippe de Commynes nelle sue memorie (fu ambasciatore in Italia per Luigi XI, Carlo VIII e Luigi XII) fanno poca distinzione in Italia fra figli bastardi e legittimi, e alcune delle teste

---

6. Carlo Pedretti *Leonardo e Io* Mondadori, Milano, 2008, p. 503.

7. I figli maschi di ser Piero furono: Antonio, Giuliano, Lorenzo, Domenico, Benedetto, Pandolfo, Guglielmo, Bartolomeo e Giovanni.

coronate più celebre dell'epoca erano dei bastardi, come Borso d'Este, Ferrante d'Aragona, Cesare Borgia, Federico da Montefeltro, Caterina Sforza Riario, Bianca Maria Visconti, Papa Clemente VII. Anche il condottiero romagnolo Francesco Sforza faceva parte del club, essendo nato da una cortigiana, Lucia di Torsciano. Suo padre, Muzio Attendolo, poi soprannominato Sforza — un appellativo simile ad Accattabriga — la diede in sposa al suo compagno, Marco da Fogliano, per salvare la reputazione della donna, e poi procedette a legalizzare la posizione del figlio.

Nonostante questo suo peccato originale, Francesco Sforza divenne il fondatore della dinastia e, nel 1441, attraverso il matrimonio con Bianca Maria Visconti, divenne il signore dello Stato di Milano. La dinastia degli Sforza, con i suoi alti e bassi, è durata sino ai nostri giorni: il conte Carlo Sforza (1871-1952), per esempio, è stato ministro degli Esteri del Regno d'Italia, così come della Repubblica Italiana, e fu il risultato ultimo di una antica relazione fra Francesco Sforza e una sconosciuta cortigiana. Il frutto della loro unione, Sforza Secondo di Val Tidone, sposò Antonia Dal Verme, nel 1451, e fondò quel ramo secondario della famiglia Sforza, dalla quale Carlo Sforza discendeva. Per il ceto medio italiano le prospettive cambiavano radicalmente e la bastardaggine diveniva socialmente inaccettabile in certi ambienti. Per esempio, fra i notai, la professione del padre di Leonardo Da Vinci e dei suoi antenati. Quella dei notai era una casta chiusa e potente, allora come oggi, potendo autenticare contratti, validare atti legali, accettare mandati, protestare delle cambiali e legalizzare una deposizione. I nuovi notai, generalmente, sono figli di notai e le loro prerogative si basano su leggi e disposizioni create nel Medioevo, eppure la loro influenza è difficile da circoscrivere, dato che sono ricchi e influenti, riuscendo a prosperare anche nell'Italia moderna, pur dominata da internet e dalle forze centripete della globalizzazione. Di volta in volta, si sentono proposte di sciogliere tale antiquata corporazione, ma tali proposte non riescono a raggiungere il Parlamento italiano, una prova tangibile della loro influenza.

Leonardo Da Vinci non ebbe mai la possibilità di diventare uno di loro, proprio per via della sua illegittimità e, a peggiorare la sua situazione, sua madre era stata una schiava. Le corporazioni dei notai e dei magistrati prescrivevano che i figli illegittimi non fossero ammessi alla professione, come pure i becchini e i preti. E questo impedimento non valeva solo per i notai e i magistrati, molte altre professioni erano precluse agli illegittimi, come i farmacisti e i medici, tanto per fare un esempio.

Gerolamo Cardano (1501-1577?) è un altro esempio

Girolamo Cardano. Un milanese erudito. Fazio, suo padre, fu un amico di Leonardo.

significativo di questo fatto, dato che fu un personaggio geniale, simile a Leonardo, salvo che non ebbe talento artistico. Lo storico della medicina Guglielmo Bilancioni scrisse che i due potevano essere visti come personaggi con vite parallele, nello stile di Plutarco.[8] Entrambi vennero accusati d'amare più la filosofia che la religione, con la differenza che Cardano fu imprigionato dall'Inquisizione e costretto ad abiurare certe sue opinioni — un rischio che pure Leonardo avrebbe corso se fosse nato cinquant'anni dopo.

Gerolamo fu il figlio di Fazio Cardano (1445-1524), un avvocato, studioso di fisica, editore e commentatore della *Perspectiva Communis* un trattato d'ottica scritto nel tredicesimo secolo da John Peckham, arcivescovo di Canterbury.

Fazio conobbe personalmente Leonardo Da Vinci e viene da lui menzionato nel Codice Atlantico, in cui troviamo una pagina con un passaggio di John Peckham, tradotto dal latino, che è stato parzialmente scritto con la grafia di Leonardo e di altri, forse di Fazio Cardano.

Gerolamo era il figlio illegittimo di Fazio e, dopo aver ottenuto una laurea in medicina a Pavia, gli venne rifiutato l'ingresso nella corporazione dei medici milanesi. Fecero poi un'eccezione per lui, solo dopo la pubblicazione di un suo virulento libello in cui criticava i loro metodi curativi, nello stile di Paracelso, un'opera che ebbe un notevole successo. Il libro di Cardano s'intitola *De malo recentiorium medicorum medendi usu libellus* ossia "Invettiva sulle cattive pratiche curative dei medici", pubblicato dallo stampatore Ottaviano Scotto di Venezia, nel 1536. Fra varie affermazioni assurde, tipiche dell'epoca, troviamo delle gemme d'intuizione, come la prima descrizione dell'infezione da rickettsia. Cardano

---

8. Guglielmo Bilancioni *Leonardo e Cardano* VIII Congresso Internazionale di Storia della Medicina, Roma, 1930, p. 269.

la chiamò *morbus pulicaris* o "malattia della pulce", perché le macchie lasciate dal tifo assomigliano alle punture delle pulci. Non distinguere il tifo dal morbillo fu, secondo Cardano, uno dei trentasei errori fatali commessi dai medici milanesi. Questo fu il primo libro scritto da Cardano e, per via delle sue critiche abrasive, una sufficiente pressione fu posta sulla corporazione dei medici per convincerli ad aprire i loro ranghi e far posto a un nuovo membro. Ciò aprì la via ai futuri trionfi di Cardano, il quale divenne uno degli studiosi più famosi d'Europa.

Leonardo sopravanzò Cardano, perché non ebbe accesso agli studi accademici. Fu questo che gli fece risparmiare tanto tempo sprecato da altri nella memorizzazione di un cumulo di sciocchezze: la sua fortuna fu di voler vedere le cose con i propri occhi, invece che con quelli di Aristotele, Platone e della infinita schiera dei loro bolsi interpreti e commentatori.

Lasciando da parte l'illegittimità pura e semplice della sua nascita, il problema per Leonardo sembra essere stato diverso e peggiore: lo stato di sua madre, una schiava cinese.

Agostino Zanelli, nel suo libro sulle schiave orientali a Firenze, scrisse quanto segue:

> *Colle schiave si liberavano anche i figli; non sempre però accadeva che coi figli si liberassero anche le madri, per quanto ciò sembra ripugnare alla ragione e all'affetto. Da ciò il Bongi addusse un esempio, ed una prova la rechiamo noi pure, desumendola da un decreto col quale si legittimava il figlio nato da una schiava. Certo Antonio Guicciozzi de' Ricci di Firenze durante il matrimonio con certa Laudomina, alla quale si professava sempre legato da vivo affetto, aveva avuto un figlio dalla schiava Caterina. Trovandosi senza figli legittimi e senza parenti molto prossimi, e desiderando*

che dei suoi beni divenisse possessore il figlio stesso Giovanni, ne chiese la legittimazione all'Arcivescovo di Firenze; il quale valendosi della facoltà per ciò concessagli dall'imperatore Carlo IV, con decreto del 10 settembre 1456 prosciogliuea il fanciullo da qualunque peccato originale e lo ammetteva al pieno godimento di tutti i diritti propri dei figli legittimi. La sorte del figlio era così assicurata. Ma la madre rimase schiava e fu allontanata per di più immediatamente dal figlio suo. Ce lo attestano le parole del decreto et olim hodie serva seu mancipia seu sclava colle quali essa è sempre chiamata, ed il seguente periodo: dicta Chaterina non habitaverint nec habitet in domo ipsius Antonii.[9]

Ovvero, il fanciullo era così imbarazzato dallo stato servile della madre che decise di mandarla via, anche per compiacere la matrigna. A proposito di Leonardo Da Vinci, quando Caterina si riunì a lui a Milano, la presentò forse come balia o serva, oppure davvero come sua madre? Non lo sappiamo, ma conoscendo certe caratteristiche del suo carattere crediamo che non ne parlò neppure con i propri discepoli.

Nulla sappiamo dei sentimenti di Leonardo nei confronti del padre, ma dalle scarse note lasciate nei suoi codici sospettiamo che egli lo trattò con fredda deferenza. Un esempio raro di questo suo stato d'animo lo troviamo in una bozza incompleta di una lettera contenuta nel Codice Atlantico, anche se non sappiamo se essa fu completata o spedita e, soprattutto, se Leonardo stesse effettivamente scrivendo al proprio genitore.

Leonardo qui scrive con formalità, da sinistra a destra:

---

9. Agostino Zanelli *Le schiave orientali a Firenze nei secoli XIV e XV* Loescher, Firenze, 1885, pp. 89-90.

Padre carissimo, a l'ultimo del passato ebbi la lettera
mi scriveste, la quale, in breve spazio, mi dette piacere
e tristizia, piacere in quanto che per quella io intesi
voi essere sano, di che ne rendo grazie a Dio, ebbi
dispiacere intendendo il disagio vostro.[10]

Edmondo Solmi per primo pubblicò tale nota per dimostrare l'amore nutrito da Leonardo verso il padre — un amore al quale Uzielli non credeva affatto. Tuttavia, quel padre carissimo potrebbe anche riferirsi a uno sconosciuto prete, invece che a ser Piero Da Vinci!

Scrivendo il suo nome su un foglio, Leonardo aggiunse un calembour, di s.p. ero, che può esser letto come di ser Piero e come *dispero.*[11]

Anche se Sigmund Freud non poté esaminare le ultime scoperte emerse dagli archivi, con il suo solito acume, affinato nello studio di moderni casi clinici, scrisse:

Nei confronti della povera contadinella il padre
era stato il gran signore, e perciò nel figlio rimase il
pungolo a fare il gran signore to 'out-herod Herod' di
far vedere al padre che aspetto abbia la distinzione.
Chi crea artisticamente prova, di certo, un sentimento
paterno rispetto alla propria opera. Per le creazioni
pittoriche di Leonardo l'identificazione con il padre
ebbe una conseguenza fatale. Una volta create, egli
non si occupava delle sue opere, come suo padre non si
era occupato di lui.[12]

---

10. Codice Atlantico, 83r. Tratto da Edmondo Solmi *Leonardo* Longanesi, Milano, 1972, p. 221.

11. Costantino D'Orazio *Leonardo segreto* Sperling & Kupfer, Milano, 2015, p. 6.

12. Sigmund Freud, *Leonardo. Un ricordo d'infanzia di Leonardo da Vinci* Bollati Boringhieri, Torino, 1975, p. 73.

E aggiunge poco più avanti che: "La ribellione contro il padre fu la condizione che determinò nella sua infanzia la sua opera di ricercatore, forse altrettanto grandiosa".

Un nuovo documento relativo a Leonardo, datato 29 luglio 1501, è stato recentemente pubblicato da Elisabetta Ulivi. Riguarda la ricevuta di ciò che gli spettava dal padre di Salai, Piero di Giovanni da Oreno, per l'affitto del vigneto di Porta Vercellina a Milano. Leonardo riceveva dei pagamenti dovutigli per un anno d'affitto, e sedeva con il padre di Salai nello studio del notaio Sini, alla presenza di altri due notai, Ser Giovangualberto di Antonio Salomoni e Ser Leonardo di Bartolomeo Pucci. Il fatto interessante da notare è che lo studio di suo padre si trovava a una distanza di pochi passi, ma Leonardo scelse di dar lavoro ai concorrenti.[13]

Leonardo registrò per due volte la morte di Ser Piero, prima nel Codice Atlantico e poi nell'Arundel, con piccole variazioni e nel modo seguente:

> *Addì 9 di luglio 1504 in mercoledì a ore 7 morì Ser Piero da Vinci notaio al palagio del Podestà. Mio padre, a ore 7. Era d'età d'anni 80. Lasciò 10 figlioli masci e 2 femmine.*[14]

Suo padre lasciava 12 figli maschi, avuti dalla terza e dalla quarta moglie, ma Leonardo non annoverò sé stesso come tredicesimo, ripetendo due volte l'ora della morte. Quel giorno era un martedì, non un mercoledì, e sbagliò l'età: Ser Piero non poteva avere più di 77 anni. Inoltre, le parole mio padre paiono un'aggiunta successiva. Un po' come il

13. Elisabetta Ulivi, *Documenti etc.*, Bollettino di storia delle scienze matematiche, Vol. XXIX, 2009, pp. 61-2.

14. Codice Atlantico, 196v. e Codice Arundel, 272 r.

termine *socteratura* invece di morte per sua madre.

Ser Piero morì *ab intestato* ovvero senza lasciare testamento, una fine bizzarra per un notaio specializzato in testamenti e, forse, il segno di una morte improvvisa, non preceduta da una malattia. Oppure il suo testamento fu fatto sparire dai suoi figli legittimi, perché vi trovarono un lascito per Leonardo del quale egli si mostrava tardivamente tanto orgoglioso, vedendolo conteso da cardinali e da teste coronate?

Secondo Sigmund Freud, la ripetizione dell'ora della morte del padre sarebbe la prova del tormento interiore e della confusione affettiva di Leonardo, oltre che del distacco che solitamente usava come uno scudo protettivo per nascondere le sue profonde emozioni d'amore non corrisposto, un indice d'abbandono, di rabbia, di termine irrimediabile d'ogni lotta contro ser Piero Da Vinci, il gran signore fiorentino.

Capitolo Sei

La cultura cinese, come viene illustrata nell'arte e nelle sue applicazioni, non è una tradizione pura. Sebbene la curiosità e la passione per i motivi esotici importati dai loro vicini, a Oriente e a Occidente, hanno contribuito a formare una grande maestria tecnica e un ricco vocabolario di stili, il loro amore per la tradizione ha assicurato la persistenza d'uno stile omogeneo.
Mary Tregear

Influenze cinesi in Italia durante il Rinascimento

Prima che altrove, fu in Italia che apparve quel vasto e variegato movimento di rinnovamento che oggi chiamiamo Rinascimento, un termine coniato proprio da Giorgio Vasari, una rinascita della grandezza classica che segnò il passaggio radicale dal Medioevo al mondo moderno.

Le influenze orientali insite in tale movimento si manifestarono dapprima in Italia. Questo fu certamente dovuto al fiorente commercio sulla Via della Seta e ai numerosi missionari e mercanti che, con coraggio e tenacia, si spinsero lontano, sino all'India e alla Cina.

La più grande limitazione che incontriamo nello studio della storia di tale reciproca fecondazione, svoltasi da est a ovest e viceversa, sta nel fatto che conosciamo solo ciò che fu scritto sui rarissimi codici che ci sono stati tramandati. Purtroppo, però, molte informazioni sono andate perdute, dato che la loro trasmissione fu essenzialmente orale e visiva, da persona a persona.

Leonardo da Vinci, *Madonna Benois*, Hermitage, San Pietroburgo.

Il *Novum Organum Scientiarium* di Francesco Bacone (1512-1626), pubblicato nel 1620, resta una pietra miliare nella storia del pensiero scientifico moderno. Bacone vi dice, fra l'altro, che le scoperte più importanti del mondo sono state: la stampa, la polvere da sparo e la bussola. Tutte sono scoperte cinesi e anche se, per la tecnica di stampa con caratteri mobili, il collegamento alla Cina sembra dubbioso, certamente la carta e l'inchiostro vennero dalla Cina.

Prima dell'apertura delle rotte marittime verso l'estremo Oriente da parte di navigatori portoghesi, finanziati dai banchieri fiorentini, i contatti tra le due estremità del mondo esistevano già ed erano stati molto più frequenti e comuni di ciò che oggi possiamo immaginare. Nei due millenni passati, viaggiare nella penisola arabica, nei paesi africani, in India e in Cina fu una pratica rischiosa ma possibile.

Durante i suoi ultimi anni di vita, il grande orientalista italiano Giuseppe Tucci (1894-1984) parlava spesso dell'importanza di guardare all'Oriente e all'Occidente come a una stessa realtà.[1] Egli giunse alla conclusione che gli storici occidentali hanno commesso un grave errore nel guardare all'Europa e all'Asia come a due entità parallele, anziché vederle come un unico e grande continente eurasiatico. Tucci si disse convinto che nel corso dei secoli ciò che accadeva a Oriente aveva un impatto diretto sull'Occidente, e viceversa.

Ben prima di Vasco de Gama, i navigatori cinesi, giavanesi e i mercanti indiani circumnavigarono il Capo di Buona Speranza e, benché non si siano trovate tombe di marinai cinesi in Africa e in Arabia — questo forse ha a che fare con la tradizione cinese di riportare indietro i defunti — si sono rinvenuti molti frammenti di porcellane e di monete antiche in vari paesi del continente africano.

---

1. Raniero Gnoli *Ricordo di Giuseppe Tucci* Istituto Italiano per il Medio ed Estremo Oriente, Roma, 1985, p. 9.

L'esploratore portoghese António Galvão (1490-1557) fu governatore delle Isole Molucche, oggi in Indonesia, e lasciò il manoscritto d'un piccolo e curioso libro che uscì postumo a Lisbona. Il titolo era: *Tratado que compôs o nobre & notauel capitão Antonio Galuão, dos diuersos & desuayrados caminhos, por onde nos tempos passados a pimenta & especearia veyo da India ás nossas partes, & assi de todos os descobrimentos antigos & modernos, que são feitos até a era de mil & quinhentos & cincoenta...* — [Lisboa]: impressa emcasa de Ioam da Barreira, impressor del rey nosso senhor, na Rua de sã Mamede, 15 Dezembro 1563.

Suo padre fu quel Duarte Galvão, ambasciatore del re del Portogallo, Afonso V, che come Andrea Corsali sparì in Etiopia nel 1515.

Galvão nel suo libro chiama i cinesi taibechi (Taibin, ossia grande dinastia Ming nel dialetto di Xiamen) e afferma che i suoi informatori indiani gli aveva raccontato che in epoca preistorica i cinesi erano stati i signori di tutto l'Oriente e, non solo, ma che si spinsero in Europa e in Sud America, sino al Brasile e al Peru.

Un esempio di tali contaminazioni orientali lo si può notare nell'industria serica europea, che ebbe inizio nella Spagna araba, in Europa, e si diffuse anche in Italia. Molti dei macchinari usati in Europa trovano sempre un equivalente più antico in Cina e questo mostra chiaramente come quel genere d'attrezzature abbia avuto un'origine cinese e che, in seguito, grazie agli arabi, furono replicate in Spagna.[2]

Uno dei luoghi turistici più rinominati di Firenze, il Ponte Vecchio, sembra essere stato ispirato da disegni cinesi.[3] Il monumentale ponte di Firenze è d'origine

---

2. Arnold Pacey *Meaning in Technology* MIT, 1999.

3. John Hobson *The Eastern Origins of Western Civilization* Cambridge Universiy Press, Cambridge, 2009, p. 132.

medioevale, anche se la data della sua ultima riedificazione, dopo la sua distruzione dovuta a un'alluvione, risale al 1345.

Joseph Needham, nella sua imponente opera sulla scienza cinese, afferma che a quel tempo esistevano in Cina almeno venti ponti paragonabili a quello di Firenze, tutti costruiti prima del quattordicesimo secolo. I cinesi godevano di una grande reputazione come costruttori di ponti, e questo fu il motivo per cui Pietro il Grande di Russia invitò ingegneri cinesi in Russia nel 1675, per il suo programma di sviluppo stradale. In Cina si stanno mappando tutti i ponti medievali ancora usati nelle città e nei villaggi: questi son centinaia. Anche la tecnica di costruzione usata da Filippo Brunelleschi per la cupola di Santa Maria del Fiore, tuttora la più grande cupola in muratura mai costruita, ha forse origini orientali. Da un punto di vista costruttivo, essa non ha nulla in comune con i preesistenti esempi romani e greci: gli unici modelli somiglianti, sia pure su scala ridotta e con

A sinistra, un dipinto della Madonna, quattordicesimo secolo.
A destra, un Buddha coreano-cinese, dodicesimo secolo.

diversi materiali costruttivi, si trovano in Iran, con la doppia cupola senza centine del mausoleo di Soltaniyeh, costruito fra il 1302 e il 1312, dove troviamo la stessa costruzione a spina di pesce di alcuni antichi edifici selgiuchidi (decimo secolo) e le moschee di Isfahan e Ardistan.

Un'altra traccia della presenza di tecnologia cinese in Italia è il primo orologio su una torre costruita in Europa, che pare essere stato quello della chiesa di Sant'Eustorgio di Milano, costruita nel 1309. Quel meccanismo conteneva un rudimentale sistema di scappamento che parve a molti essere apparso dal nulla. Solo successivamente emerse una descrizione dettagliata del meccanismo, scritta da un ingegnere cinese, Yi Xing, che lo inventò nel 723. Quello pare essere stato il primo scappamento meccanico del mondo, dopodiché fu adottato da arabi e persiani, venendo descritto in un libro apparso a Toledo nel 1277.[4]

Nel *Sui temporis historiarum libri* pubblicato a Firenze nel 1548, Paolo Giovio scrisse:

> *Ci sono librai a Canton che stampano in conformità con le nostre tecniche, libri contenenti storie e riti su di un foglio molto lungo e che poi viene ripiegato indietro a pagine quadrate. Papa Leone, molto cortesemente, me ne mostrò uno simile. Lo ebbe in dono assieme a un elefante dal re del Portogallo. Perciò possiamo facilmente credere che gli esempi di questo genere, prima che i portoghesi ebbero raggiunta l'India, son giunti sino a noi attraverso gli sciiti e i moscoviti, offrendo un grande aiuto allo studio delle lettere.*

Quindi pare che l'idea, diffusa in Europa, secondo cui l'invenzione della stampa con caratteri mobili ebbe origine in Cina, viene proprio da Paolo Giovio, come suggerisce il

4. Clive Ponting *World History* Pimlico, Londra, 2000.

già citato Joseph Needham.

Nei suoi Saggi, Michel de Montaigne (1533-1592) scrisse:

> *Ci pare che sia un gran cosa la nostra invenzione dell'artiglieria e della stampa, nonostante il fatto che altri uomini che vivono nell'altra parte del mondo, in Cina, le usavano già da un millennio.*

Gli scambi fra la penisola italiana e la Cina furono numerosi, come dimostra il fatto che l'Italia si trovò letteralmente sommersa di seta verso la fine del quattordicesimo secolo, molta di più di quanto se ne potesse produrre localmente. Secondo Michel Balard, la rotta dell'Asia Centrale che passava per Pera-Caffa-Tana-Sarai-Urgench divenne la migliore opzione dopo la chiusura del commercio con la Persia nel 1340, e prima che la dinastia Ming riuscisse ad abbattere la dinastia Yuan, fondata dai mongoli. Ma lo spodestamento dei mongoli dalla Cina, nel 1368, non segnò certamente una chiusura immediata degli scambi. Essi continuarono con l'appoggio offerto dall'imperatore Yongle (1402-1424).[5]

L'apice degli scambi marittimi con i mercanti cinesi lo si toccò verso il tardo periodo Song (960-1279), crebbe grandemente con la dinastia Yuan, proseguendo con la dinastia dei Ming, grazie all'espansione marittima promossa dell'imperatore Yongle.

Questo ci è noto per via dei viaggi dell'ammiraglio Cheng Ho, conosciuto anche come *l'eunuco dei tre gioielli* un musulmano che non apparteneva alla etnia cinese degli Han.[6]

---

5. Michel Balard *Les Genois en Asie Centrale et en Estreme Orient au XIV siecle: un cas exceptionelle?* in Économies et Sociétés au Moyen-Âge. Mélanges offerts à Edouard Perroy, Publications de la Sorbonne, série Études, Parigi, 1973, pp. 681-9.

6. Teofilo Filesi *Le Relazioni della Cina con l'Africa nel Medio Evo* Giuffrè, Milano, 1962, p. 36.

Le navi costruite dai Ming, per quanto ne sappiamo, erano enormi e potevano raggiungere un dislocamento di 528 tonnellate, mentre la media delle navi nel Mediterraneo e nell'Atlantico, usate in Europa, furono cinque volte inferiori. Per esempio, il dislocamento medio delle navi inglesi che affrontarono l'Armada spagnola nel 1588 fu di circa 177 tonnellate.

Obbedendo a un comando imperiale, una flotta cinese navigò verso occidente sotto il comando di Cheung Ho. Comprendeva circa sessanta navi, servite da 30.000 uomini, e siamo certi che l'averla osservata a vele spiegate in mare aperto avrebbe creato una grande impressione: nulla di simile s'era mai visto in passato.

Pisanello, *San Giorgio e la principessa*, Chiesa di Sant'Anastasia, Verona. Particolare con un guerriero mongolo.

Due dei porti toccati dai naviganti cinesi furono certamente Zanzibar — che loro chiamavano Tsangpat o Tsengpo — e Malindi, in Kenya. A tal proposito, di particolare interesse è un antico libro intitolato Chu fan-chih, ovvero Descrizione dei paesi stranieri. Si tratta di un catalogo nel quale vengono elencati dei paesi e i loro prodotti, che fu composto nel 1226, raccogliendo vari testi preesistenti. A parte Zanzibar, vi vengono menzionati anche la Somalia, il Madagascar, le isole delle Comore, che s'affacciano sul Mozambico, e l'Egitto, con un accenno a una alta torre, forse il famoso faro di Alessandria. V'è forse anche un cenno fuggente al Magreb e alla Sicilia, detta Ssù-chia-li-yeh, e alla costa meridionale della Spagna, o Mu-lan-p'ì.[7]

Vi sono dal 1417 al 1431 tracce di un certo numero di visite compiute da ufficiali cinesi a Mogadiscio, ma quelle furono un'eccezione, poiché erano per lo più gli intermediari che conducevano la gran parte degli scambi commerciali.

Sappiamo qualche cosa delle spedizioni compiute da Cheng Ho per via di una cronaca lasciataci dal Ma Huan, che fu il suo traduttore personale durante la sua quarta spedizione. Pare comunque che il suo primo viaggio venne effettuato con successo nel 1405-1407, con una flotta forte di 27.870 uomini. Raggiunsero lo Sri Lanka e Khozidode (Calicut), in India. La seconda, nel 1409, raggiunse le stesse destinazioni. La terza, nel 1409-1411, comprendeva quarantotto navi e trentamila uomini. La quarta, del 1413-1415, raggiunse l'isola di Hormuz, in Iran, poi Aden e la Mecca. Durante la quinta, del 1417-1419, sbarcarono ad Aden, a Mogadiscio, Brava e Malindi. L'ultima spedizione fu inviata dal nuovo imperatore Ming, Xuande, portò i naviganti in Africa, poi a Jeddah, e di nuovo alla Mecca. Alcuni dei comandanti erano musulmani e, seguendo i precetti della loro religione, per almeno una volta nella vita dovevano visitare la città santa. Fustat e Alessandria non erano poi così lontane dalla penisola del Sinai e chissà

---

7. Friedrich Hirth, William W. Rockhill, *Chau Ju-kua*, Imperial Academy of Science, San Pietroburgo, 1912. pp. 114-54.

che non abbiano davvero percorso quella breve distanza e, in un paio di giorni di navigazione e poi in un giorno di cavallo, immersero i piedi nelle acque del Mediterraneo. Purtroppo, non sappiamo se i marinai che fecero parte della spedizione di Cheng Ho davvero riuscirono a raggiungere il Mediterraneo, però sarebbe davvero sorprendente scoprire che nessuno di loro si sia avventurato sino ad Alessandria d'Egitto.

Un segno eloquente di quanto prosperi fossero gli scambi fra la Cina e l'Egitto sono i milioni di frammenti di porcellana cinese dissepolti a Fustat, l'antica capitale dell'Egitto.[8]

All'inizio del ventesimo secolo svariati autori studiarono le influenze orientali rintracciabili nella prima arte toscana ma, successivamente alla Seconda guerra mondiale, tali studi andarono fuori moda e furono progressivamente abbandonati. Ciò che ci pare certo è il fatto che si registrò una sorta di scambio culturale fra Oriente e Occidente, forse tramite Costantinopoli o forse tramite certi porti orientali visitati dai veneziani e dai commercianti genovesi.

Conosciamo vari pittori toscani che, consciamente o inconsciamente, usarono forme di rappresentazione orientali: possiamo menzionare il veronese di origini senesi, Antonio Pisanello (1395-1455); Benozzo Gozzoli (1421-1497) e Ambrogio Lorenzetti (1290-1348). La loro rappresentazione di animali sembra decisamente cinese, tipica del periodo Yuan.

Una menzione speciale merita la posizione del tutto isolata e autonoma di Ambrogio Lorenzetti, esiste una immagine di un cinese in un suo affresco nella sala capitolare del convento di San Francesco, a Siena.

La vita del veronese Pisanello è ancora avvolta dal

---

8. Bo Gyllensvärd *Recent Finds of Chinese Ceramics at Fustat* Universität of Stockholm, Stoccolma, 1975.

mistero e non sappiamo come poté dipingere un guerriero mongolo sul muro della chiesa di Sant'Anastasia a Verona. Né sappiamo da dove prese ispirazione, dato che lo raffigura con una incredibile verosimiglianza. Forse, ne vide uno su dei dipinti cinesi su seta?

Matteo Maria Boiardo (1441-1494) fu un grande poeta del Rinascimento. Nato a Scandiano, Reggio Emilia, fu amico di Ercole d'Este e capitano ducale a Modena (1480-1487) e Reggio (1487-1494). Divise la sua breve vita fra le cure del governo del proprio feudo e l'attività poetica. Nel 1469 s'innamorò di Antonia Caprara, che poi cantò negli *Amorum libri III*, forse il più bel canzoniere del

Simone Martini, *Annunciazione tra i santi Ansano e Margherita*. La forma del vaso è cinese. Uffizi, Firenze, 1333 circa.

Quattrocento e che fu pubblicato postumo nel 1499. Ma il suo capolavoro resta *l'Orlando Innamorato* che il Boiardo iniziò a comporre nel 1476. La protagonista di questa sua grande opera è Angelica, una dominatrice senza pudori o senza rimorsi. Angelica è una principessa cinese, figlia del re della Cina (Cataio), Galafrone, che giunge in Francia in missione diplomatica accompagnata dal fratello, Argalia.

Il nome Cataio appare ben cinque volte nel poema di Boiardo.

Ella rispose: Io voglio che portate Tra l'India e Tartaria questo prigione,
Dentro al Cataio, in quella gran citate, Ove regna il mio padre Galafrone;

Giotto. Cappella degli Scrovegni, Padova. Dettaglio.

Orlando incontra Angelica alla Corte di Carlomagno e viene stregato dalla sua bellezza, al punto di seguirla in Tartaria, dove la difende dalle insidie del re mongolo Agricane (Gengis Khan?) e da altri pericoli mortali.

Perché il Boiardo scelse una principessa cinese come esempio d'irresistibile bellezza? Fu solo una vaga passione per l'esotico, in un periodo nel quale, secondo la corrente storiografia, non esistevano cinesi in Europa?

Forse Boiardo vide dei dipinti su seta che rappresentavano bellezze cinesi?

Le loro immagini dovevano essere conosciute in Europa. Infatti, nel 1331, all'apertura del torneo di Cheapside, vennero fatti passare dei cavalieri inglesi addobbati come mongoli, con delle maschere che copiavano i loro distintivi tratti.

Nella rappresentazione del Matrimonio mistico di santa Caterina d'Alessandria, datato 1360, che si trova nelle Gallerie dell'Accademia di Venezia, Lorenzo Veneziano (1336-1379) creò una serie di angeli d'aspetto orientale attorno a Maria, simili alle statue buddiste della dinastia Wei settentrionale (386-534), con dei fiori di lotto indiani sulla veste.

Le vesti e i mantelli delle ricche signore fiorentine avevano dei colori appariscenti e contrastanti, a volte con sopra dei melograni. Sia Leonardo Da Vinci che Botticelli pongono un melograno nella mano del bambino Gesù, come simbolo di passione, i cui semi rappresentano la fertilità futura della dottrina cristiana, che germoglierà nel mondo. Eppure, i melograni sono tradizionalmente un simbolo della fertilità in Cina e, infatti, l'albero di melograno deriva proprio dall'estremo Oriente. Potremmo dire lo stesso della Madonna di Gentile di Niccolò di Giovanni di Massio, detto Gentile da Fabriano, circondata dagli angeli, in cui viene espressa un'iconografia che fu impiegata per secoli in Cina ed è fin troppo evidente per sfuggire anche a un dilettante d'arte orientale.

Andrea Bonaiuti da Firenze (1346-1379) dipinse La Via della Salvezza in Santa Croce e, in uno dei personaggi rappresentati, possiamo distinguere un uomo che rassomiglia a un cinese o a un mongolo, posto proprio accanto al Papa.

Nei dipinti senesi del Quattrocento le forme orientali degli occhi sono particolarmente evidenti: l'origine di questa tradizione è rintracciabile a Lucca, alla scuola di Berlinghiero Berlinghieri, che morì dopo il 1228.

Un dipinto della Annunciazione raffigurante ciò che pare essere un vaso cinese viene posto davanti alla Vergine, richiamando così la tipica rappresentazione cinese di Guanyin, ovvero la dea della misericordia. Un dipinto rappresentante l'Assunzione di Bartolomeo Bulgarini (1300/1310-1378) ci pare un chiaro richiamo alla rappresentazione di Buddha durante la dinastia turco-mongolica dei Wei (386-534). Fu dipinto intorno al 1360 per una cappella che custodiva delle reliquie, fra cui la cintura della Vergine, acquistata a Costantinopoli.

La Madonna del senese Neroccio Landi (1447-1500) è egualmente impressionante. Fu un amico di Francesco di Giorgio Martini, e forse incontrò Leonardo Da Vinci.

La tradizione di aggiungere un'aureola sulla testa di un santo ha sicuramente un'origine cinese. In Cina venne usata secoli prima che da noi e possiamo dire la stessa cosa delle rappresentazioni dei demoni provvisti d'ali di pipistrello.

La fonte della nuova arte che fiorì improvvisamente in Italia fra il Trecento e il Quattrocento rimane comunque un mistero. Non è chiaro perché non ebbe un'evoluzione graduale e il motivo per cui vari pittori nello stesso periodo adottarono un certo stile, quasi contemporaneamente.

Giotto (1267-1337) fu il fondatore della scuola fiorentina e Duccio di Buoninsegna (?-1319), caratterizzato da un minore accento sui temi religiosi, fu il fondatore della scuola senese. Ebbero stili diversi ma condivisero pienamente lo stesso spirito, che fu una novità in Toscana, anche se già comune da tempo in Cina.

Anche la prevalenza del paesaggio sulle figure umane fra i senesi potrebbe avere origini cinesi, secondo il Munsterberg.[9] Forse, la causa di tale fioritura stilistica furono davvero i mercanti che seguivano la Via della Seta e poi tornavano portandosi merci e oggetti di valore.

Un cristiano nestoriano, di nome Rabban Sauma, fu inviato in Europa verso il 1276 da Kublai Khan, più o meno nell'anno in cui Marco Polo giungeva in Cina. Dopo varie peripezie, Rabban giunse a Napoli e poi in Francia alla fine dello stesso anno. Scrisse poi un libro in lingua persiana per raccontare ciò che vide, ma la sua versione originale andò perduta e sappiamo del suo passaggio solo grazie a una traduzione siriana scoperta nel diciannovesimo secolo.[10]

Non tutti sanno che di Marco Polo possediamo un documento eccezionale: il suo testamento originale. È datato 19 marzo 1324, ed è conservato nella Biblioteca Marciana di Venezia. L'unico indizio che ci indica una sua possibile presenza in Oriente su quel documento è l'accenno a uno schiavo tartaro di nome Pietro, che viene da lui liberato con 100 lire di buonuscita. È comunque chiaro che il fatto che fosse tartaro non vuol dire che Polo se l'era portato dalla Tartaria, avendo potuto acquistarlo in Crimea o a Venezia.

Questa pergamena è lunga 67 centimetri e larga 25 e fu validata da Marco Polo con un tocco della mano, invece che dalla sua firma, (il *signus manus* era diffuso in quei tempi e perfettamente legittimo, dato che un notaio testimoniava che il testatore lo aveva toccato per approvarlo). Il grande

---

9. Oskar Münsterberg, *Chinesische Kunstgeschichte*, Vol. I, Esslinger, 1910-1912, p. 205.

10. Jonathan D. Spence *The Chan Great Continent* Norton, New York, 1999, p. 12.

viaggiatore veneziano vi nomina le sue tre figlie, Fantina, Bellela e Moretta, come beneficiarie della sua fortuna.

Possediamo anche un altro documento legale, datato 9 marzo 1311, in cui i fratelli Marco e Giovanni Polo disputano con un altro mercante per la vendita di varie merci, fra le quali muschio, una sostanza profumata ricercatissima che veniva estratta dalle ghiandole di certi cervi — ed è nota come kabardinic, di provenienza cinese — assieme a tessuti di lana di yak, tessuti di seta con degli animali strani disegnati sopra, briglie, vestiari ricamati d'oro, una scatola di gioielli d'oro con perle, pietre preziose e una paiza d'oro, ossia una tavoletta d'oro, una sorta di lasciapassare datogli dal gran Khan.

Inoltre, grazie al testamento dello zio di Marco, Matteo o Maffeo Polo, sappiamo che erano proprietari di una casa sulla costa meridionale della Crimea, a Sudak, che forse era appartenuta al loro fratello, Marco il Vecchio. V'è un accenno a tre altri lasciapassare d'oro ricevuti dal magnifico Khan dei mongoli *que fuerunt magnifici Chan tartarorum.*[11]

Le tre figlie di Marco Polo si sposarono in famiglie potenti di Venezia — un eloquente segno del loro stato sociale e della ricchezza acquisita. Possediamo una sentenza del tribunale di Venezia, datata 21 luglio 1366, in favore dell'allora vedova Fantina Polo che aveva intentato causa contro la famiglia del defunto marito, Marco Bragadin, perché la nipote del Bragadin s'era impossessata della intera dote che Fantina aveva portato nella famiglia del marito.

V'è una lista allegata a questa sentenza: lunga un metro e larga 53 centimetri, nella quale si descrive tutto ciò che le doveva essere reso, compreso la scatola di gioielli d'oro con perle e pietre preziose già menzionata qui sopra, tessuti di taffettà, cinture d'argento, anelli con rubini e turchesi,

11. Marino Zorzi, direttore della Libreria Marciana di Venezia, intervistato da Alessandra Artale de *il Mattino di Padova*, del 6 ottobre 2007.

rabarbaro, coperte mongole (non è chiaro di cosa siano fatte, forse tessuti di lana di yak, oppure di cashmere), e un tipo di rosario, forse islamico o buddista, e tanti altri articoli, fra i quali, secondo l'Olshinki vi sarebbe la tiara portata dalla principessa Cocacin che fu scortata dai Polo nel viaggio di mare fra la Cina e l'Iran.

La parola Catai appare varie volte, così come Milione, un libro che Rustichello aveva però intolato *Divisement du Monde*. Fu Milione il nomignolo di Marco Polo? Forse perché era ricco, oppure per via delle sue continue vanterie di ciò che vide e fece in Cina: milioni di qui e milioni di là...

Nessuno dei tesori che troviamo nella lista dei possedimenti di Fantina hanno lasciato traccia: i metalli preziosi furono fusi, mentre le pietre e le perle vennero tolte e incastonate altrove; per quanto riguarda i tessuti è certo che si siano logorati. Dunque, la domanda ricorrente è questa: Marco Polo andò davvero in Cina, oppure racconta delle storie che udì da altri mercanti mentre oziava in Crimea e poi fece proprie le loro storie? Se ne discute da decenni. Ma di Marco Polo ne sappiamo poco, neppure il nome di suo nonno. Nel suo libro, Polo si vanta di aver avuto incarichi amministrativi nella città di Yangzhou, sul fiume Yangzhe. Ma non si trovò mai traccia di questo e le sue parole furono scambiate per un'altra delle sue fantasie, fin quando nel 1951 dei soldati cinesi della PLA (People's Liberation Army) al lavoro con dei picconi per abbattere delle vecchie mura, scoprirono una lapide di marmo con incise certe immagini della vita di Santa Caterina e la seguente iscrizione in latino: "Nel nome di Dio, nostro padre. Amen. Qui giace Caterina, figlia del nobile Domenico Vilioni, morta nell'anno del signore 1342, nel mese di luglio".[12]

Robert Lopez riuscì a collegare la sua famiglia con quella di Domenico Ilioni, un mercante genovese, che fu l'esecutore

---

12. Jonathan D. Spence, op. cit., p. 10.

testamentario d'un tal Giacomo de Oliviero a Genova e che, secondo quel documento, era vissuto in *partibus Catagii*, dove aveva quadruplicato il capitale che gli era stato affidato. Secondo Alvise Zorzi, invece, tale famiglia Vilioni era veneziana. Un Pietro Vilioni fece testamento a Tabriz nel 1264 e Domenico Vilione sarebbe stato suo nipote.

Successivamente venne trovata un'altra lapide, datata novembre 1344, messa da questo Domenico per marcare la morte di suo figlio, Antonio. Ciò non dimostra che Marco Polo vi abbia vissuto, ma se non altro dimostra che esisteva una *Little Italy* a Yangzhou solo trenta o quaranta anni dopo il passaggio di Marco Polo. In un poema intitolato l'*Intelligenza* Dino Compagni (1255-1324) scrisse:

> *Levasi a lo mattin la donna mia*
> *Ch'è viepiù chiara che l'alba del giorno*
> *E vestesi di seta Catuia,*
> *La qual fu lavorata in gran songiorno*
> *A la nobele guisa di Suria;*
> *Che donne lavorarlo molto adorno*
> *Il su' colore e fior di fina grana,*
> *Ed è ornato a la guisa indiana,*
> *Tintesi per un maestro in Romania.*[13]

Anche se i bachi da seta furono allevati in Italia a partire dal tardo Medioevo, i mercanti che commerciavano in seta ne importavano grosse quantità tramite intermediari che si muovevano sulla Via della Seta. Insieme all'importazione di tessuti grezzi, importarono anche vesti già finite con ricami o stampe con temi orientali. Ecco un esempio: quando fu aperta la tomba di Cangrande della Scala, a Verona, trovarono al suo interno un telo di seta e filo d'oro di chiara provenienza cinese, con draghi e simboli buddisti. Oltre al

---

13. Dino Compagni *L'Intelligenza* Carabba, Lanciano, 1910, p. 131.

nome Cane (Khan), ricordiamo che soleva combattere con un arco riflesso, come quello usato dai mongoli. Il professor Avena, direttore del Museo di Verona, presente all'apertura della tomba, avvenuta il 27 luglio 1921 dichiarò: "Nel loro complesso i broccati si presentavano ancora immuni dal tempo ed alcuni tratti di essi si mostravano appena svolti dalle pezze di un mercante. I fregi sulla stoffa del broccato si riferivano in parte al mondo islamico, quali le iscrizioni e le palmette fiorite; altri alla Cina, quali i draghi, mentre i motivi a reticolo erano derivati da simboli buddisti".[14]

In particolare, i ventagli di seta con disegni stampati poterono facilmente raggiungere l'Europa, essendo leggeri e convenienti da trasportare. Un esempio moderno di tale contaminazione culturale potrebbe esser visto nell'importazione dal Giappone in Europa di ukio-e, le xilografie stampate con blocchi di legno, durante il diciannovesimo secolo, e la loro grande influenza sulle opere di Degas, Manet, Van Gogh e Gauguin.

I ventagli prodotti in Italia furono simili a delle bandierine e apparvero prima — ancora una volta e questa non può essere una coincidenza — a Siena e a Firenze.

Il motivo della straordinaria ricchezza di Firenze, una città a ottanta chilometri dal mare, fu dovuto essenzialmente a tre fattori concomitanti: l'industria della lana, le operazioni bancarie e il commercio. A quel tempo, nessun'altra città europea poteva disporre contemporaneamente di questi tre fattori, e ciò spiega l'origine della sua prosperità.

I bei fiorini di Firenze, d'oro puro con un giglio sopra, furono introdotti per la prima volta nel 1252 e divennero una moneta franca, accettata in tutto il mondo. Il poeta Dante Alighieri fu un uomo geniale, un conservatore e pure un *laudatores temporis acti* ma che mutò radicalmente il mondo letterario in cui visse con la sua visione nuova, al

---

14. Mario Patuzzo *Storia di Verona* La Grafica, Verona, 2013, p. 230.

punto d'essere un rivoluzionario. Lodò costantemente la vita rustica del tempo che fu e, pertanto, non ebbe simpatie per quel mondo che a suo parere s'andava muovendo nella direzione sbagliata, e per tale motivo definì nel Paradiso questa moneta il *maledetto fiore*.

Fu ancora più severo quando disse che i suoi concittadini non avevano nulla di cui andar fieri: "Godi Fiorenza, poi che se' sì grande,/che per mare e per terra batti l'ale,/e per lo 'nferno tuo nome si spande." Ma a dispetto dell'amarezza di Dante gli scambi commerciali fra Firenze e il resto del mondo s'ampliarono ulteriormente con l'occupazione di Pisa e di Porto Pisano nel 1406, allorché i fiorentini ebbero finalmente un porto tutto loro, senza più bisogno di far transitare per Venezia e Genova le proprie merci. Quel porto fu da loro conosciuto come "l'occhio e l'orecchio della

Giovanni Bellini, *Il festino degli dei*, National Gallery, Washington, 1514 circa. Sono visibili tazze con decorazioni tipiche della dinastia cinese dei Ming.

Toscana". In seguito, con l'acquisto nel 1421 di Livorno da parte di Genova per 100.000 fiorini d'oro, consolidarono ulteriormente la loro posizione e il loro commercio che crebbe esponenzialmente.

Un altro centro dove le influenze orientali si diffusero rapidamente fu Siena, a circa ottanta chilometri da Firenze. La ragione di questa fioritura potrebbe risiedere nel loro forte legame con l'Oriente che datava dal Medioevo. Un indizio di questo stato di cose può forse essere individuato nelle bandiere di seta delle sue contrade, che raffigurando animali esotici come i dragoni, le giraffe e l'unicorno.

Vari accenni artistici cinesi apparvero nei dipinti dell'inizio rinascimento senese:

> *Alcuni cinesi devono aver visitato Siena. Possediamo tracce inconfutabili di questo a partire dal XIV secolo, e sarebbe impensabile se fossero arrivati e poi partiti senza aver offerto dei contributi con l'arte del loro paese, quelle arti che tanto impressionarono Hayton di Corycas. Credo che certe opere d'arte cinesi, dipinti su seta e fogli di carta, furono facilmente trasportabili e dunque furono i mezzi più adatti per essere piegati e commerciati.*[15]

Simon Soulier afferma d'aver visto dei documenti cinesi negli Archivi di Siena e si tratterebbe di trattati di medicina, di cucina e favole. Se davvero stavano lì, allora sono andati perduti, perché pare che non ne esista più traccia.

---

15. Gustave Soulier, *Influences Orientales dans la Peinture* Toscane, H. Lauren, Parigi, 1924, p. 351. *Il est donc venu des Chinois à Sienne; nous en conservons la trace irréfutable depuis le primier tiers du XIV siècle, et il serait inadmissible de penser qu'ils sont venus et revenus ainsi, sans rien apporter de l'art de leur pays, de ce art qui a fait ailleurs une telle impression sur le moine Hethoum. Parmi la production chinoise, les peintures sur soie ou sur papier étaient assurément* production chinoise, les peintures sur soie ou sur papier étaient assurément *les objects les plus faciles à transporter et les infuence mieux faits pour plaire.*

Bernard Berenson fu il primo a paragonare l'arte senese a quella cinese, ed Emilio Cecchi paragonò i colori usati da Piero Lorenzetti a quelli impiegati in Cina.

Esiste una lista di articoli che furono di proprietà di Piero de' Medici, inventariati nel 1456 e nel 1463 comprendente vari oggetti estremo-orientali, come vasi e piatti in porcellana, ma forse furono importati attraverso la Via della Seta o l'Egitto.

L'arte della profumeria fu conosciuta presso agli egizi e i romani. Marco Antonio derise le pretese di nobiltà di Ottaviano Augusto, asserendo che il suo nonno materno produceva profumi ad Ariccia, un paese vicino Roma.

Nel Medioevo quest'arte si perse e ciò che conosciamo oggi come profumeria moderna originò dapprima in Persia e in Estremo Oriente. In Europa, il negozio più antico è quello di Santa Maria Novella, a Firenze, attivo a partire dal 1221. Un nobiluomo inglese di passaggio a Firenze comprò dei profumi e li portò alla Regina Elisabetta I, che non li aveva mai usati in vita sua, rendendone popolare il loro impiego nel suo regno.

La profumeria raggiunse poi la Francia grazie alla fiorentina Caterina de' Medici, la quale vi andò a vivere portandosi dietro il proprio profumiere personale, chiamato Renato. La situazione che Caterina trovò presso la corte francese non doveva essere dissimile da quella descritta da Guido Postumo Silvestri da Pesaro in una lettera indirizzata a Isabella Gonzaga, nella quale egli descrive le donne di Valenza sul Rodano:

> *Per insino qui non ho visto cose che mi piaccia a respecto della bella Italia, la quale è regina delle province in ogni cosa, excepto che lì italiani non lasciano basciare le donne loro come fanno costoro, et per questo io sono deventato tutto gallico, partegiano di questa provincia*

incomparabile. È ben vero che le donne qui sono un pocho sporche, cum un pochetto di rogna alle mane et cum qualche altra corapositione di spurcitia; ma hanno belli volti, belle carne et sono dolcissime in el parlare, humanissime in lasciarse basciare, tocharse et abraciarse et in fare ogni piacevolezza.[16]

Un grosso contributo all'arte della profumeria va certamente ascritto alla Cina, sebbene gli intermediari per la trasmissione in Occidente di tale arte furono i persiani. Tutti gli agrumi usati in profumeria, infatti, provengono dalla Cina. Già a partire dal dodicesimo secolo i cinesi, per primi, distillarono fiori d'arancio e li conservarono in contenitori di porcellana. Lo stesso dicasi per l'osmanto e l'anice, che inizialmente erano destinati all'uso medico e poi finirono nell'arte della profumeria.

Grande tazza Ming di epoca Hongzhi (1487-1505) simile a quella rappresentata da Giovanni Bellini (di proprietà dell'autore)

---

16. Rodolfo Renier *Spigolature dalla corrispondenza di Guido Postumo* Silvestri, Bergamo, 1894, p. 255.

Quadrella invetriata di Leonardo

Capitolo Sette

Nel 1322, ambasciatore dei Polentari, giunse a Venezia Dante Alighieri: purtroppo, non sapremo mai se fra Marco Polo, che aveva esplorato tanta parte del globo e colui che aveva visitato con la fantasia i mondi celesti e infernali sia avvenuto un incontro, sia pure casuale.
Alvise Zorzi

La quadrella invetriata creata dal giovane Leonardo Da Vinci

Di tanto in tanto riappaiono quadri, disegni e anche scritti di Leonardo Da Vinci che si credevano perduti per sempre. Questo è un processo che procede ininterrottamente da almeno due secoli. Come abbiamo già detto, accennando alle pagine perdute dei suoi codici, Leonardo Da Vinci è un *Work in progress* ovvero è una storia che continuamente viene riscritta, a mano a mano che compaiono nuovi elementi e riemergono frammenti delle sue opere. Da qualche anno abbiamo anche una splendida quadrella (o formella o mattonella) riprodotta sulla copertina di questo libro, di terracotta e che ci pare, in tutto e per tutto, genuina.

"Ma tutta questa incertezza che lo circonda genera un gran numero di falsi!" direte voi. Questo è vero, e proprio per tale ragione dobbiamo prestare molta attenzione e non farci sviare da illusioni e soprattutto da radicati preconcetti. Ove possibile, dobbiamo seguire piste scientifiche, non sentimentali o ideologiche.

L'ultimo falso di grande livello è stato, appunto, il

piccolo dipinto su pergamena intitolato la *Bella Principessa* oggetto di un documentario del *National Geographic* e di un avvincente libro, scritto da Peter Silverman, lo scopritore dell'opera, che è stato un best seller, nel quale egli documenta il percorso di ritrovamento e della sua dubbia provenienza.[1]

Secondo gli esperti, la ragazza ritratta da Leonardo era Bianca Sforza (1482-1496), figlia naturale di Ludovico il Moro e di Bernardina de Corradis, andata poi in sposa a Gian Galeazzo Sanseverino nel gennaio 1496 e tragicamente morta nel novembre dello stesso anno, forse di parto. Quel dipinto sarebbe stato parte del codice miniato noto come *Sforziade* ossia *Rerum Gestarum Francisci Sfortiae Mediolanensium Ducis* di Giovanni Simonetta (1420-1490) conservato a Varsavia, in Polonia.

Quel dipinto, o meglio disegno colorato su pergamena, fu esposto in pompa magna anche all'Expo di Milano e il libro/catalogo che l'accompagnava conteneva dei saggi di Martin Kemp, Vittorio Sgarbi e altri esperti, con una perizia tecnica di Pascal Cotte.[2] Tutti concordavano sulla sua genuinità.

In seguito, emerse che si tratta d'un falso creato da un geniale criminale inglese, Shaun Greenhalgh, il quale candidamente ammise che l'aveva prodotto negli anni '70 utilizzando una vecchia pergamena comprata a un mercatino dell'usato. Il soggetto era Sally, una cassiera alla *Coop Butchery*, un negozio dove anche lui lavorava. Altri indizi della estraneità di questo dipinto rispetto alla Sforziade sono

---

1. Peter Silverman *Leonardo Lost Pricess* Hoboken, Wiley & Sons, 2010

2. Kemp, Martin, con Pascal Cotte e Peter Paul Biro (2010). *La Bella Principessa: The Story of the New Masterpiece by Leonardo da Vinci.* London Hodder & Stoughton. ISBN 978-1-4447-0626-0
Kemp, Martin, con Mina Gregori, Cristina Geddo et alii *La Bella Principessa di Leonardo da Vinci: ritratto di Bianca Sforza*, Introduzione di Vittorio Sgarbi (Monza, Villa Reale), catalogo della esposizione, Reggio Emilia, Scripta Manent, 2015 (con versione inglese, francese, spagnola, polacca, russa e giapponese).

giunti da insigni studiosi. Ormai è rimasto il solo Martin Kemp a sostenere che quel dipinto è davvero di Leonardo Da Vinci.

E qui dobbiamo confessare, con il capo cosparso di cenere, che pure noi che qui scriviamo eravamo abboccati all'amo, arrivando a proporre a un magnate di Hong Kong di acquistarlo, pagando i 100 milioni richiesti dal Silverman, per poi donarlo alla locale comunità cinese. Per fortuna egli non ci diede retta e preferì, invece, donare 350 milioni di dollari alla propria Alma Mater, l'Università di Harvard!

Leonardo produsse molto nella sua breve vita, anche se mai completò quel che doveva terminare, questo fatto va messo in relazione con la sua *forma mentis*. Egli voleva stabilire la propria originalità su tutti gli altri artisti e una volta che questo scopo era stato raggiunto, la sua personalità psicotica si sentiva appagata e si dedicava ad altro.

Il figlioccio dell'Accattabriga e della schiava straniera voleva convincere la sua altra metà, il figlio di ser Piero, di essere diverso e speciale, che lui era fatto d'una pasta quasi divina e a causa di questo era costretto ad alzare continuamente l'asticella da superare con un balzo.

Questo fu un sottoprodotto della propria insicurezza e, come aggiunge Sigmund Freud, anche del fatto che, come faceva suo padre, anche lui rigettava i propri *figli*. Va comunque sottolineato che i suoi lavori incompiuti erano superiori ai compiuti dei suoi contemporanei, perché quel che produceva era sempre e comunque, nuovo e *leonardesco*. Questo spiega perché le sue opere destavano sempre molta curiosità: perché erano creazioni curate con precisione maniacale, e di passare all'incasso non aveva fretta: erano diverse da quel che si vedeva in giro, tanto erano stupefacenti, perché il suo obiettivo era sempre di stupire e di elevarsi sopra agli altri.

Leonardo non era un artigiano, si sentiva piuttosto un

semidio che creava dal nulla. Dunque, le sue opere erano creazioni particolari che venivano sempre conservate come tesori, mai messe da parte, perché tutto ciò che creava, pareva possedere un che di magico.

Torniamo alla formidabile quadrella per la quale gli studi e i test per provarne la genuinità sono durati più di tre anni, prima della sua presentazione ufficiale, avvenuta a Roma, il 21 giugno 2018.[3] Mentre scriviamo l'opera si trova ben custodita nel caveau di una banca di Firenze, ma verrà presto mostrata al pubblico.

Qui di seguito ci limitiamo a dare una breve scorsa delle prove, che sono state rigorose e dettagliate. Perché come disse il fisico Carl Sagan: "Affermazioni straordinarie, richiedono prove straordinarie."

Si tratta d'un'opera magnifica, di terracotta invetriata a simil-lustro, quadrata e datata 1471, avente dimensioni di 20 x 20 cm, e di proprietà di un ramo della famiglia Fanice di Ravello. Vi troviamo rappresentata la testa dell'Arcangelo Gabriele visto di profilo.

In questa quadrella i tratti dell'Arcangelo paiono decisamente orientali, per via del taglio degli occhi e della posizione degli zigomi, un fatto comune nel primo Leonardo, come si può notare nelle sue prime Madonne che dipinse e anche nella sua *Dama del Lichtenstein* (Ginevra de' Benci).

Crediamo che Leonardo abbia ritratto sé stesso, per via del proprio prorompente narcisismo e anche per comodità, mettendosi uno o due specchi davanti.

La quadrella possiede un *da Vinci Lionardo 1471* una addizione cromatica, eseguita con un sottilissimo pennello e che è emersa soltanto durante le ultime indagini. La firma, che si trova sulla mandibola dell'Arcangelo, è stata

_____

3. http://www.ilgiornale.it/news/spettacoli/ecco-primo-autoritratto-firmato-leonardo-vinci-1543704.html

esaminata dall'esperta grafologa, Ivana Rosa Bonfantino con uno studio molto approfondito al termine del quale la studiosa l'ha dichiarata genuina, in linea con la grafia del primo Leonardo Da Vinci.

Nel capitolo relativo alle influenze orientali di Leonardo presentiamo un suo disegno che risulta datato 5 agosto 1473, dunque Leonardo Da Vinci firmava maggiormente le proprie opere rispetto a quanto farà in età matura, questo può forse essere spiegato con un suo forte desiderio di affermazione e per mettere nero su bianco che lui era un Da Vinci, nonostante la bassezza sociale della madre e del patrigno, in reazione al fatto che suo padre non aveva mai voluto legalizzare la sua posizione.

Il test di termoluminescenza condotto sulla quadrella dalla società Arcadia di Milano, ha confermato la datazione stimata. L'esame ha confermato una datazione tra il 1415 e il 1515, quindi l'ipotesi di collocare il reperto verso la seconda metà del XV secolo è plausibile. Una successiva indagine grafologica su parole presenti sulla quadrella hanno evidenziato una data che potrebbe essere collegabile alla esecuzione della stessa, ovvero il 1471, quando Leonardo aveva 19 o 20 anni.

Risultati positivi sono stati ottenuti anche con altri test condotti dal Centro diagnostico C.S.G. Palladio di Vicenza, con un'indagine micro-stratigrafica, un'analisi XRF dei pigmenti, di tipo non invasivo e l'analisi riflettografica finalizzata a far emergere agli elementi preparatori. La Emmebi Diagnosi Artistica di Roma ha condotto la supevisione consuntiva di tutti gli esami diagnostici, che confermano il fatto che si tratta di un autentico manufatto rinascimentale ed Ernesto Solari lo ha confermato con le sue ricerche.

Ben tre laboratori diversi, dunque, hanno confermato scientificamente la genuinità del pezzo. È stata inoltre

ANALISI DI TERMOLUMINESCENZA (TL)

AUTENTICAZIONE

REPERTO: Quadrello in maiolica dipinto a lustro con l'immagine dell'Arcangelo
           Gabriele (vedi foto allegata)
           Dimensioni: 20 x 20 cm, spessore 1.2 cm
           Zona di produzione: Bacchereto in Toscana
           Datazione proposta: 1471 circa
           Numero di riferimento di laboratorio: 104E

Prelievo effettuato da nostro personale in data 21/1/2015
Posizione prelievo: lato superiore

La dose totale assorbita dal campione è stata valutata con tecnica *fine-grain*.
Le caratteristiche termoluminescenti del campione sono esemplificate dalle
curve sul retro.
Il risultato dell'analisi è il seguente:

DOSE TOTALE ASSORBITA = 2.5 ± 0.2 Gy

La dose totale assorbita dal campione **E' COMPATIBILE** con la datazione
proposta e il campione analizzato risulta **AUTENTICO**.

Giovanna La Pietra

Milano, 26/1/2015

N.B. L'esame di termoluminescenza si riferisce specificamente al punto di prelievo.
     Eventuali irraggiamenti o riscaldamenti ad alta temperatura possono invalidare il
     risultato dell'analisi.

ARCADIA - TECNOLOGIE PER I BENI CULTURALI di Giovanna La Pietra & C. s.n.c.
Tribunale di Milano n. 300139/7584/39 - CCIAA n. 1326846 - C.F. e P. IVA n. 09925120157

Il certificato di analisi della Termoluminescenza redatto della Arcadia

effettuata un'indagine di tipo micro-distruttivo, mediante prelievo di un campione analizzato in sezione micro-stratigrafica, per caratterizzare i materiali, in particolare quelli dello strato lucido in superficie, al fine di stabilire se il manufatto rientrasse nella categoria delle maioliche invetriate o se, diversamente, la decorazione fosse il prodotto di stesure pittoriche antiche e di eventuali ridipinture successivamente ricoperte con strati di vernice lucida.

La nostra pratica personale con terrecotte cinesi *Sancai* d'epoca Tang (618–907)[4] ci ha insegnato che difficilmente sono falsificabili i pezzi con un'invetriatura, mentre per quelli senza invetriatura la falsificazione è facile: basta disporre di blocchi grezzi di terracotta del periodo, che possono poi essere rimodellati a freddo.

Bottiglia cinese di terracotta invetriata di epoca Tang (proprietà dell'autore)

4. http://italian.cri.cn/Panorama/Arte/artigianato/articoli/ceramica%20tricroma.htm

Stabilito che questo pezzo è del periodo in oggetto, chi altro avrebbe potuto produrre un'opera tanto perfetta, proprio in quegli anni, se non Leonardo? Forse solo Botticelli o Raffaello? Ma stabilito che è del periodo, perché mai non si dovrebbe vederla come un'opera genuina di Leonardo, che certamente non nacque dotato di una mano tanto precisa nel disegnare e dipingere ma ci arrivò attraverso una grande pratica?

Non sono mancate le polemiche dopo la presentazione del Prof. Solari e della grafologa, Ivana R. Bonfantino, tenuta a Roma il 21 giugno 2018. Per esempio, il quotidiano britannico *The Guardian* raggiunse telefonicamente lo storico dell'arte Martin Kemp, al quale abbiamo accennato qui sopra, che sull'artista toscano ha pubblicato numerosi contributi storici e artistici - pur intendendosene assai poco d'arte pratica, un po' come il compianto Carlo Pedretti, trovandosi più a suo agio fra i documenti. Anche se ci preme dire che il suo ultimo libro dedicato alla *Gioconda*, scritto in collaborazione con Giuseppe Pallanti - il quale presenta documenti già noti circa l'origine della Caterina fra i contadini di Vinci - ci pare nel complesso assai poco fondato.

Kemp, rispondendo alla domanda del giornalista, sentenziò, senza aver mai visto o studiato la quadrella: "Le possibilità che l'opera sia di Leonardo sono meno di zero." Successivamente ha dichiarato alla televisione russa che il giornalista britannico aveva travisato le sue parole e che anzi, i riccioli dell'angelo hanno effettivamente una forza che richiama Leonardo.

Recentemente, anche il professor Alberto Cruz Sánchez, Professore di Storia dell'Arte presso l'Università di Murcia-Spagna, ha affermato che:

...potrebbe anche essere che il capo dell'Arcangelo

Gabriele fosse un ritratto di Leonardo stesso – il primo in termini assoluti. Con un disegno stilistico molto realistico del Quattrocento, e lo sporgente contorno nero che racchiude la faccia che sparirà successivamente con l'introduzione della "sfumato" – Questo pezzo fornisce nuovi dati preziosi per la conoscenza della vita e del lavoro di Leonardo.

La sua genuinità è stata inoltre accettata da un libro a larga diffusione pubblicato dalla De Agostini, allegato al Corriere della Sera, s'intitola *Leonardo Da Vinci. Il Genio Universale* ed è uscito nel 2018. Pensiamo, dunque, che la verità si è fatta strada e che presto questa splendida opera d'arte verrà accettata come un capolavoro del giovane Leonardo Da Vinci, anche da chi si è pronunciato negativamente senza conoscere l'opera o aver studiato il suo corredo documentale di autenticazione.

La quadrella non è in lustro bensì in una maiolica invetriata dipinta a simil-lustro, una tecnica sviluppata dai maestri toscani per reggere alla concorrenza dei più economici pezzi spagnoli.

Nel suo trattato sulla pittura, Leonardo sembra far riferimento a questo procedimento di smaltatura a simil-lustro che serve, secondo lui, a far una pittura "d'eterna vernice."

Ma è meglio far un quadro di terra ben invetriato, e l'imprimitura di biacca e giallolino, e poi colorisci e vernicia, poi appicca il vetro cristallino con la vernice ben chiara a esso vetro: ma fa prima ben seccare in stufa oscura esso colorito, e poi vernicialo con l'olio di noce ed ambra, ovvero olio di noce rassodato al sole. [5]

---

5. Leonardo Da Vinci *Trattato di Pittura* Cap. CCCLII (352)

Il retro della quadrella

La provenienza del materiale per la fabbricazione è stata individuata nella zona di Bacchereto, da dove originava la nonna paterna di Leonardo, Lucia di Ser Piero Zosi di Bacchereto, per la particolare povertà di quarzo presente; oltre che nell'argilla di tale zona, povertà di quarzo si riscontra anche nei reperti etruschi ritrovati in sepolcri esistenti in quel bacino e nelle maioliche arcaiche rinvenute in Firenze e provenienti, anch'essi, principalmente proprio dall'antico centro di produzione di Bacchereto. Il paese di Bacchereto è descritto da Leonardo nel Codice II di

Madrid[6] e nei fogli di Windsor.[7]

La struttura del retro della piastrella è molto simile a quella di una piastrella facente parte di un pannello murale del 1500, esposto nella Pinacoteca Civica di Savona, con un motivo geometrico costituito da un riquadro con venticinque tasselli allineati in file di cinque; sul retro di una piastrella del ceramista Antonio Fedeli, eseguita nel 1493 per Isabella d'Este, sono presenti tre cerchi concentrici che non sono stati ottenuti mediante un calco o uno stampo: molto probabilmente un sistema simile fu utilizzato per imprimere i trentasei cerchi cavi sul retro dell'Arcangelo Gabriele.

Siamo certi che Leonardo praticò l'arte della scultura e in particolare quella modellata in cera e terra, materiali che usò fin da bambino e a lui più congeniali del marmo per i loro effetti pittorici e, infatti, accenna alle tecniche della terracotta in vari passaggi di suoi codici e a Windsor[8] si trova una macchina che era stata definita 'macchina musicale' e addirittura 'macchina per lavorare farina' ma in realtà sarebbe una macchina per produrre piastrelle, che è stata ricostruita in legno, visibile nel Museo Leonardo Da Vinci, in Via della Conciliazione a Roma. Tale disegno mostra appunto una macchina per realizzare piastrelle, un banco da lavoro con un estrusore per argilla ed il metodo per la conservazione dell'impasto; nel dettaglio la macchina per piastrelle disegnata da Leonardo mostra appunto i rilievi circolari, disposti in file simmetriche, impressi sul retro della piastrella dell'Arcangelo Gabriele.

La *Bella Principessa* era come apparsa dal nulla e la ricostruzione delle sue origini non si era potuta davvero completarla, e infatti si è poi dimostrata essere un falso.

6. Madrid f.23r

7. Royal Windsor R.L. 12685

8. Royal Windsor Collection N. 12706. Questo non significa che fu inventata da Leonardo, ma che la vide in uso e la riprodusse.

Vediamo ora di stabilire la provenienza della nostra quadrella, come prova finale della sua genuinità.

Quest'opera, da secoli, è di proprietà della nobile famiglia Fenicia di Ravello, vicina agli Angioini e agli Aragonesi e fu successivamente inventariata fra le proprietà di un loro diretto discendente. La quadrella, assieme ad altre importanti opere, è frutto di un lascito pervenuto agli attuali discendenti e proprietari, come attesta un inventario effettuato in Napoli a fine Ottocento, sotto la descrizione "testa d'angelo", al pari delle due teste d'angelo già di proprietà del Duca Cosimo de Medici, descritte dal Vasari il quale, nel suo libro sulla Vita di Leonardo da Vinci, scrive:

Questa è fra le cose eccellenti nel palazzo del duca Cosimo insieme con una testa d'uno Angelo che alza un braccio in aria, che scorta dalla spalla al gomito venendo inanzi, e l'altro ne va al petto con una mano. È cosa mirabile, che quello ingegno, che avendo desiderio di dare sommo rilievo alle cose che egli faceva, andava tanto con l'ombre scure a trovare i fondi de' più scuri, che cercava neri che ombrassino e fussino più scuri degl'altri neri per fare del chiaro, mediante quegli, fussi più lucido; et infine riusciva questo modo tanto tinto, che non vi rimanendo chiaro avevon più forma di cose fatte per contrafare una notte, che una finezza del lume del dì: ma tutto era per cercare di dare maggiore rilievo, di trovar il fine e la perfezzione dell'arte.

L'opera si presuppone entrata nella famiglia Fenicia il 1° giugno 1499, anno in cui la duchessa di Amalfi, Giovanna d'Aragona, donò centocinquanta moggia di terreno, situate nella località Scafati del Principato Citeriore, a Francesco Fenicia ed a sua moglie Elisabetta de Signorellis, per i servizi resi alla casa Piccolomini d'Aragona.

Nipote del re di Napoli Ferrante I, Giovanna era figlia dello sfortunato marchese di Gerace, nel 1497 andò in sposa al secondo duca d'Amalfi, don Alfonso Todeschini Piccolomini (a sua volta nipote del Papa Pio III) di cui rimase vedova poco tempo dopo il matrimonio. La duchessa di Amalfi era zia di Isabella d'Aragona (nata il 2 ottobre 1470), duchessa di Milano (per matrimonio con Gian Galeazzo Sforza) per la quale Leonardo Da Vinci organizzò i festeggiamenti nella celebre *Festa del Paradiso*.

Gian Galeazzo Maria Sforza, figlio di Galeazzo Maria Sforza, con la consorte Bona di Savoia giunse a Firenze per sciogliere un voto fatto alla Santissima Annunziata, in data 13 marzo 1471: circostanza nella quale poterono ammirare l'arcangelo Gabriele appena realizzato da Leonardo.

Il marito di Giovanna d'Aragona, Alfonso I Piccolomini (1462 ca. - † 1503) compare spesso negli eventi legati alla vita di corte e nelle cerimonie più importanti, come il matrimonio di Eleonora d'Aragona con Ercole I d'Este, genitori di Isabella d'Este, o l'incoronazione di Federico I re di Napoli, a testimonianza di come la famiglia fosse considerata nei più alti ranghi della nomenclatura aragonese.

Giovanna era pronipote di Alfonso d'Aragona, per il quale Agostino Fenice, nel 1453, fu un uomo d'arme e con speciali diplomi fu nominato Signore di Montano e Massicelle del principato di Citra. Questo Agostino Fenice è ricordato da una lapide nella Chiesa dei Frati Minori di Santa Maria la Nuova in Napoli. Lo stesso Agostino Fenicia discendeva da Carlo Fenicia, regio consigliere del re di Napoli nel 1400 e a sua volta maresciallo di campo del re Ladislao I, quest'ultimo sposato con Maria d'Eghien, vedova di Raimondo Orsini del Balso, Principe di Taranto.

Il 10 aprile 1500, Ludovico il Moro venne assediato a Novara e consegnato dai propri mercenari svizzeri ai

Firma di Leonardo Da Vinci con data

francesi, mettendosi nelle mani del Conte di Ligny a seguito
di trattative infruttuose con lo stesso. A causa di tali eventi,
Leonardo s'allontanò da Milano, riparando a Mantova,
ospite di Isabella d'Este, legata da rapporto di parentela con
la duchessa di Amalfi, Giovanna d'Aragona. Testimonianza
indiretta della presenza dell'opera alla corte della duchessa
di Amalfi Giovanna d'Aragona è un manoscritto di
Leonardo nella biblioteca del figlio Alfonso II Piccolomini,
inventariato dopo la sua morte nel 1566, andato perduto,
che testimonierebbe di un viaggio di Leonardo in meridione
accompagnato dal conte di Ligny, come appare anche in una
criptica notazione contenuta nel *Memorandum Ligny*, una
pagina spiegazzata (che forse fu celata in una tasca) che fu
poi inserita nel *Codice Atlantico*.

Il Conte di Ligny, Luigi II di Lussemburgo (1467-1503)
Principe di Altamura e Duca d'Andria e di Venosa, era un
cugino del re di Francia, figlio di Luigi I del Lussemburgo,
Conte di Saint-Pol e di Maria di Savoia. Fu il comandante
delle armate francesi con re Carlo VIII, grande ciambellano
di Luigi XII e governatore della Piccardia. Si sposò nel 1492
con Leonora de Guevara.

Dunque, a parte l'enigma del viaggio di Leonardo
a Napoli, possiamo tranquillamente concludere che la
piastrella dell'Arcangelo Gabriele fu donata, insieme a un

manoscritto perduto, alla Duchessa di Amalfi, la quale
mattonella, per i servigi ricevuti, la donò poi a Francesco
Fenicia, per essere tramandata in linea diretta a un ramo
della famiglia Fenicia, dalla quale discende l'attuale
proprietario. L'illustre famiglia Fenice da Ravello, verso la
fine del XVI, si spostò nella città di Ruvo di Puglia[9]

Terracotta attribuita a Leonardo Da Vinci, 1471,
British Museum.

9. Matteo Camera: *Memorie storico-diplomatiche dell'antica Città e ducato di Amalfi*, Vol.2°, ed.Amalfi 1999, Pag.405).

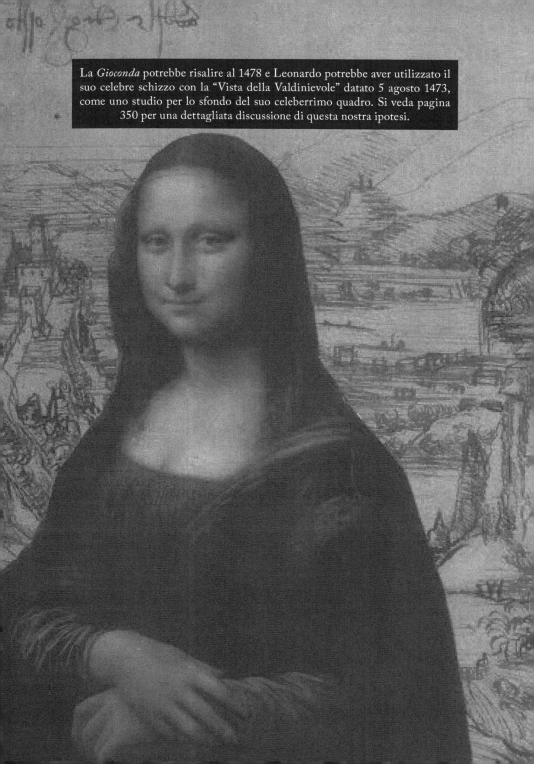

La *Gioconda* potrebbe risalire al 1478 e Leonardo potrebbe aver utilizzato il suo celebre schizzo con la "Vista della Valdinievole" datato 5 agosto 1473, come uno studio per lo sfondo del suo celeberrimo quadro. Si veda pagina 350 per una dettagliata discussione di questa nostra ipotesi.

Capitolo Otto

O speculatore delle cose, non ti laudare di conoscere le cose, che ordinariamente, per sé medesima la natura, per sua ordini, naturalmente conduce; ma rallegrati di conoscere il fine di quelle cose, che son disegnate dalla mente tua!
Leonardo Da Vinci

Tratti orientali nelle opere di Leonardo Da Vinci

Serge Bramly, uno dei biografi di Leonardo Da Vinci meglio informati e diligenti, ha notato che alcune delle frasi di Leonardo, stranamente, richiamano certi *koan* ossia indovinelli Zen, che non possono avere una risposta logica ma che vengono creati per stimolare la mente e rafforzare la nostra consapevolezza cosciente:

La luna densa e grave come sta, la luna?[1]

Oppure:

Il sole non vide mai nessuna ombra[2]

Leonardo, inoltre, consiglia di coprire i muri con macchie senza una forma definita, oppure di tenere delle pietre assomiglianti a dei mostri contorti sul proprio tavolo

---

1. Quaderno K, Parigi, fol. i recto. La luna densa e gra[ve]; densa e grave come sta la luna

2. Codice Atlantico, 300r.

di lavoro, perché questo riposa la mente e, così facendo, immaginiamo panorami montuosi, alberi e battaglie. Questi concetti espressi da Leonardo sembrano copiati parola per parola da un brano scritto da Sung Ti nell'undicesimo secolo e la somiglianza è tale che non può trattarsi di una semplice coincidenza.[3]

Scegliete un vecchio muro in rovina, stendete su di esso un pezzo di seta bianca. Guardatelo di sera e poi di mattina, finché, attraverso la seta, possiate vedere questa rovina, le sue protuberanze, i suoi livelli, gli zig-zag, le fenditure, fissandoli nel vostro spirito e nei vostri occhi. Fate delle prominenze le vostre montagne, delle parti più basse le vostre acque, degli incavi i vostri burroni, delle fenditure i torrenti, delle parti più chiare i punti più vicini, di quelle più scure quelli più lontani. Fissate tutto ciò profondamente in voi e ben presto vedrete uomini, uccelli, piante, alberi e figure che volano e si muovono in mezzo ad essi. Voi potrete allora usare il pennello seguendo la vostra fantasia. E il risultato sarà una cosa del cielo e non dell'uomo.

Forse Leonardo lesse una sua traduzione, oggi perduta, anche se non sappiamo dove e quando. Questo genere di consigli erano molto comuni e noti fra i letterati cinesi, che tengono delle pietre contorte e oggetti curiosi sul proprio tavolo, proprio come dice Leonardo, per far riposare la mente e stimolare la fantasia.

Una favoletta molto comune in Cina dai tempi antichi si trova anche fra i suoi scritti allegorici:

Sendo l'ostrica, insieme colli altri pesci in casa del pescatore scaricata vicino al mare, pregò il ratto, che al

3. Herbert Giles *History of Chinese Pictorial Art* Quaritch, Londra, 1918.

mare la conduca; e il ratto, fatto disegno di mangiarla,
la fa aprire; e mordendola, questa li serra la testa e sì lo
ferma: viene la gatta e l'uccide.[4]

In uno dei suoi manoscritti anatomici troviamo una
nota databile al 1505, nella quale forse egli non scrive degli
abitanti del Nuovo Mondo, come molti credono:

L'unghie lunghe appresso a delli Europei sono
reputate vergognose, e appresso dell'Indi son tenute
in gran venerazione, e le fanno dipingnere con acque
essenziative, e le tengon con diversi traforamenti, e
dicano che quest'è cosa da omini gentili, e che l'unghie
corte son cose da lavoratori e meccanici in diverse
arti.[5]

Forse, si riferiva agli indiani o ai cinesi, che in certi
periodi storici coltivarono la passione per le unghie lunghe,
come segno di ricchezza.

La seconda opera datata e firmata di Leonardo, dopo la
quadrella, è un disegno di 19,6x28,7 centimetri conservato
nel Gabinetto Disegni e Stampe degli Uffizi, e conosciuto
come una vista della Valdinievole. Sul retro, si trova
tracciato un disegno con carboncino nero, riportato con
una penna, e un paesaggio montuoso con un ponte e una
figura maschile, nonché una frase non speculare di difficile
lettura. Forse: *io morando dantonio son chontento*. Sul davanti,
un disegno ad inchiostro su carta, e in cima Leonardo vi
scrisse, da destra a sinistra, nel suo caratteristico stile a
scrittura speculare:

dì di santa Maria della Neve/addì 5 daghossto 1473.

4. Quaderno H, 51v.

5. Windsor, R. L. 19020 r.

La notevole importanza di questo disegno — pur essendo solo uno schizzo preparatorio — consiste nel fatto che è appunto datato e firmato da Leonardo.

Leonardo aveva 21 anni e questo, secondo alcuni critici d'arte, è il primo paesaggio europeo dove non compaiono figure umane — un fatto comune in Cina, ma che in Europa non s'era mai visto prima. Anche se delle figure di barcaioli sono visibili in lontananza e vengono rappresentati in uno stile distintamente cinese, che possono essere visti utilizzando una lente d'ingrandimento.

Come possiamo dunque dire che questo schizzo fu ispirato a Leonardo dalla Valdinievole e non alla Valdarno? Secondo la nostra ipotesi, ciò è dovuto all'accenno da lui fatto alla Madonna della Neve, festeggiata il 5 agosto dalla chiesa cattolica (mentre per la chiesa greco-ortodossa quel giorno è la festa della vigilia della trasfigurazione di Gesù sul Monte Tabor).

L'accenno da parte di Leonardo a una festa religiosa è strano, perché sappiamo da Giorgio Vasari che in gioventù egli fu animato da un forte spirito anticristiano. Ma fu forse motivato da un fatto straordinario che l'indusse ad aggiungere alla data anche l'anniversario liturgico?

La festa della Madonna della Neve ebbe inizio nel quarto secolo dopo Cristo, allorché un nobile romano di nome Giovanni, insieme a sua moglie, non avendo figli, decise di offrire i propri beni alla Santa Vergine per la costruzione d'una chiesa. La Madonna approvò il loro disegno e gli apparve in sogno fra il 4 e il 5 agosto del 364, dicendo che avrebbe compiuto un miracolo nel luogo dove voleva vedere sorgere la chiesa: vi avrebbe fatto cadere la neve. La mattina seguente i due coniugi parlarono al Papa Liberio (352-366), e scoprirono che anche lui aveva fatto lo stesso sogno e insieme si recarono sul luogo indicato: l'Esquilino. Lo trovarono coperto di neve! Il Papa vi tracciò il perimetro

Andrea di Bonaiuti, dettaglio de *La Chiesa militante e trionfante*, affresco in Santa Maria Novella, Firenze. Ambasciatore cinese o mongolo, circa 1365.

della erigenda chiesa, seguendo la superficie del terreno innevato, e così iniziarono i lavori. Quella chiesa, detta liberiana, divenne nota come *ad nives* (della neve), ma fu poi demolita e ingrandita da Sisto III (Papa dal 432 al 440) e, in ricordo del Concilio di Efeso, egli la chiamò Basilica di Santa Maria Maggiore. In seguito, a partire dal 1568, la denominazione ufficiale della festa liturgica della Madonna della Neve fu cambiata e dedicata alla Basilica di Santa Maria Maggiore, con la celebrazione ferma al 5 agosto.

Il miracolo della neve caduta ad agosto non fu più citato negli annali ecclesiastici, perché considerato leggendario e non documentato. Ma il culto sulla Madonna della Neve restò sempre forte e fra il quindicesimo e il diciottesimo secolo si ebbe la sua massima diffusione, con molte chiese a lei dedicate e con grandi celebrazioni agostane che coinvolgevano intere città e borghi, dove il miracolo veniva ripetuto con una pioggia di petali di rosa bianca che cadevano dall'interno della cupola, durante la Santa Messa. In Italia, si contano oggi 152 edifici sacri fra chiese, santuari, basiliche minori, eccetera, intitolate alla Madonna della Neve, e ogni regione ne possiede una notevole quantità, per esempio: Piemonte 31, Lombardia 19, Campania 17.

In Toscana questo culto non fu molto praticato e ci risulta che vi esista, ed esisteva, una sola chiesa dedicata alla Madonna della Neve: questa si trova a Chiesina Uzzanese, che oggi conta poco meno di 5.000 abitanti, in provincia di Pistoia. La chiesa della Madonna della Neve che vi sorge fu realizzata intorno alla metà dell'Ottocento, sulla base di un edificio più antico, anch'esso avente la stessa Patrona.

Chiesina Uzzanese si trova sul limite occidentale della Valdinievole, di cui è il comune più piccolo, a nord-ovest del Padule di Fucecchio e a nord delle colline delle Cerbaie. Dunque, per via di tale accenno da parte di Leonardo Da

Vinci, ci pare lecito ipotizzare che egli passò per Chiesina Uzzanese quel giorno, prima o dopo la sua escursione estiva, durante la quale non trascurò di disegnare su un foglio, anche se non è possibile pensare che Leonardo lo abbia completato di getto, essendo molto preciso e dettagliato, e ci ritornò sopra nei giorni successivi. Ebbene, l'accenno alla Madonna della Neve potrebbe essergli stato suggerito dalle celebrazioni festive alle quali aveva assistito quel giorno, e che gli erano rimaste impresse nella memoria.

Nel 1929 Heydenreich così lo descrisse:

> *Spesso lo troviamo descritto come il primo disegno d'un panorama. Prima di Leonardo un paesaggio senza figure umane o simbolismi sarebbe stato impensabile: il primo paesaggio completo senza figure umane viene attribuito a Peter Paul Rubens, quasi duecento anni dopo questo disegno di Leonardo. Conosciamo affreschi romani con semplici paesaggi, ma questi furono sconosciuti ai tempi di Leonardo e nei precedenti settecento anni.*[6]

Questo capolavoro di Leonardo ci dà l'impressione che sia stato ispirato da dipinti cinesi, dove raffigurazioni simili sono molto comuni a partire dal decimo secolo.

Una mostra fu organizzata al Museo Victoria and Albert di Londra, nel 2013, per dimostrare che i cinesi inventarono la pittura del paesaggio molto prima di Leonardo Da Vinci, un'affermazione che, come abbiamo detto, è facilmente dimostrabile. Infatti, in quella mostra alcuni antichi dipinti cinesi vennero messi a fianco delle riproduzioni di paesaggi leonardiani per dimostrare la preminenza cinese, come Serata Invernale di Li Gongnian, dipinto nel 1120. Il giornalista Jonathan Jones del *The Guardian* che recensì

6. Ludwig H. Heydenreich *Leonardo Da Vinci* Phaidon, Londra, 1954.

Leonardo Da Vinci, *Confine d'un bosco di betulle*,
Castello di Windsor, Royal Collection.

quella mostra, ne fu talmente impressionato, dopo aver
parlato con il curatore, Zhang Hongxing, che scrisse un
articolo incentrato sul fatto che Leonardo Da Vinci s'ispirò
ai cinesi.

C'è un altro dipinto di Leonardo, conservato nel Castello
di Windsor, noto come *Confine d'un bosco di betulle*, che
possiede caratteristiche fortemente cinesi. Sir Kenneth
Clark, colmo d'ammirazione, definì così quest'opera:
"Tecnicamente è un miracolo."

Nella collezione reale di Windsor ci sono in realtà diverse
opere che possiedono *un profumo orientale* se così possiamo
dire, e di una di esse, per esempio il numero 12392, Sir
Kenneth Clark disse: "L'effetto che ci viene trasmesso è
quello dato da una copia di Hokusai".

Poco più avanti, nella produzione di Leonardo troviamo
una rappresentazione di due alberi Bonsai che non erano
mai stati prima rappresentanti in tutta la storia dell'arte
occidentale.[7]

---

7. Windsor, 12402.

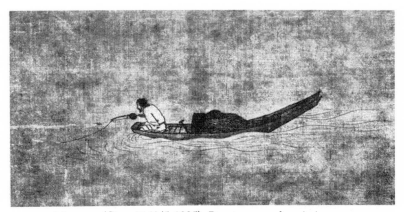

Ma yuan, (Cina, 1160/5-1225), *Pescatore su un lago, in inverno*.
La prima illustrazione di una canna da pesca con mulinello.

Anche la rappresentazione di rocce e delle caverne in Leonardo ricorda un po' quelle utilizzate nei dipinti cinesi a partire dalla dinastia Tang (618-907), e alcune di queste rocce si possono scorgere nella *Vergine delle Rocce*.

Un dipinto cinese che mette in mostra questo stile di raffigurazione, può essere *Il Viaggio dell'Imperatore Ming Huang a Shu* di Li Zhao, eseguito durante la dinastia Song (960-1279), con inchiostri colorati su una base di seta, conservato al National Palace Museum di Taipei.

Il ritratto di Ginevra de' Benci, nota anche come la *Signora del Lichtenstein* o la *Dama del Ginepro* è un dipinto eseguito da Leonardo verso il 1474-1478 e viene gelosamente custodito alla National Gallery of Art di Washington D.C. Gli esperti lo considerato il secondo dipinto realizzato da Leonardo dopo la *Madonna Dreifus*. Si tratta di un quadro relativamente piccolo, realizzato su un pannello di legno di pioppo bianco di Lombardia, di circa 39x37centimetri, donato alla National Gallery of Arts da Ailsa Mellon Bruce (1901-1969), la figlia del magnate Andrew W. Mellon (1855-1937), la quale lo comprò dalla collezione del principato del Lichtenstein nel 1967 per l'allora favolosa somma di cinque milioni di dollari. Fu attribuito a Leonardo o a uno dei suoi discepoli solo nel 1866, da Gustav Friedrich von Waagen (1794-1868), mentre prima lo si credeva un'opera di Lucas Cranach. Questa nuova attribuzione fu molto contrastata. Secondo Berenson, Morelli e Reymond, era del Verrocchio, ma oggi viene universalmente attribuita a Leonardo. Le vicende passate di tale dipinto e di come finì nella galleria del principe del Lichtenstein non sono conosciute.

Ebbene, la donna che vi viene rappresentata possiede un'espressione tutto sommato inquietante che emana un magnetismo strano, simile a quello trasmesso dalla *Gioconda*. Una volta che avremo guardato nei suoi occhi tristi, non potremo più dimenticarli...

Le caratteristiche facciali di Ginevra mostrano sembianze cinesi, soprattutto per la forma degli occhi e il rilievo degli zigomi. La parte inferiore di questo quadro fu purtroppo segata — non si sa quando e perché — ma quasi certamente teneva un mazzolino di fiori nelle mani.

I critici lo interpretano come un ritratto di Ginevra de' Benci, diciassettenne, figlia di Amerigo de' Benci, dipinto in occasione del suo matrimonio con Luigi di Bernardo di Lapo Niccolini, celebrato il 5 gennaio 1474.

Vi si nota una forte influenza esercitata da pittori fiamminghi come Jan Van Eyck (c.1390-1441), Hans Memling (1435- 1494) e Petrus Christus (1410-1472/73), che erano conosciuti a Firenze. Secondo Andrè Suarès, questo quadro non possiede "le lacrime e la musica dell'amore", ma pare piuttosto simile a un'equazione d'algebra, secondo Serge Bramly.

Possediamo due sonetti di Lorenzo de' Medici nei quali loda la bellezza e l'eleganza di Ginevra. Ginevra, che morì nel 1520, durante la sua giovinezza, era considerata una delle donne più affascinanti di Firenze, anche se osservando tale suo presunto ritratto è difficile crederlo.

Leonardo Da Vinci, *Annunciazione*. Dettaglio della Madonna. Uffizi, Firenze. Il taglio degli occhi sembra cinese, o orientale.

Un Buddha appena nato punta il dito verso il cielo. Statuetta in bronzo dorato, risalente alla dinastia Ming. Leonardo fu il primo pittore occidentale a rappresentare Santi che puntano il dito verso il cielo.

Prima di tutto, pare una signora matura, piuttosto ordinaria e turbata da qualche fatto che non ci è noto; inoltre, ha un'espressione funerea, senza la gioiosità di una ragazza che si va a sposare. Non ha gioielli al collo e porta un velo nero sulle spalle, senza contare che il ginepro che sta dietro di lei è sì un simbolo di fedeltà, ma anche di lutto.

Certo, come è stato fatto notare, è possibile rilevare un'assonanza fra il nome di Ginevra e il ginepro, ma basta questo per farcela prendere per Ginevra de' Benci? Pare proprio di no. Sul retro, si trova un motto in latino, che richiede notevoli contorsioni mentali per collegarla con Bernardo Bembo, un amico della famiglia Benci, che ne loderebbe la sua castità, essendo la ragazza sfuggita alle sue avances. Basta dunque questo per convincerci a crederlo il ritratto di Ginevra de' Benci, di cui parla il Vasari, il quale certamente attinse dall'Anonimo Gaddiano (o Magliabechiano)?

> *Ritrasse in Firenze dal naturale Ginevra d'Amerigho Benci, la quale tanto bene finì, che non il ritratto, ma la propria Ginevra pareua.*[8]

Vasari non raccontava frottole, ma, come scrisse Francesco Flora:

> *Il Vasari scrisse inesattezze, ma non le inventava. Le ha accolte nella narrazione di persone degne di fede. Talvolta fu ingannato dalla memoria, talvolta forse lavorò di maniera pensando di interpretare il vero.*[9]

In quell'epoca, quando un artista riceveva una

---

8. Carl Frey *Anonimo Gaddiano* Grote'sche Verlagsbuchhandlung, Berlino, 1892, p. 111.

9. Francesco Flora, *Leonardo*, Mondadori, Milano, 1952, p. 214.

commissione per un ritratto non era libero di raffigurare qualcosa che poteva offendere il soggetto, anzi doveva abbellirlo il più possibile per soddisfare il cliente. Se Leonardo avesse presentato questo ritratto di Ginevra al marito che la portava all'altare, sarebbero stati soddisfatti di questa rappresentazione della sposa?

Sul retro si trova una ghirlanda composta da un ramo di ginepro e una palma, e un motto latino *Virtvtem Forma Decorat* tradotto come la bellezza adorna la virtù, che non fu dipinto da Leonardo e che, secondo alcuni critici, sarebbe da collegarsi all'ambasciatore veneziano a Firenze, Bernardo Bembo (1433-1519). L'insegna del Bembo è simile, ma con una palma e un lauro, e il motto *Virtus et Honor*.

Il veneziano Bernardo Bembo (1433-1519) era sposato con Elena Marcello, e i due ebbero sette figli insieme, fra i quali il famoso umanista Pietro Bembo. Bernardo Bembo fu amico dei Benci e, secondo la leggenda, non appena Bernardo Bembo arrivò a Firenze s'innamorò della giovane Ginevra de' Benci. Si disse che fu solo amore platonico, ma non possiamo dire perché a dispetto del suo bel motto il Bembo fu un maneggione. Possediamo alcune sue lettere con le quali domanda favori per sé e per i propri parenti ai due fratelli Medici, creando chiari conflitti d'interesse con il suo mandato diplomatico. La sua prima residenza a Firenze durò dal gennaio 1475 al maggio 1476, e divenne amico di Giuliano e di Lorenzo de' Medici. Fu rimandato a Firenze nel luglio 1478, dopo l'assassinio di Giuliano de' Medici.

Leonardo Da Vinci fu amico del fratello di Ginevra, Giovanni de' Benci, a tal punto che quando nel 1482 partì da Firenze diretto a Milano lasciò a casa di questi la sua incompiuta *Adorazione dei Magi*, che oggi troviamo agli Uffizi.

Dunque, Ginevra de' Benci si sposò il 14 gennaio 1474 e Bembo vi arrivò nel 1475. L'anno fiorentino era calcolato *ab incarnatione* e quindi il matrimonio di Ginevra de' Benci va mosso in avanti di un anno, al 1475, mentre l'arrivo del Bembo avvenne davvero nel gennaio del 1475, dato che poté assistere alla giostra descritta nelle stanze del Poliziano per festeggiare la pace conclusa nel novembre del 1474 con un'alleanza tra Firenze, Milano e Venezia, e che fu festeggiata nel gennaio seguente con la giostra vinta da Giuliano de' Medici. Questo particolare sull'uso dell'anno ab incarnazione ha confuso certi critici d'arte. Non è dunque possibile che il ritratto sia stato commissionato dal Bembo in occasione del matrimonio di Ginevra de' Benci.

Esiste un altro ritratto alla *National Gallery of Arts* di Washington che si crede una rappresentazione di Ginevra de' Benci, nel quale si raffigura tutt'altra donna: questo fu dipinto da Lorenzo di Credi — un altro allievo di Verrocchio — ma in quel caso tutti sono d'accordo nel pensare che in quel momento Ginevra era già vedova, e quindi fu rappresentata sotto a un ginepro. Ebbene, queste due donne paiono completamente diverse!

Se confrontiamo questo dipinto a certi presunti autoritratti di Leonardo, nella *Adorazione dei Magi* per esempio, ravvisiamo una certa rassomiglianza — e questa non può essere una coincidenza: forse questa signora rappresentata nel ritratto di Ginevra de' Benci è davvero Caterina, la madre di Leonardo Da Vinci.

Ciò che ci sembra interessante notare qui è che quando a Leonardo era data libertà di improvvisare figure femminili, dipingeva sempre volti orientaleggianti, come la *Madonna del Garofano*, la *Madonna Benois* e *l'Annunciazione*. Mentre quando Leonardo dipinse la *Dama con l'ermellino* si focalizzò sul proprio soggetto e vi vediamo rappresentata la vera Cecilia Gallerani, la cremonese favorita dal Moro, alla quale il 18 maggio 1491 egli donò il feudo di Saronno come premio per avergli dato un figlio maschio, Cesare

Sforza Visconti, che nacque il 3 maggio del 1491. Lo stesso possiamo dire per la *Belle Ferronière* che ritrae la vera Lucrezia Crivelli.

L'attrazione che avvertì Leonardo per l'Oriente e le sue chiare influenze orientali furono notate molto prima che sorgessero dubbi circa l'origine etnica di sua madre. Il suo interesse per l'Oriente può essere visto anche in un meraviglioso disegno conservato a Windsor e datato il 1508-1509, nel quale raffigura una pianta conosciuta solo in Estremo Oriente, chiamata *Coix Lacryma jobi*. Non sappiamo dove egli la vide e perché la rappresentò; forse, la pianta fu portata in Italia da uno dei primi navigatori fiorentini che si spinsero a Oriente.

La Cina era conosciuta come una terra ricca e meravigliosa e la curiosità di Leonardo si volgeva spesso verso le terre orientali, mentre allo stesso tempo non gli importò più di tanto della nuova scoperta del continente americano, del quale tutti parlavano, anche se occorre sottolineare che Cristoforo Colombo, a differenza di Amerigo Vespucci, era certo di aver raggiunto la Cina, non un continente nuovo.

Quando Colombo morì, nel 1506, era convinto che Cuba facesse parte del Giappone, il *Zipangu* descritto da Marco Polo. Il grande genovese possedeva una copia de Il Milione, che era stato stampato per la prima volta nel 1485, e ordinò una copia manoscritta personale nel 1486, sulla quale lasciò centinaia d'annotazioni, dunque già prima del 1492 conosceva bene il contenuto di quel libro.[10]

Fu solo dopo la sua morte che Sebastian de Ocampo circumnavigò Cuba, dimostrando così che si trattava di un'isola e che del Giappone non v'era traccia.

Nel Codice F di Leonardo, ora nella *Bibliotèque dell'Institut de France* v'è una misteriosa scritta sul retro della

---

10. Jonathan D. Spence, *The Chan Great Continent*, Norton, New York, 1999, p. 17.

copertina:

Piata d'Ellefante chella Antonello/mercato.[11]

La cartina di Elephanta che possiede Antonello il mercante. Nessuno sa chi fosse questo Antonello, ma diverse proposte sono state avanzate sull'ubicazione del luogo indicato. L'ipotesi più comunemente accettata è che si tratti dell'isola di Garapur, nella baia di Mumbai, la quale fu dai portoghesi chiamata Elefanta, per via di una scultura colossale di un elefante che si trovava davanti a un tempio, e che poi fu spostata in un parco. Come Leonardo ne fosse venuto a conoscenza non lo sappiamo, ma vi è un altro riferimento all'India, della quale Leonardo scrive a proposito dell'usanza di distribuire frammenti di legno di statue credute miracolose, consumati poi dai fedeli.

Ci è nota l'amicizia che legava Leonardo con il viaggiatore fiorentino Benedetto Dei (1418-1492), poiché fecero un viaggio insieme da Firenze a Milano, all'inizio del 1482, e anche perché il Dei fu il destinatario di una lettera scritta da Leonardo circa un viaggio in Siria e in Armenia, e di un'altra lettera al Diodario di Soria, ovvero il governatore della Siria.

Benedetto Dei fu uno dei più grandi viaggiatori della sua epoca e lasciò un dettagliato resoconto di certe sue spedizioni che si trova negli Archivi di Stato di Firenze, intitolato *Istoria del Dei*, contente 91 pagine numerate.

Nel corso della sua vita, fu un grande sostenitore di Cosimo de' Medici, ma trascorse molti anni a Venezia, che pur detestava, come Niccolò Machiavelli. Poi si trasferì ad Istanbul, dove divenne un confidente del Sultano, dunque non è difficile immaginare come Leonardo rimase affascinato dai suoi racconti.

11. Quaderno F, retro della copertina, Parigi.

Il Dei fu anche un associato alla famiglia Portinari, un amico di Paolo dal Pozzo Toscanelli (1397-1482) e di Tommaso Marchionni, noto anche come Bartolomeo il Turco, ricchissimo banchiere e mercante di schiavi.

Una bozza di una sua lettera nel Codice Atlantico di Leonardo è indirizzata al Diodario o Diwadar di Siria, un luogotenente del Sultano di Babilonia (così era denominata il Cairo). In tale lettera, Leonardo descrive in prima persona le sue esperienze in Egitto, Cipro e Siria. L'erosione di una montagna e la sparizione di una città a causa di un diluvio, accompagnando la sua missiva con dei disegni.

Un tentativo fu fatto da J.P. Richter (1847-1937), nel 1883, per dimostrare che effettivamente Leonardo vi era stato prima del 1483, ma nel 1925 Gerolamo Calvi[12] dimostrò che questo era impossibile... eppure, come un lampo nella notte, ecco un suo vivido appunto contenuto nel *Trattato della Pittura* che ci fa pensare che egli in effetti vide l'Egitto:

> *Molto distante è l'orizzonte che si vede nel lido del mare d'Egitto riguardando verso l'avvenimento del Nilo, inverso l'Etiopia: vedi l'orizzonte confuso anzi incognito, perché v'è tre miglia di pianura, che sempre s'innalza, insieme coll'altezza del fiume; e s'interpone tanta grossezza d'aria infra l'occhio e l'orizzonte etiopico, che ogni cosa si fa bianca e così tale orizzonte si perde di sua notizia*

Carlo Pedretti e Kenneth Clark considerano questa lettera di Leonardo al Diodario come parte di una complessa fantasia. Forse Leonardo intendeva scrivere una sorta di romanzo, o un immaginario diario di viaggio, come

---

12. Giuseppe Calvi, *I manoscritti di Leonardo da Vinci*, Bramante, Busto Arsizio, 1982 (I ed. 1925), pp. 68-9.

quelli che troviamo nella sua biblioteca personale, una specie di versione personale dei *Viaggi* di Sir John Mandeville, con delle figure da lui disegnate. Se avesse completato questo lavoro, oggi parleremmo di Leonardo Da Vinci come l'inventore dei manga! O forse intendeva creare qualcosa di simile alla *Hypnerotomachia Poliphili* di Francesco Colonna. Studi sulla datazione di tale sua romanzesca fantasia la pongono all'incirca al 1508, e si pensa che le descrizioni della Siria vengano da libri da lui posseduti, come la *Metaura d'Aristotile Volgare*, il *De Situ Orbi* di Prisciano e la *Naturalis Historia* di Plinio il Vecchio.[13]

Sigmund Freud interpretò tali note di viaggio come una fantasia e forse pure qui egli ebbe ragione. Secondo il padre della psicoanalisi, Leonardo rimase un bambino per tutta la sua esistenza. Tuttavia, con Leonardo non si deve dar nulla per scontato. La prova di ciò si può trovare nei disegni contenuti in uno dei suoi diari, relativo a un ponte da costruirsi a Istanbul. Anche quello fu interpretato come una fantasia, fin quando nel 1952 non fu ritrovata una nota nell'archivio del Sultano, con la quale si dimostra che la corrispondenza su quel ponte era stata davvero scambiata.

Franz Babinger, un orientalista all'Università di Gottingen e autore del libro *Mehmed il Conquistatore* scoprì negli archivi del Palazzo Topkapi di Istanbul una nota in turco di una lettera spedita da Leonardo Da Vinci, verso il 1503, al Sultano Bayezid II, con la quale proponeva di costruire un ponte ad arcata unica sopra al Bosforo, avente 240 metri di lunghezza e 24 metri di larghezza.[14]

In fondo, v'è un commento che dice: "Un infedele di

---

13. Ladislao Reti, *The Library of Leonardo Da Vinci*, Zeitlin & Ver Brugge, 1972, pp. 9-10.

14. F. Babinger, L.H. Heydenreich, *Vier Bauvorschläge Lionardo da Vinci's an Sultan Bajezid II*, Vandenhoeck & Ruprecht, Gottinga, 1952.

nome Leonardo l'ha spedita da Genova".

Questa è una lettera di richiesta d'assunzione, in cui Leonardo sostiene anche di saper costruire mulini a vento e pompe per estrarre l'acqua dalle navi. Poi parla del ponte sul Corno d'Oro:

> *Io, il Vostro servo, ho sentito della Vostra intenzione di costruire un ponte da Istanbul a Galata, e che non l'avete ancora realizzato per l'impossibilità di trovare uno in grado di realizzarlo.*
>
> *Io, il Vostro servo, so come farlo. L'alzerei all'altezza d'un edificio, in modo tale che nessuno può attraversarlo perché è troppo alto... lo farò in modo che una nave ci possa passare sotto anche con le vele alzate. Farei un ponte levatoio, così quando uno vuole, può passare alla Costa Anatolica... Che Dio Vi faccia credere queste parole, e considerare che questo servo Vostro sarà sempre al Vostro servizio.*

Leonardo doveva aver studiato bene l'area per poter riportare la distanza da una sponda all'altra: circa 244 metri. Può darsi che ebbe le misure mentre stava a Genova o a Roma, forse da uno degli ambasciatori del Sultano, tant'è che, secondo il Vasari, Michelangelo fu anche lui disposto a progettare quel ponte per il Sultano. Un ponte simile fu eretto su scala minore a Oslo, in Norvegia, sulla falsariga del celebre disegno di Leonardo Da Vinci, basato sulla compressione della volta: *facendo di sé spalle a sé medesimo* come dice Leonardo. Troviamo questi suoi disegni in un piccolo codice conservato a Parigi, il Quaderno L. Quello di Leonardo era un progetto troppo avanti sui tempi per poter funzionare con quelle aperture, per via delle limitazioni dei materiali da costruzione che erano a quel tempo disponibili. Assomiglia al ponte di Calatrava di Venezia e, ancor di più,

Leonardo Da Vinci, *Lacrime di Giobbe*, Castello di Windsor, Royal Library.

assomiglia a un ponte esistente in Cina, a Zhaozhou, nella provincia meridionale del Hebei, costruito fra il 589 e il 618 con un singolo arco di 37 metri e con un rialzo di 7 metri.

Nel Codice Windsor troviamo un mappamondo con un abbozzo del subcontinente indiano, databile al 1515 — l'anno in cui Leonardo si trovava a Roma.[15] Le parole presenti su tale schizzo, forse, furono scritte da Francesco Melzi e, inoltre, il disegno stesso non sembra essere stato creato da Leonardo. Vi troviamo sopra il nome America, un nome che solo otto anni prima il cartografo tedesco Martin Walseemuller[16] usò per indicare il nuovo continente nel suo

15. Creduto opera di Leonardo solo perché ritrovato fra le sue carte da Richard Henry Major nel 1864.

16. Martin Waldseemüller, conosciuto come Hylacomylus, decise di chiamare il nuovo continente "America" perché *quia Americus invenit, Amerigen, quasi Americi terram, sive Americam nuncupare licet.*

Cosmographiae Introductio dopo la pubblicazione delle lettere apocrife dell'esploratore fiorentino Amerigo Vespucci, nel libro intitolato *Mundus Novus* del 1503, e una *Lettera al Soderini del 1504* — che causarono scalpore per via dei dettagli scabrosi che contenevano, e per questo andarono attraverso varie ristampe.

Il nuovo nome apparve per la prima volta nel libro stampato da Waldseemüller nel paesino di San Die, in Lorena, ma egli lo utilizzò per far riferimento alla sola America del Sud — dove Vespucci compì il suo primo viaggio. Solo nel 1538, il nome America fu esteso a tutto il continente da Gerard Mercator, nonostante la forte opposizione dei portoghesi e degli spagnoli, che insistettero nel chiamare quelle terre 'Indie Occidentali'. Leonardo possedeva un mappamondo, e accennò a questo nel suo Codice Atlantico, indicando che l'aveva prestato a Giovanni Benci, quasi a voler ricordare di doverlo riavere indietro. Recentemente, è apparso, uscito dal nulla, un uovo di struzzo dipinto con una mappa del mondo e, secondo alcuni, questo sarebbe il mappamondo che Leonardo rivoleva indietro, ma si tratta di una supposizione alquanto azzardata.

C'è un altro globo terrestre che fa parte di un'allegoria disegnata da Leonardo Da Vinci, in cui troviamo ritratto un vecchio lupo (o un orso?) che naviga su una barca a vela guidata da una bussola verso un'aquila incoronata. È un disegno abilmente eseguito, con la maestria tecnica tipica di Leonardo, su un foglio marroncino, avente le dimensioni di 17x28 centimetri.

Per quanto riguarda il suo valore simbolico, possiamo solo tentare di indovinarlo, ma, probabilmente, non conosceremo mai il suo vero significato. Quella strana quercia posta nel mezzo della barca — secondo alcuni

Leonardo Da Vinci, *Allegoria con Lupo e Aquila*. Dettaglio del globo.
Castello di Windsor, Royal Library.

esperti di botanica sarebbe, in realtà, un ulivo.[17] Potrebbe essere un'allusione al Papa Giulio II Della Rovere (rovere vuol anche dire quercia), poiché tale albero è sullo stemma dei Della Rovere, e dunque la nave potrebbe rappresentare la chiesa cattolica. E l'aquila risplendente, con una corona reale sul capo, potrebbe essere il re Francesco I di Francia.

La data comunemente accettata per questo disegno è fra il 1513 e il 1516. Nel 1513 morì papa Giulio I e papa Leone X, il figlio di Lorenzo de' Medici, prese il suo posto. Quello che non è mai stato sufficientemente notato è che il globo su cui poggia l'aquila delinea un mappamondo tutto sommato dettagliato. Non v'è l'America, ma l'Europa, l'Africa e parte dell'Asia paiono ben definite e non sono solo dei segni casuali. A sinistra v'è il contorno dell'Africa, la penisola

---

17. Antonio Baldacci *La barca con l'olivo e il lupo verso l'Aquila Imperiale* Regia Accademia di Bologna, 1939. Secondo l'autore, si tratterebbe di un olivo e non di una quercia o un gelso, perché il gelso non ha succhioni alla sua base, che si vedono nello schizzo di Leonardo. L'aquila rappresenterebbe la casata imperiale d'Austria e il lupo sarebbe Ludovico Sforza.

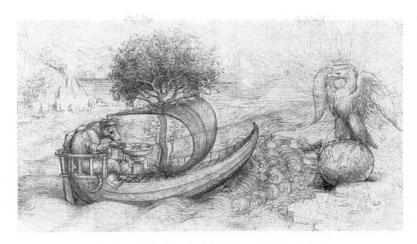

Leonardo Da Vinci, *Allegoria con Lupo e Aquila.*
Castello di Windsor, Royal Library.

arabica, India e Sri Lanka, e delle isole sparse. A destra, in modo non ben definito, appare quella che parrebbe essere la costa cinese. È stupefacente notare come Leonardo poté realizzarla con tale precisione, pure essendo questo solo un disegno satirico. È infatti molto meglio proporzionata della celebre mappa di Claudio Tolomeo, posta nel suo libro Geografia, del secondo secolo, e la cui riscoperta nel quindicesimo secolo causò un clamore notevole.

La copia più antica della mappa tolemaica risale al dodicesimo secolo, ed è un'opera impressionante, dove si vede l'India, lo Sri Lanka, la Cina e anche il Giappone, raffigurato come una penisola.[18] La prima edizione della Geografia fu pubblicata a Vicenza, ma senza la carta geografica, e fu nuovamente pubblicata nel 1477 a Bologna, completa di mappa. La prima traduzione italiana risale al 1482 e uscì a Firenze.

L'esploratore Andrea Corsali inviò una lettera a Giuliano

---

18. James Brotton *A History of the World in twelve Maps*, Penguin, Londra, 2012, p.19

de' Medici, duca di Nemours e patrono di Leonardo, da Cochin, in India, il 6 gennaio 1515. Fu, in realtà, scritta nel 1516, perché il calendario fiorentino, come già detto, iniziava *ab incarnatione* ossia il 25 marzo, e dunque tutti i documenti datati dal primo gennaio al 24 marzo vanno spostati in avanti di un anno. Corsali inviò una seconda lettera a Lorenzo II de' Medici, il 18 settembre 1517, o forse nel 1518.

Richiamando le usanze degli abitanti di Gujarat, sulla costa nord-ovest dell'India, ebbe questo a dire:

> *Fra Goa e Rasigut, o ver Carmania, vi è una terra detta Cambaia, dove l'Indo fiume entra nel mare. È abitata da gentili chiamati Guzzaratti, che sono grandissimi mercatanti. Vestono parte di essi all'apostolica e parte all'uso di Turchia. Non si cibano di cosa alcuna che tenga sangue, né fra essi loro una cosa animata, come il nostro Leonardo da Vinci: vivono di risi, latte e altri cibi inanimati. Per esser di questa natura, essi sono stati soggiogati da' Mori, e di questi signoreggia un re maumettano, che tiene una pietra che, mettendola nell'acqua o in bocca, subito rimedia ad ogni veneno. In questa terra nasce indaco, storace liquido, corniuole, calcidonii in quantità grandissima, e di essi si lavorano manichi di daghe e pugnali eccellentissimi. Gli uomini sono olivastri, di grandissimo ingegno e artificio di tutte l'operazioni. Essa regione di Cambaia ha il mare verso mezodì, Rasigut o ver Carmania da ponente, Paleacate da levante, e da settentrione molto fra terra il re di Sanmarcante.[19]*

Questa è una descrizione dei Jaina, risiedenti nella

19. *Relazioni di Viaggiatori II* Tipografia del Gondoliere, Venezia 1841, p.65

regione indiana di Gujarat, dove il popolo era riconosciuto per il rifiuto della violenza. Questo piccolo accenno al vegetarianismo di Leonardo costituisce anche una prova evidente di come la sua abitudine lasciò una forte impressione su Andrea Corsali e pure sul suo patrono, Giuliano de' Medici.

Nella prima lettera Corsali scrisse anche che i mercanti navigavano verso Cina: riportavano rabarbaro, storace, muschio, perle, porcellane e seta.

A capo del commercio con l'India, i portoghesi risiedenti a Goa posero un fiorentino. Il suo nome era Francesco Corbinelli ed era nato a Firenze il 19 giugno 1466. Corbinelli si trasferì poi in Portogallo, dove sposò Maria Marchionni, figlia del potente commerciante fiorentino Bartolomeo Marchionni, il quale fu socio di Giuliano del Giocondo — un parente del marito di Monna Lisa del Giocondo — di Leonardo Nardi e di Gerolamo Sarnigi. Il Corbinelli viene spesso ricordato per aver scritto una famosa lettera, datata 22 agosto 1503, nella quale descrive il secondo viaggio di Vasco de Gama, registrando le impressioni dategli dai marinai che aveva incontrato alcuni giorni prima sulla nave Santo Antonio.

Un altro esploratore, finanziatore e mercante che in qualche modo era vicino alla cerchia di amicizie di Leonardo Da Vinci fu Giovanni di Leonardo da Empoli, ricordato come il primo banchiere che si spinse dall'Europa alla Cina, come rappresentante della ditta Gualtierotti & Frescobaldi.

Nacque a Firenze nel 1483 e, così come suo padre, divenne un seguace del frate Gerolamo Savonarola, il quale, ingenuamente, tentò di trasformare Firenze in una sorta di Gerusalemme terrena. Giovanni da Empoli morì vicino a Canton, nel Sud della Cina, nel mese d'ottobre del 1517, mentre si trovava imbarcato su una nave portoghese comandata da Peres de Andreade. Stava accompagnando la sfortunata delegazione guidata dall'ambasciatore Tomé Pires sino a Pechino, alla ricerca di concessioni commerciali. Mentre attendevano il permesso di proseguire con il viaggio verso Nord, sbarcò a terra e s'ammalò, forse di tifo. Morì assieme ai suoi due compagni fiorentini: Raffaello Galli e Benedetto Pucci.[20]

L'interesse di Leonardo per l'Oriente è testimoniato anche dalla sua vicinanza a viaggiatori che vi si recavano, e che Leonardo conobbe di persona. Ovvio, dunque, che avvertì un forte desiderio di staccarsi da tutti i propri impegni e commissioni, salire a bordo di una delle navi che salpavano da Lisbona alla volta dell'India. Abbiamo un suo strano sogno, riportato dal Lomazzo, nel quale egli lascia l'Italia diretto a Oriente.

Copricapo per dame.
Cina e tardo Medioevo in europa.
A e *D*: Dinastia tang, Cina.
E: Dinastia Song, Cina.
B, C, F: europa.

20. Marco Spallanzani *Giovanni da Empoli* SPES. Firenze, 1999.

Sbarcando a Canton dopo un lungo e difficile viaggio, che cosa avrebbe incontrato Leonardo nella ricca Cina? La dinastia dominante in quel tempo era detta Ming, che significa splendente, la combinazione dell'ideogramma del sole e della luna (明).

Leonardo Da Vinci, *Donna battuta dai venti*, British Museum, Londra. Simili rappresentazioni sono presenti durante il XIV secolo su vasi di porcellana cinesi Meiping.

L'imperatore regnante, dal 1487 al 1505, fu Hongzhi, molto amato per la sua ragionevole disposizione di governo. L'imperatore Hongzhi — Hongzhi vuol dire *Gran Governo* — fu un buon sovrano, un vero confuciano, con una sola moglie e senza concubine, un fatto positivo e saggio per una testa regnante, perché non provocherà guerre dinastiche in seguito alla sua scomparsa. A partire dal 1505, suo figlio maggiore salì sul trono imperiale e assunse il titolo di Zhengde, che significa *Rifondazione della Virtù*, il quale regnerà sino alla morte avvenuta nel 1521. Zhengde all'inizio si dimostrò un buon governante quanto il padre, ma più avanti iniziò ad assumere comportamenti incostanti e violenti, preferendo introdurre stranieri in posizioni ministeriali, non fidandosi dei cinesi, perché li giudicava più propensi alla ribellione.

Questo avrebbe favorito Leonardo, che poteva sperare in una posizione di responsabilità a Corte. Recandosi a Pechino o a Canton, egli si sarebbe sentito a proprio agio e, forse, avrebbe avuto la sensazione di essere finalmente giunto nella sua patria ideale. Molti erano vegetariani, rispettosi degli animali, estimatori della conoscenza più che delle armi e con molti artisti capaci di creare opere raffinate. Avrebbe trovato una società fiorente nelle arti, nell'architettura, capace di creare porcellane magnifiche, affatto sconosciute in Europa.

La Cina di quegli anni era una nazione vasta e ricca, retta da una casta d'intellettuali, noti come *xuezhe* dei civili e non dei generali: selezionati mediante esami pubblici. Una volta terminato il proprio servizio reso allo stato e alla collettività, le menti più brillanti e sincere si ritiravano in campagna dove passavano i loro ultimi anni come degli eremiti, dentro alle loro ville immerse nel verde, rifiutando tutti gli aspetti della vita urbana. Seguivano gli insegnamenti di Confucio e vivevano come filosofi, circondati dai propri affetti, dai propri libri e dagli oggetti che avevano accompagnato la loro vita, bevendo buon tè e praticando pittura e calligrafia. Quello fu un puro ideale confuciano che alla metà del sedicesimo secolo fu travisato, quando apparvero un gran numero di vani letterati, interessati alla forma più che alla sostanza delle cose, conosciuti come *wenren* — uomini colti che sprecavano vanamente il proprio tempo dibattendo d'argomenti inutili, un po' come facciamo noi oggi in Facebook e Twitter.

La stessa cosa accadde in Europa nello stesso periodo con una progressiva chiusura delle menti e con la diffusione — nelle menti prima che negli edifici e nei libri — dello stile barocco e del marinismo.

Parigi, primi novecento, i cinesi furono
i primi a volare con aquiloni.

Capitolo Nove

Un altro de' primi pittori del mondo [Leonardo] sprezza quell'arte dove è rarissimo ad essi posto ad imparar la Filosofia, nella quale ha così strani concetti e nove chimere, che esso con tutta la sua pittura non sapria dipingere.
Baldassarre Castiglione

Leonardo Da Vinci, il vegetariano

Leonardo fu un vegetariano per via delle sue convinzioni filosofiche, le quali possono essere colte leggendo la sua biografia scritta da Giorgio Vasari. Vasari scrisse che in gioventù Leonardo acquistava uccelli al mercato per poi liberarli. Questa è un'usanza buddista ancora praticata in Oriente per ottenere meriti e creare un migliore karma personale.

Il filosofo greco Pitagora fu, senza dubbio, il vegetariano più famoso di tutta la storia occidentale. Poiché credeva alla trasmigrazione delle anime, un concetto fondamentale nel buddismo ed era contrario all'uccisione di animali, dal momento che essi ricevevano la propria anima da un altro animale o da un essere umano defunto.[1]

Nel corso della propria prigionia in Persia, Pitagora conobbe gli insegnamenti di Zoroastro, vissuto più di dieci

---

1. Si sente ripetere che nella Chiesa dei primi secoli fosse stata viva la credenza nella reincarnazione, e che la condanna delle teorie sulla reincarnazione avvenne solo durante il Concilio Costantinopolitano II del 553. Soprattutto il geniale Origene (185-253 circa) verrebbe visto come un suo sostenitore. Ma Origene la rifiuta espressamente nelle sue opere, definendola una stoltezza, attaccando Empedocle (Contro Celso 5,49; 8,53; cfr. 3,75); Pitagora (Contro Celso 5,49; 6,8; 8,30) e soprattutto Platone (Contro Celso 1,20; 4,17).

secoli prima di Cristo, il quale prescriveva il vegetarianismo. L'immagine di Pitagora oppositore dell'uccisione degli animali si diffuse nel mondo classico, soprattutto grazie alle *Metamorfosi* di Ovidio, in cui il filosofo greco offre la salvezza e la pace a chiunque segua la sua sofisticata dieta a base di vegetali.

Leonardo Da Vinci conobbe i lavori di Pitagora e troviamo vari cenni di queste sue letture nei suoi codici, inoltre conobbe bene anche Ovidio, tant'è che le sue *Epistole* si trovano nella lista dei volumi presenti nella sua libreria personale, contenuta nel Codice Madrid II.

Anche Zoroastro fu ben noto a Leonardo, così come a molti altri artisti rinascimentali. Un altro filosofo assai di moda al tempo di Leonardo fu Platone, il quale, nel suo libro *La Repubblica*, arriva ad imporre una dieta vegetariana ai propri concittadini.

Pure lo storico Plutarco (primo secolo d.C.) fu rigorosamente contrario al consumo di carne, credendo alla dottrina di Pitagora relativa alla trasmigrazione delle anime, nota in greco come metempsicosi, al punto da scrivere un libro intitolato *De esu carnium* per diffondere il vegetarianismo:

> *Tu mi chiedi in base a quale ragionamento Pitagora si sia astenuto dal mangiare carne: io invece domando, pieno di meraviglia, con quale disposizione, animo o pensiero il primo uomo abbia toccato con la bocca il sangue e sfiorato con le labbra la carne di un animale ucciso, imbandendo le tavole con cadaveri e simulacri senza vita; e abbia altresì chiamato "cibi prelibati" quelle membra che solo poco prima muggivano, gridavano e si muovevano e vedevano. Come poté la vista sopportare l'uccisione d'esseri che erano sgozzati, scorticati e fatti a pezzi, come l'olfatto resse il fetore?*

Come una tale contaminazione non ripugnò al gusto,
nel toccare le piaghe d'altri esseri viventi e nel bere gli
umori e il sangue di ferite letali?[2]

Possiamo affermare che, in termini generali, i vegetariani si possono suddividere in due categorie: coloro che rinunciano alla carne perché considerano l'uccisione degli animali come un reato e quelli che non la mangiano perché la credono nociva alla propria salute. Adolf Hitler, per esempio, apparteneva alla seconda categoria, mentre Leonardo apparteneva alla prima.

Leonardo Da Vinci. Una bestia fantastica o un Qilin (麒麟 , qílín), noto anche come Kylin, Kilin, K'i-lin, Girin, Kirin. Castello di Windsor, Royal Library.

---

2. Plutarco *Del mangiare carne. Trattati sugli animali* Adelphi, Milano, 2001.

Nel corso del Rinascimento il vegetarianismo fu un fatto raro, riservato ai filosofi neoplatonici, ma non è chiaro se autori come Erasmo da Rotterdam e Tommaso Moro si limitarono esclusivamente a proporlo, oppure lo praticarono.

Il vegetarianismo è dunque uno stile di vita che ebbe origine in Oriente, con le sue radici che affondano profondamente nell'induismo indiano e nei rituali del Rig-Veda e che più tardi si evolse nel buddismo.

Giovanni da Empoli (1483-1518), viaggiatore nell'Asia portoghese, in una relazione del suo primo viaggio in Oriente del 1503-1504, racconta che in certe zone dell'India gli abitanti "non maggiono charne, né pescie, né huova, né chosa che tengha sangue; solo mangiano risi e erbe."

Nella già citata prima lettera che Andrea Corsali scrisse dall'India nel 1516 a Giuliano de' Medici si legge:

> *Non si cibano di cosa alcuna che tenga sangue, né fra loro consentano che si noccia ad alcuna cosa animata, come il nostro Leonardo da Vinci: vivono di risi, latte e altri cibi inanimati.*[3]

Ma il bolognese Ludovico de Varthema venne in

---

3. Andrea Corsali (1487-?), esploratore nativo di Empoli, distante da Vinci circa sedici chilometri, apparteneva alla generazione successiva a quella di Leonardo, ma è probabile che la vicinanza del loro paese natale possa aver creato tra i due un legame. Inoltre, occorre sottolineare che entrambi servivano lo stesso signore, ovvero Giuliano de' Medici, duca di Nemours. Corsali è noto per le sue due lunghe lettere, sorta di memoriali di viaggio, indirizzate a Giuliano de' Medici (la prima) e a Lorenzo II de' Medici (la seconda, nel 1517) dall'India. Prima di partire per il suo viaggio, ricevette a sua volta una lettera da Papa Leone X (Giovanni di Lorenzo de' Medici), il quale desiderava che la missiva fosse consegnata al leggendario Prete Gianni, un mitico re cristiano che regnava a Oriente (dove precisamente nessuno lo sapeva, anche se si sospettava che risiedesse in Etiopia, dove aveva regnato la Regina di Saba). Dopo aver spedito le due lettere a Firenze, Corsali fece perdere le sue tracce, e il resto della sua vita rimane tuttora un mistero. Possediamo solo delle tenui notizie su come finì: il cronista veneto Alessandro Zorzi annotò che nel 1524 incontrò Tommaso, un frate etiope domenicano, il quale gli disse che Corsali era stato detenuto in Etiopia, impiegato a stampare libri.

contatto ancor prima di Corsali con la stessa popolazione di vegetariani:

I guzerati sono una certa razza di uomini che non mangiano niente che abbia sangue, e non uccidono essere vivente. Queste stesse persone sono né mori né pagani.[4]

Sigmund Freud vide nell'amore esagerato per gli animali da parte di Leonardo non tanto una convinzione filosofica, quanto un tratto comune a gente con tendenze sadistiche durante l'infanzia:

la rimozione dell'amore per la madre farà sì che questa parte venga sospinta verso un'impostazione omosessuale e si manifesti come amore ideale per i fanciulli.[5]

Un'altra intuizione di Freud che non è stata mai studiata a fondo, Freud l'accennò in passant, è che Leonardo fu sessualmente abusato da bambino. Chi fu il responsabile? Il primo uomo che dobbiamo sospettare è il suo padre adottivo, *l'Accattabriga*. Infatti, ben l'ottanta per cento degli abusi sui bambini avvengono in un ambiente familiare, e le più moderne ricerche in questo campo indicano che gli individui che abusano di bambini non lo fanno perché spinti dal desiderio sessuale, ma piuttosto per problemi di potere e di controllo.[6]

---

4. Ludovico de Varthema, *Itinerario*, Stephano Guillireti de Loreno, & maestro Hercule de Nani bolognese ad instantia de maestro Lodouico de Henricis da Corneto vicentino, Roma 1510.

5. Sigmund Freud, *Leonardo da Vinci. Un ricordo d'infanzia di Leonardo da Vinci*, Bollati Boringheri, Torino, 1975, p. 85.

6. Susanne M. Sgroi, *Handbook of Clinical Intervention in Child Abuse*, Lexington, Toronto, 1982.

Sappiamo che Leonardo da bambino possedeva una sorta di delicata bellezza femminea e questa, congiunta al suo isolamento sociale, può averlo messo in pericolo. Non possiamo sapere fino a che punto egli fu abusato, ma i segni di confusione sulla propria sessualità sono evidenti: una madre che lo adorava da una parte e un patrigno abusivo dall'altra, che forse risentiva il fatto che era il figlio del suo benefattore, il gran signore fiorentino e della sua attuale consorte. Abusandone sessualmente, egli avrebbe inconsciamente ristabilito la sua autorità sulla propria famiglia.

Essere vittima d'abuso sessuale non provoca certo l'omosessualità ma, secondo gli psicologi, coloro che in seguito s'identificheranno come omosessuali sono i più a rischio di venire abusati da piccoli. Poiché alcuni di loro si sentono diversi e isolati, per via della propria latente o palese omosessualità, si rendono ancora più vulnerabili. Un abuso può accadere quando l'aggressore approfitta dell'incertezza e della insicurezza dei bambini stessi, ma allorché un bambino viene sessualmente abusato gli psicologi parlano di una alterazione della psiche e della distruzione delle mappe psichiche, un fatto gravissimo che compromette il loro futuro sviluppo. Anche se non esiste violenza o costrizione quando la porta della sessualità adulta viene spalancata in un minore, è sempre una tragedia. Esistono varie teorie che tentano di spiegare perché i bambini che sono stati abusati tentano di replicare situazioni d'abuso, su sé stessi o sugli altri. Consumati da una profonda rabbia per l'ingiustizia subita, tendono cioè ad abusare altri bambini e allo stesso tempo si mettono nuovamente in situazione di pericolo d'abuso.[7]

Sigmund Freud vide in Leonardo Da Vinci un uomo diviso fra impulsi di pietà e d'aggressività e, forte della

---

7. Cleopatra D'Ambrosio, *L'abuso infantile*, Erickson, Trento, 2010, p. 50.

propria esperienza clinica, notò sadismo soppresso nella sua calma e nel distacco con cui sezionava i cadaveri. A volte conversava con i moribondi e, una volta spirati, li anatomizzava, tutto sommato, in condizioni igieniche orrende, senza ghiaccio, senza ventilazione e disinfezione.

Un altro indizio di queste pulsioni contrarie è riscontrabile nei suoi molti disegni bellici, in palese contrasto con la pietà che spesso manifesta quando scrive dell'uccisione di animali o delle sue note circa i suoi pentimenti nel costruire un sottomarino, che verrà poi usato per affondare le navi. Troviamo vari indizi nei suoi codici che puntano a una grande pietà per gli animali che soffrono, e una palese indifferenza per la sorte degli esseri umani.

Ad esempio:

Ritornerà il tempo d'Erode, perché l'innocenti figliuoli saranno tolti alle loro balie, e da crudeli omini, di gran ferite moriranno.[8]

Di cibo ch'è stato vivo, nel brano seguente, sembra che Leonardo ribadisca i pensieri di Pitagora e di Ovidio nelle sue *Metamorfosi*:

Per primo biasimò che s'imbandissero animali sulle mense; per primo, ma rimase inascoltato, schiuse la sua bocca a questo discorso pieno di saggezza:
"Evitate, mortali, di contaminare il corpo con vivande nefande. Ci sono i cereali, i frutti che piegano col loro peso i rami e i turgidi grappoli d'uva sulle viti.
Ci sono erbe saporite ed altre che si possono rendere più gradevoli e tènere con la cottura. E poi non vi si nega il latte o il miele che conserva il profumo del timo.

8. Codice Forster II, 5v.

La terra vi fornisce a profusione ogni ben di dio per nutrirvi e vi offre banchetti senza bisogno d'uccisioni e sangue". Con la carne placano la fame gli animali e neppure tutti: cavalli, greggi e armenti vivono d'erba. Solo quelli d'indole feroce e selvatica, le tigri d'Armenia, i collerici leoni e i lupi, gli orsi gustano cibi lordi di sangue.

Ahimè, che delitto infame è ficcare visceri nei visceri, impinguare un corpo ingordo rimpinzandolo con un altro corpo, mantenersi in vita con la morte di un altro essere vivente! Fra tutte le risorse che partorisce la terra, la migliore d'ogni madre, altro davvero non ti piace se non sbranare con ferocia carni straziate, rinnovando gli usi dei Ciclopi? Solo uccidendo un altro essere potrai forse placare il languore del tuo ventre vorace e sregolato?[9]

C'è un disegno nel Codice H, intitolato Libertà, che raffigura un uomo che libera un uccello mentre un altro vola nel cielo e con un cane felice che balza avanti.

Nel Codice Atlantico troviamo la bozza di una lettera scritta da Leonardo e indirizzata a Giuliano de' Medici, in cui egli si lamenta dei suoi due assistenti tedeschi, Giovanni degli Specchi e Maestro Giorzo. Il primo, dice Leonardo, impiega il proprio tempo pulendo fucili e armature, e semina discordia. Il secondo si siede al tavolo da pranzo per tre ore, sprecando il tempo a vagabondare, sparando agli uccelli, ma riesce sempre a essere presente nel giorno di paga.

Scriverà di lui:

Tutti i mali che sono e che furono essendo messi in opera da costui, non satisferebbero al desiderio del suo

---

9. Ovidio, *Metamorfosi*, Bompiani, Milano, 1989.

*iniquo animo: io non potrei con lunghezza di tempo
descrivere la natura di costui.*

Pare tollerare chi abusa degli esseri umani, ma non
chi abusa degli animali[10] e le due cose paiono essere
inversamente proporzionali. Leonardo credeva che tutti gli
animali dotati di movimento avvertono il dolore, ed è per
tale motivo che sono stati dotati di movimento:

*Onde la doglia non è necessaria nelle piante, onde
rompendole non sentono dolore, come quelle delli
animali.[11]*

Leonardo deve aver trovato delle note sul cannibalismo
nei *Viaggi di Sir John Mandeville* così pure nelle note di
Plinio e Bartolomeo Sacchi, conosciuto come il Plàtina,
nel suo *Opusculum de obsoniis ac honesta voluptate,* stampato
a Venezia nel 1487. Possediamo varie edizioni scritte in
italiano del libro di Mandeville, come l'edizione milanese
del 1480 di Petrus de Corneno, una traduzione fatta dal
francese. Possediamo varie edizioni fiorentine e venete, tutte
stampate prima del 1500. Leonardo ne ebbe una copia nella
propria biblioteca, e cita l'autore come Giovan di Mandilla.
Mandeville fu quasi certamente un viaggiatore inglese
vissuto nel quattordicesimo secolo, e che forse visitò la Terra
Santa e poi utilizzò i libri di altri autori come Odorico di
Pordenone, Wilhelm von Boldensele, Vincent de Beauvais,
Giovanni da Pian del Carpine, Haiton, Marco Polo,
per menzionarne alcuni, anche se non citò mai le fonti,
limitandosi a plagiarli. Alcuni biografi di Leonardo hanno
affermato che non esisterebbero prove che davvero Leonardo
fu un vegetariano, perché si trovano delle note per l'acquisto

10. Edmondo Solmi, *Leonardo*, Longanesi, Milano, 1972, p. 194.

11. Codice Ashburn, I H60r

di carne nei suoi codici. Ma per tutto ciò che riguarda Leonardo le prove sono scarse e i critici dimenticano che altre persone convivevano nella sua bottega, e che certo Leonardo non poteva forzarli ad astenersi dal mangiar carne.

Leonardo copiò alcune regole generali per alimentarsi e vivere bene, un segno che la dietetica era una scienza che stava muovendo i primi passi e che interessava Leonardo:

> *Se vuoi star sano, osserva questa norma: non mangiare senza voglia, e cena lieve; mastica bene e quel che in te ricevi*
> *sia ben cotto e di semplice forma. Su dritto sta, quando da mensa levi, di mezzogiorno fa che tu non dorma.*
> *E il vino sia temprato, poco e spesso, non fuor di pasto, nè a stomaco vuoto. Non aspettare né indugiare il cesso; se fai esercizio sì di picciol moto.*
> *Col ventre risupino e col capo depresso non star e sta coperto ben di notte.*
> *El capo ti posa e tien la mente lieta. Fuggi lussuria e attienti alla dieta.*[12]

Forse, Leonardo fu colpito da un ictus nell'area sinistra del cervello, perché questo gli impedì l'uso del braccio destro, come riportò Antonio De Beatis, dopo che lo vide ad Amboise nel 1517, commentando che niente di buono ci si può aspettare dal suo pennello, poiché soffre d'una paralisi, riuscendo ancora a disegnare e ad insegnare, pur non dipingendo più con quella *dulceza che solea* lasciando il compito di colorare al suo allievo milanese assai capace (Francesco Melzi?). Forse il De Beatis non s'era accorto che Leonardo era mancino?

---

12. Codice Atlantico, f. 213v.

Questa ischemia potrebbe essere collegata a una carenza di vitamina B12? Alcuni studi dimostrerebbero che la carenza di vitamina B12 è comune in chi segue una dieta strettamente vegetariana, la quale può predisporre una persona ad attacchi ischemici e infarti in misura maggiore rispetto agli usuali fattori di rischio: diabete e ipertensione.[13]

---

13. Uno studio del dottor John Shoba su una sezione della popolazione indiana vegetariana pare confermare un collegamento fra l'alta incidenza di ictus e di anemia con il vegetarianismo. Servono almeno 3 microgrammi al giorno di B12 per evitare gravi problemi di salute

Gustavo Uzielli

Capitolo Dieci

Eccetera perché la minestra si fredda
Leonardo Da Vinci

Sulla scrittura di Leonardo

Lo stile scrittorio di Leonardo Da Vinci ci offre una misura della sua non-ortodossia. Egli usa spesso la mano sinistra, da destra a sinistra, tracciando le lettere rovesciate e così, per leggere le sue parole, dobbiamo usare uno specchio, oppure sollevare il foglio e girarlo, leggendo attraverso una forte luce. Questo stile fu rarissimo nell'Italia rinascimentale e provocava stupore in chi l'osservava. Giorgio Vasari menziona questa peculiarità di Leonardo:

> *Come anche son nelle mani di pittor milanese alcuni scritti di Lionardo, pur di caratteri scritti di mancina a rovescio.*[1]

Ma il Vasari non fu il solo a esserne impressionato. Ci restano note lasciate da altri suoi contemporanei che ne furono stupiti, come Luca Pacioli, il quale accenna alla *ineffabile senistra mano* di Leonardo:

> *Scrivesi ancora alla rovescia e mancina che non si posson leggere se non con lo specchio ovvero guardando la carta dal suo revescio contro alla luce... come fa il nostro Leonardo da Vinci, lume della pittura, quale è mancino.*[2]

---

1. Giorgio Vasari, *Le Vite* S.P.E.S., Firenze, 1974, Vol. IV., p. 28.

2. Luca Pacioli, *De Viribus Quantitatis*, Museo Aboca, Borgo Sansepolcro, 2009.

Leonardo da Vinci, *Dama con l'ermerllino*, Castello del Wawel, Cracovia.

E pure Sabba da Castiglione rimarcò che Leonardo era mancino. Leonardo usava la sinistra anche quando disegnava, e questo può essere visto dall'inclinazione delle linee nei suoi schizzi. Nel Codice Atlantico possiamo vedere uno schizzo della sua mano sinistra che scorre sul foglio, opera forse di Francesco Melzi che osservava il suo maestro al lavoro.

La grafia speculare, *mirror writing* in lingua inglese, viene usata sia da soggetti sani che da soggetti con lesioni all'emisfero sinistro del cervello, o con disturbi mentali. Ma, solitamente, accade ai mancini ed è un tratto genetico, ereditario e dominante. La grafia speculare è statisticamente più comune fra i cinesi, i coreani e i giapponesi, per via della loro abitudine di scrivere da destra a sinistra. Per quanto è dato sapere, nessun altro membro della famiglia di Leonardo possedeva tale abilità e può essere che Leonardo abbia ereditato questo tratto genetico dalla linea materna.

Maggiori ricerche sono necessarie, eppure pare che le persone che tendono a scrivere in tal modo sono geneticamente simili a persone affette da sinestesia, un tratto comune fra i mancini e gli allochiri, ossia chi confonde la mano sinistra con la destra, ovvero soggetti tendenti a confondere stimolazioni uditive, olfattive, tattili o visive percepite come eventi sensoriali contemporanei. Chi è affetto da sinestesia, udendo dei suoni può vedere anche dei colori.

Wilhelm Fliess tentò di trovare un parallelo fra il bilateralismo nella scrittura e la bisessualità, usando Leonardo come prova della veridicità della propria tesi, considerando che anche Michelangelo e Raffaello erano mancini. Questa diversità di opinioni fra Fleiss e Freud portò le loro strade a divergere, ma oggi siamo certi che Freud aveva ragione e Fliess torto.

Leonardo non usò mai la propria grafia speculare per

nascondere dei messaggi segreti, come suggerisce tuttora la gran parte dei critici d'arte. In realtà, quello fu il suo modo naturale di scrivere e ne faceva uso anche quando non v'era nessun motivo di confidenzialità, anche per la lista della spesa e, a parte questo, Leonardo di certo sapeva usare una forma elementare di crittografia per nascondere le cose ai propri discepoli che avevano libero accesso alle sue note. Ad esempio, in una frase che chiaramente voleva mantenere riservata invertì l'ordine delle lettere:

truova ingil [=Ligny] e dilli che tu l'aspetti a morra [=a Roma] e che tu andrai con seco a ilopanna [=a Napoli], fatti fare la enoigonadal [=la donazione], e tolli il libro di Vitalone [=Vitellione] e le misure delli edifizi pubblici.[3]

La scrittura mancina invertita era dunque la sua forma ordinaria di scrittura, anche se in certi casi usava la mano destra. Quando ciò accadeva, l'utilizzo della destra avveniva in modo piuttosto elementare, e si nota chiaramente che non si sentiva a proprio agio, al punto che in passato alcune delle sue note vennero interpretate come scritte da altre persone.

A complicare ulteriormente la situazione, di tanto in tanto scriveva pure con la mano sinistra, senza rovesciare le lettere, andando da sinistra a destra. Per esempio, abbiamo una bozza di una lettera indirizzata a un tale signor Nicolò, forse Niccolò Machiavelli, che, secondo alcuni, fu scritta da un'altra persona, ma che dagli studi grafologici moderni è stata attribuita fermamente a Leonardo.

I mancini si sentono più a loro agio quando scrivono da destra a sinistra, anche per motivi pratici: così facendo, evitano di sporcare d'inchiostro i polsini e, paradossalmente, è più facile per loro scrivere in modo inverso. Karl Vogt fu

---

3. Codice Atlantico, f. 669 r.

il primo a notare che i giovani studenti mancini tendono ad adottare spontaneamente la scrittura rovesciata. Questo venne in seguito confermato dal grafologo Max Pulver, nel suo *Symbolik der Handschrift* del 1931, nel quale si dimostra che la grafia a specchio sorge spontanea in un mancino.[4]

Nei paesi cristiani la mano sinistra, per motivi tutto sommato incomprensibili, è sempre stata associata al diavolo, la cui figura tenderebbe ad apparire a sinistra. Sino a pochi decenni fa in Italia, quando s'apprendeva a scrivere, i bambini mancini venivano obbligati, utilizzando spesso punizioni corporali, a cambiare mano. Questa è un'ulteriore dimostrazione del fatto che Leonardo non frequentò alcuna scuola da bambino e, come è stato suggerito, deve aver ricevuto un'istruzione elementare a casa propria. Ma da chi? È stato ipotizzato che si trattò di suo nonno Antonio, morto quando Leonardo era ancora un bambino, oppure di suo zio Francesco. Ma una possibilità che non è mai stata presa in considerazione è che sia stata sua madre, Caterina, in quanto si è sempre creduto che fosse una povera contadina analfabeta.

Eppure, se davvero Caterina ebbe radici orientali, di certo non trovò nulla da ridire sul mancinismo del figlio, né stabilì alcuna connessione con il demonio. Ancora oggi alcuni cinesi tendono a scrivere e a leggere partendo dal fondo di un libro e procedendo da destra a sinistra e dall'alto in basso.

La prima nota datata di Leonardo che possediamo si trova sul suo famoso *Paesaggio della Valdinievole* del 1473, che lui schizzò quando era ventenne. La nota è già scritta con le lettere rovesciate, segno che egli scrisse sempre così e che non elaborò quel modo negli anni della sua maturità.

La scrittura rovesciata non fu del tutto sconosciuta durante il Rinascimento. Infatti, il grande calligrafo

---

4. Max Pulver, *Symbolik der Handschrift*, Verlag Orel, Zurigo, 1931.

Giovanni Battista Palatino (1515-1575), nel suo fortunato libro intitolato *Libro nuovo d'imparare a scrivere tutte sorte lettere antiche et moderne di tutte nationi*, stampato a Roma nel 1540, che poi andò attraverso varie edizioni, mostra una tavola con dei distici rovesciati scritti da un mancino. Sotto leggiamo la seguente avvertenza per il lettore: *non bisogna sospendere più la mente, ch'allo specchio si legge la presente*

Tale riferimento viene generalmente preso come una constatazione del fatto che lo stile di scrittura di Leonardo non era rarissimo, oppure il Palatino stava facendo un riferimento diretto proprio a Leonardo Da Vinci?

Il Palatino, era nativo di Rossano, in Calabria, ed è possibile che nel giungere a Roma nel 1538 abbia potuto vedere l'attuale Codice Bill Gates (ex Leicester), che a quel tempo era di proprietà dell'architetto Guglielmo Della Porta (1515-1577), anche lui operante nell'Urbe. Sappiamo che Palatino fu vicino alla Fabbrica di San Pietro e conobbe vari architetti (infatti a lui viene attribuita l'iscrizione sull'arco centrale di Porta del Popolo a Roma). Incidentalmente, è proprio nel Codice Gates che troviamo una nota che si riferisce alle lettere rovesciate:

> *È probabile ch'egli facessi questo, acciò tutti non leggessero così facilmente i suoi scritti.*[5]

Da tale iscrizione possiamo osservare che la leggenda ch'egli scrivesse a lettere rovesciate per tener nascosti i propri pensieri è molto vecchia.

Ma quali strumenti di scrittura utilizzava Leonardo? Ne ebbe svariati a disposizione: una piuma d'oca tagliata a becco di flauto; del carboncino; piombo e matite rosse. A quel tempo, tutte le matite erano rosse perché fatte con

---

5. Codice Bill Gates

l'ematite. Le matite di grafite nera furono inventate solo nel 1565, a Keswick, Cumbria, in Inghilterra: venivano avvolte in un filo che si svolgeva progressivamente. Alla fine del diciottesimo secolo, un francese di nome Nicolas-Jacques Conté mescolò la grafite con la creta e poi la bollì, quindi la rivestì con un involucro di legno, inventando la matita simile a quella che usiamo oggi.

Al tempo di Leonardo la penna veniva tenuta fra il pollice e l'indice, proprio come fanno ancora i cinesi quando stringono un pennello calligrafico. Dunque, anche Leonardo, come i calligrafi cinesi, era costretto ad alzare la mano per aggiungere lo spazio fra una parola e l'altra. La scrittura con l'utilizzo delle tre dita, come facciamo abitualmente oggi, è una novità moderna e non fu praticata durante il Rinascimento. È comunque importante far notare che con l'invenzione della penna a sfera, la vita per i mancini s'è molto semplificata. Infatti, quando usano una penna stilografica risulta difficile lo scrivere da destra a sinistra facendo scorrere il pennino, perché tende a saltare sulla carta. Non per nulla, vari studiosi di Leonardo hanno suggerito che un certo numero di frasi scritte da lui estemporaneamente forse sono semplici verifiche di una nuova penna! E infatti persiste una forte tendenza allo speculare troppo su certe note lasciate da Leonardo, attribuendo ad esse un significato universale e drammatico, quando furono forse delle semplici battute estemporanee o dei pensieri astratti. Alcune di queste annotazioni divennero addirittura titoli di libri.

Ecco degli esempi:

Facil cosa è farsi universal [6]

---

6. Codice G, Parigi. Facil cosa è farsi universal.

Forse voleva solo dire che quando un pittore sa come dipingere il corpo umano, può mettere tutte le altre cose in proporzione.

Un altro esempio è:

Il sole non si muove.[7]

Questa frase è bastata a molti per giudicare Leonardo un precursore di Copernico e di Galileo, quando invece, secondo Carlo Pedretti, egli si stava semplicemente riferendo alla *Festa del Paradiso* del 13 gennaio 1490, la cerimonia di festeggiamento del matrimonio di Isabella d'Aragona e il duca Gian Galeazzo Maria Sforza, per la quale gli era stato affidato il compito di organizzare un banchetto durante il quale veniva presentato uno spettacolo con dei pianeti mobili.

È pur vero altresì che in altri punti dei suoi scritti troviamo notazioni nelle quali egli afferma che la terra non è al centro del sistema solare.

Parleransi li omini di remotissimi paesi l'uno all'altro, e risponderansi. Degli emisperi che sono infiniti e da linie infra l'un piede e l'altro. Parleransi e toccheransi e abbracceransi li omini stanti da l'uno ll'altro emisperio, e n'ntendaransi i loro linguaggi.[8]

Qui vedono in Leonardo l'inventore delle e-mail, del web con incorporato *Google Translate*!

Ogni riga che Leonardo scrive, soprattutto su pagine in folio, è ben proporzionata e pare posta in armonia con le immagini che la circondano. Questo equilibrio è comune nei dipinti classici cinesi, che combinano scrittura e figure,

7. Quaderno V, 25r.

8. Codice Atlantico, 370 r.a.

un concetto completamente sconosciuto in Europa prima di Leonardo.

Gerolamo Cardano, che certamente conobbe Francesco Melzi e forse vide i codici di Leonardo, in certi suoi libri come il *De Subtilitate* e il *De Rerum Varietate*, seguì uno stile simile, con tanti disegni e schemi. Celebre è lo schizzo del giunto cardanico, usato in tutte le automobili, anche se non fu lui ad inventarlo. Sia detto incidentalmente, anche questo congegno meccanico è stato anch'esso inventato e usato in Cina, benché Cardano fu il primo a pubblicarne un'immagine in Europa.

La grafia impiegata da Leonardo è una via di mezzo fra il corsivo e lo stampatello: un misto di gotica francese, capitale romano e cancelleresco. Quando Leonardo usa la mano destra le sue lettere sono inclinate e quando usa la sinistra le lettere sono dritte, oppure completamente rovesciate. Nel *Codice Atlantico* e nel *Trivulziano* possiamo osservare come egli non fu mai soddisfatto della sua grafia — come di tutto ciò che faceva — e come s'impegnò costantemente a migliorarne la leggibilità e la rotondità.[9] Questo anelito al perfezionismo è particolarmente evidente quando Leonardo prova ripetutamente a scrivere *Amboise* — il nome del governatore francese di Milano —forse perché avrebbe voluto scrivergli una lettera ma non si sentiva all'altezza per via delle proprie inabilità calligrafiche.

Leonardo soffriva di disortografia, un disturbo neurologico comune in bambini in età scolare, caratterizzato dall'incapacità di apprendere l'ortografia e spesso associato alla dislessia: una disfunzione nelle sue manifestazioni più blande causata da problemi emotivi e affettivi.[10] Uno

9. Paolo Pagliughi *La scrittura mancina di Leonardo da Vinci* Edizioni del Comune di Milano, Milano, 1984.

10. George D. Schott *Mirror writing: neurological reflections of an unusual phenomenon* Neurological, Review of Neurosurgical Psychiatry, New York, 2007.

psicoanalista moderno potrebbe definirlo un complesso d'inferiorità, forse associabile a buchi educativi che gli causarono imbarazzo quando si confrontò con letterati o con i tanti tromboni che si pavoneggiavano solo perché avevano mandato a memoria Aristotele.

Leonardo trasformò quel suo senso d'inferiorità in un'ossessione, in una sorta di sublimazione della propria sessualità, che forse venne complicata dall'eccessiva tenerezza mostrata da sua madre e dal forte contrasto con il comportamento abusivo del patrigno, che mai viene nominato nei suoi scritti. Tuttavia, secondo il pensiero degli psicoanalisti di scuola adleriana, questo può essere stato causato, molto più semplicemente, dal suo stato di figlio illegittimo.

I problemi di scrittura in Leonardo s'aggravarono ulteriormente quando si trasferì da Firenze a Milano, dove la lingua usata era diversa da quella fiorentina.

Conosciamo diversi suoi brani in cui questa frustrazione è manifesta, e si lamenta di conoscere bene i fatti ma trova difficoltà nel trascriverli correttamente con la mente, poiché essa corre più veloce della mano:

> *Diranno che per non avere io lettere, non potere ben dire quel che voglio trattare. Or non sanno questi che le mie cose son più da esser tratte dalla sperienza che d'altrui parola, la quel fu maestra di chi ben scrisse; e così per maestra la piglio e quella in tutt'i casi allegherò.*[11]

Nel *Codice Atlantico* e nel *Codice Trivulziano* si trovano circa ottomila parole copiate da libri che egli lesse, e trecento parole tratte dall'opera del poeta Luigi Pulci (1431-1481), il che mostra i suoi laboriosi sforzi per migliorare il proprio

---

11. Codice Atlantico, 119 v.

vocabolario e la propria grafia.

La mano sinistra a quel tempo veniva chiamata stanca mano, in quanto mai usata dalla gran parte delle persone, e c'è un brano in cui Leonardo descrive la sua entrata in una grotta buia, ferma la stanca mano e con la destra si copre gli occhi. Pare che abbia sempre avvertito timore e attrazione per le grotte, forse per via di qualche ricordo represso dalla propria gioventù. Le grotte appaiono spesso nei suoi dipinti, e questa sua ossessione, combinata alla forma contorta delle rocce, sembra molto cinese, essendo insolite queste rappresentazioni nei dipinti occidentali. Leonardo adoperò le dita per sfumare i contorni, come fanno molti pittori cinesi, creando così il suo rinomato effetto sfumato.

Grazie a questa sua pratica, possediamo diverse sue impronte e, nel 2007, l'università di Chieti effettuò un'analisi sull'intera impronta del suo dito indice sinistro. Il professor Capasso, un antropologo che guidò il gruppo di ricerca, disse che le impronte mostravano un tipo di vortici centrali comuni nel Medio Oriente. Lo scienziato dichiarò a Malcolm Moore, del *Telegraph*, che: "Circa il sessanta per cento della popolazione del Medio Oriente possiede la stessa struttura di queste impronte". I giornali di tutto il mondo pubblicarono la notizia secondo cui era ipotizzabile che Leonardo fosse mezzo arabo. Un ufficiale di polizia specializzato in analisi forensi, il colonnello Gianfranco de Fulvio, membro di questa squadra di ricerca, aggiunse che le prospettive della loro analisi parevano ottime e che avrebbero certamente fatto dei progressi. Ma, sfortunatamente, lo scopo del loro studio era piuttosto circoscritto, e la realtà è molto più complessa. È vero che un database delle impronte di Leonardo potrebbe agevolare l'identificazione di suoi dipinti autentici, ma nulla più di questo.

In ogni caso, la ricerca più esaustiva sulle impronte digitali e la loro diffusione nel mondo sembra essere quella condotta da David C. Rife, nel 1953. L'autore cercò di creare una mappa con gli indici di distribuzione di certe caratteristiche costanti. Rife ideò un diagramma dell'intensità con la quale archi, cappi e spirali si trovano distribuiti percentualmente. Nelle sue tabelle risultò che certe caratteristiche di triradii apparivano altissime fra gli eschimesi e gli aborigeni d'Australia, in un valore di 15,5 in percentuale. Il livello più basso venne assegnato ai pigmei dell'Africa Centrale, con un valore percentuale di 10.

Statisticamente, la Cina si trova vicina alla fascia alta. Europa e Mongolia sono vicine a un valore medio. Queste variazioni sono ereditarie, ma il meccanismo genetico di trasmissione è ancora sconosciuto. Può ben essere che un misto di genitori europei e cinesi possa portare a un valore vicino a quello medio comune nel Medio Oriente. Ad ogni modo, a dispetto di tutto ciò, parliamo di valori statistici molto ampi che non possono essere utilizzati a livello individuale, e non c'è modo di caratterizzare puramente l'etnicità di un uomo o di una donna basandoci sulle loro impronte, anche perché se questo fosse possibile i poliziotti di tutto il mondo avrebbero già fatto uso di questa tecnica per le proprie indagini. Se pure possedessimo delle impronte complete e chiare di Leonardo, che purtroppo non abbiamo, la ricostruzione di un profilo etnico della madre di Leonardo partendo da queste rimane comunque un miraggio.

Leonardo da Vinci, *Gli ammortizzatori della macchina volante*, Ms. B., Parigi.

Francesco Cianchi

La madre di Leonardo era una schiava?

Ipotesi di studio di Renzo Cianchi
con documenti inediti

Introduzione di Carlo Pedretti

A cura di Agnese Sabato e Alessandro Vezzo

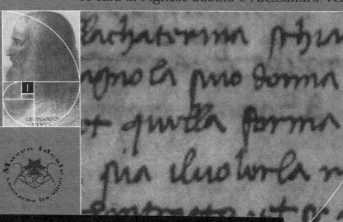

Copertina del libro di Francesco Cianchi, con gli appunti
di suo padre Renzo Cianchi.

Capitolo Undici

Ignoramos el sentido del dragon, como ignoramos el sentido del universo, pero algo hay en su imagen que concuerda con la imaginacion de los hombres, y asi el dragon surge en distintas latitudes y edades. Es, por decirlo asi, un monstruo necesario, no un monstruo efimero y casual, como la quimera o el ca-toblepas.
Jorge Louis Borges

Fu davvero quel genio universale che pensiamo?

L'idea che Leonardo stesse copiando idee e concetti preesistenti non è nuova e fu dapprima suggerita nel 1902 da Marcellin Berthelot, uno scienziato e uomo politico francese. Pierre Duhem e Bertrand Gille elaborarono ulteriormente tali argomenti, portando alla luce alcune delle fonti alle quali Leonardo attinse. Serge Bramly ha rilevato che un attento esame dei disegni di Leonardo mostra come le sue invenzioni, in realtà, fossero già note. Nonostante tutte queste osservazioni, l'idea che Leonardo sia stato una sorta di genio onnisciente è dura a morire. Forse perché, come dicono alcuni giornalisti: "Non bisogna mai permettere alla verità di mettersi di traverso a una bella storia".

Edmondo Solmi affermò che l'ingegnere senese Francesco di Giorgio Martini (1439-1502): "Esprime concetti già comuni in Leonardo Da Vinci, come quello dell'applicazione universale delle matematiche". Ma a Solmi replicò, nel 1946, Roberto Papini, quando sottolineò che

Solmi deve aver confuso chi fra i due giunse prima: fu Leonardo che prese quel concetto da Francesco di Giorgio Martini, e non viceversa.

Un altro esempio è l'invenzione delle chiuse dei Navigli a Milano, la quale tradizionalmente viene attribuita a Leonardo, ma che fu chiaramente descritta, prima di lui, dallo stesso Francesco di Giorgio Martini. Il medesimo tipo di deduzione viene fatto da Marco Cianchi, il quale parla dell'esistenza di un codice anonimo, databile circa al 1530, il quale contiene dei disegni che sembrano copiati da Leonardo. Secondo Cianchi, ciò dimostrerebbe che delle pagine dei lavori di Leonardo furono in circolazione e che i suoi schizzi furono copiati. Questo è possibile, ma è anche possibile che sia Leonardo che l'autore anonimo presero spunto dalla stessa fonte, che da allora è andata perduta.

Se oggi vediamo Leonardo come un grande inventore, ciò è dovuto alla bellezza dei suoi disegni. Ma esistono dubbi sulla circolazione dei fogli di Leonardo non pubblicati perché non è facile leggere le sue parole, non solo per via del suo bizzarro modo di scrivere, ma anche per i suoi ragionamenti oscuri, che furono annotati per la gran parte come promemoria personale, anziché come una spiegazione rivolta ai non iniziati. Non per nulla, il barone austriaco Franz Xaver freiherr d'Ottenfels-Gschwind, durante un'ispezione condotta nel 1816 sul Codice Atlantico presso la Bibliothèque Nationale de France, a Parigi - prima che fosse riportato a Milano - disse che si trattava di qualcosa di poco conto poiché è stato scritto in cinese! Fu solo grazie all'intervento dello scultore Antonio Canova e a un rappresentante del granduca di Toscana, Benvenuti, che il codice fu riconosciuto come un lavoro di Leonardo.

Se studiamo con attenzione tutte le meravigliose invenzioni attribuite a Leonardo, come i macchinari, i dispositivi volanti, le macchine belliche e i sottomarini,

 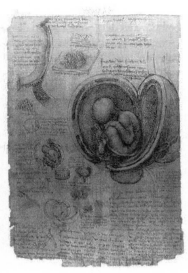

A sinistra: Ibn al-Nafis. Un utero con bambino. (Immagine tratta da Flavio Russo, *Leonardo Inventore?*, ed. Scientifiche e Artistiche, Napoli, 2009). A destra: Leonardo Da Vinci. (Royal Library, Windsor Castle).

risulta evidente che, contrariamente alla percezione popolare, non fu lui il primo a rappresentarle, ma nella maggioranza dei casi le copiò da altre fonti. Ci pare quasi che le creò dal nulla perché oggi non ci sono familiari le risorse alle quali attinse. Eppure, la gran parte di quegli ordigni a lui attribuiti erano già conosciuti, anche se lui riuscì ad aggiungere dettagli e nuove variazioni, utilizzando la sua straordinaria mano, meravigliosamente accurata, che li fece sembrare freschi e autentici.

I suoi disegni sono delle opere d'arte anche quando rappresentano delle assurdità e, infatti, alcuni dei disegni di Leonardo "possiedono la bellezza di diagrammi sacri tantrici", come nota Serge Bramly. È la stessa differenza che separa il crudo disegno di un topolino su un pezzo di carta e il celebre topo disegnato da Walt Disney. Sono opere d'arte in sé. Ma se non fossero stati eseguiti con tanta maestria artistica, bensì come crudi schizzi al pari di quelli dell'ingegnere senese Mariano Taccola, oggi presteremmo ad esse poca attenzione.

Con tale affermazione non si vuole certamente sminuire il suo genio e scartare con una scrollata di spalle le sue profondissime intuizioni, che ci danno la misura del suo ingegno. La sua incredibile acutezza è evidente nelle descrizioni del volo degli uccelli, o quando affronta l'anatomia umana: al suo occhi non sfugge nulla!

Uno dei disegni più riprodotti di Leonardo mostra un feto raggomitolato nell'utero di una donna. Alcuni ritengono che Leonardo sezionò un cadavere di una partoriente per riuscire a disegnare dei particolari così accurati e in tale dettaglio. Questa è un'interpretazione che resta emotivamente molto forte e che fa impressione, tuttavia lo stesso disegno può essere osservato in un codice persiano del tredicesimo secolo dedicato a studi ginecologici, scritto da Ibn Nafis. Sono così simili che ci è difficile pensare che Leonardo non lo vide e non lo copiò. Inoltre, in un trattato del dodicesimo secolo, intitolato Libro della conoscenza dei meccanismi ingegnosi, dello scienziato Abū al-'Iz Ibn Ismā'īl ibn al-Razāz al-Jazarī, appaiono vari dispostivi che assomigliano a quelli descritti da Leonardo.

Un altro esempio, che vien spesso citato come dimostrazione del fatto che Leonardo ci arrivò prima di ogni altro, è il metodo per il calcolo dell'età di un albero: contando il numero degli anelli nella sezione del tronco, se ne può determinare l'età. Leonardo vi accenna nel suo *Trattato sulla Pittura* ma potrebbe averlo scoperto parlando con dei taglialegna, oppure aver letto nei manoscritti disponibili a quel tempo e che oggi non esistono più. Michel de Montaigne dice nel suo *Journal du voyage* che conobbe tale segreto da un orefice di Pisa, e Rupert Wimmer dichiara quanto segue:

La prima scoperta della presenza degli anelli di crescita nel tronco degli alberi risale a Teofrasto di Ereso (370-288/5 a.C.), il quale affermò che la corteccia di un abete bianco ha tanti strati, come una cipolla, e un altro strato è sempre sotto a quello visibile. Non fece una chiara distinzione tra corteccia e legno, ma comunque riconobbe la presenza degli anelli nelle conifere.

Leonardo Da Vinci nel quindicesimo secolo e dopo di lui Montaigne riconobbero il carattere annuale degli anelli dell'albero. È interessante notare come la conoscenza degli anelli degli alberi che crescono nelle aree con stagionalità non fu tramandata alle generazioni successive e gli scritti di Leonardo rimasero sconosciuti fin quando Malpighi nel 1647 e Grew nel 1682 riscoprirono l'intuizione di Leonardo.[1]

Alcuni dei suoi più entusiasti biografi addirittura affermano che Leonardo anticipò Copernico, Galileo, Pascal, Bacone, Harvey, Keplero, Newton, per citarne solo alcuni — ma queste sono affermazioni decisamente esagerate.

Oggi non è più possibile una ricerca sistematica di tutte le fonti a disposizione di Leonardo e questo dovrebbe invitarci alla prudenza, se non altro perché fu lui stesso a scrivere che nulla può essere descritto come il risultato di una nuova ricerca.

Leonardo è senza dubbio uno degli uomini più geniali ed enigmatici mai esistiti, ma il problema è che la lente che utilizziamo per studiarlo cambia di continuo, seguendo i cambiamenti dei nostri gusti, delle nostre mode e delle

---

1. Rupert Wimmer, *Arthur Freiherr von Seckendorff-Gudent and the early art of three-rings crossdating*, Dendrochronologia 01/2001; 19(1):153-8. Institute of Botany, Vienna. Teofrasto fu allievo di Aristotele e suo successore alla direzione del Liceo.

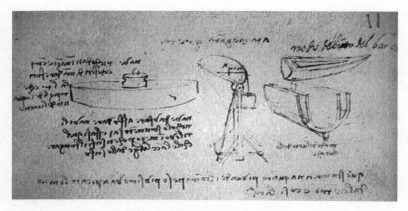

Leonardo Da Vinci, *Nave a doppia chiglia e sottomarino*, Codice Atlantico,
Biblioteca Ambrosiana, Milano

scoperte che facciamo.

I critici d'arte, gli storici, i romanzieri, i poeti e gli psicoanalisti tendono a plasmare la sua figura, a seconda dal proprio modo di leggere la realtà moderna e dunque a interpretare il passato.

In un celebre saggio su Leonardo Da Vinci scritto nel 1894, il giovane poeta Paul Valery scrisse che ciò che resta di un uomo sono i sogni che leghiamo al suo nome, e questo è un po' vero per molte figure storiche.

Leonardo fu essenzialmente un ingegnere e si presentò come tale in una bozza del memoriale per Ludovico Sforza, datata 1482, e fu considerato un ingegnere anche dai suoi contemporanei. Ciò spiega perché fu conteso da molti sovrani: non solo per i suoi meriti artistici, ma soprattutto per la sua abilità di costruire fortificazioni e armi. Lo stesso Francesco I lo ammirava soprattutto come filosofo ma lo mise al lavoro come ingegnere e architetto per la costruzione del castello di Romorantin e per le feste di corte, perché tirasse fuori il suo famoso leone meccanico che, caricata la molla, avanzava, si alzava sulle zampe posteriori e traeva un giglio dal petto. Il Leonardo artista forse gli interessava poco.

Lucio Russo a tale riguardo scrive:

> *Il più famoso degli intellettuali attratti da queste novità è Leonardo Da Vinci, che riuscì a mettere in pratica, utilizzando le sue straordinarie doti di pittore e di osservatore, alcune delle idee contenute nei testi antichi: dallo studio dell'anatomia con dissezione dei cadaveri a quello delle opere idrauliche. Tuttavia, i disegni di Leonardo raffigurano in genere oggetti irrealizzabili ai suoi tempi perché mancava la tecnologia corrispondente. Ma non di una eccezionale capacità di anticipare si tratta, bensì del fatto che all'origine di quei disegni vi erano altri disegni, risalenti a un'epoca in cui la tecnologia era stata ben più avanzata.* [2]

L'unico periodo durante il quale una tecnologia più avanzata fu disponibile, sempre secondo Lucio Russo, fu il periodo greco-ellenistico, con la sua massima fioritura ad Alessandria d'Egitto, che raggiunse l'apice dello splendore verso il terzo secolo a.C. Troppo poco si è salvato di quella scienza pratica in circolazione fra gli ingegneri al tempo di Leonardo, il che è segno forse della forte antipatia mostrata dagli intellettuali suoi contemporanei che la considerano inferiore alla loro dottrina, basata sulla memorizzazione dei classici greci e romani. Un esempio eloquente di questo decadimento tecnico può essere ravvisato nella vicenda del famoso grande monumento equestre che Leonardo tentò di erigere a Milano. Per via delle sue dimensioni, sette metri di altezza, i suoi contemporanei, incluso Michelangelo, lo credevano impossibile da fondere, anche se pure molte statue, decisamente più alte, furono erette durante l'antichità classica.

---

2. Lucio Russo *La Rivoluzione Dimenticata* Feltrinelli, Milano, 2003, p. 12.

Per quanto riguarda l'opera di Leonardo come ingegnere bellico, dobbiamo notare che i suoi ordigni e le armi da lui disegnate furono decisamente inferiori, da un punto di vista ingegneristico, a quelle create secoli prima da ingegneri ellenici:

> *Inesplicabile, ad esempio, il suo trastullarsi con assurdi progetti di balestre giganti mentre gli ingegneri di Carlo VIII mettevano a punto i micidiali cannoni a palle di ferro, la cui connotazione ed efficacia sarebbe rimasta sostanzialmente immutata fino all'epoca napoleonica! Infantile il criterio informatore delle sue catapulte a ripetizione, pateticamente primitive rispetto a quella di Dioniso di Alessandria, descritta pedantemente da Filone d'Alessandria nel II a.C. e già munita di cinematismi con catena a maglie piane ed alimentatore a camma guidata e caricatore, componenti che si ritroveranno solamente nella prima vera mitragliatrice, la famosissima Gatling.*[3]

Questa osservazione di Flavio Russo viene confermata da Kenneth Clark, il quale sottolinea che non v'è nulla di nuovo nelle invenzioni militari di Leonardo, poiché egli presentava delle soluzioni già esistenti o elaborate in precedenza da ingegneri come Villard de Honnecourt, Guido da Vigevano, Konrad Kyeser, Francesco di Giorgio Martini, Mariano di Jacopo, detto il Taccola, e tanti altri uomini che, a loro volta, presero ispirazione da altre fonti, alcune note e altre perdute, forse fonti greco-romane oppure persiane e cinesi.[4]

---

3. Flavio Russo, *Leonardo Inventore?* Casa ed. Scientifica e Artistica, Napoli 2009, p. 116.

4. Kenneth Clark, *Leonardo. An Account of his development as an artist* Cambridge University Press, Cambridge, 1939.

L'interesse di Leonardo nel costruire aerei sembra avere un nesso molto forte con la Cina. La leggenda greca di Icaro fu solo un mito da un punto di vista costruttivo: perché chiaramente, uno non riesce ad andare molto lontano con delle ali di cera e di piume. Eppure, in Cina esistevano aquiloni capaci di sollevare gli uomini da terra. Marco Polo li vide e li descrisse in una delle versioni più antiche del suo libro. Nel *Milione* vi è una chiara descrizione di uomini su di una piattaforma volante sollevata con aquiloni:

E così vi racconterò di quando una nave deve navigare, per mostrare se gli affari andranno bene o male, gli uomini della nave costruiranno una grata, la quale è a intreccio e ad ogni angolo dell'intelaiatura sarà legata una corda, in tal modo ci sono otto corde, e tutte saranno legate all'altra estremità da una lunga corda. Dopodiché troveranno un pazzo o un ubriacone e lo legheranno a quella intelaiatura, poiché nessuno sano di mente o di buon senso s'offrirebbe per affrontare un tale rischio. E questo è fatto quando un forte vento prevale, dopodiché quella intelaiatura, essendo montata controvento, si solleverà mentre gli uomini la tengono per la corda. E mentre sta sospesa in aria, la piattaforma s'inclina verso la direzione del vento, tireranno la corda verso di loro così che resterà tesa, dopodiché, allentano un po' la corda e la faranno salire in alto, se di nuovo inclina, tireranno daccapo finché l'intelaiatura resterà dritta, e poi cedono corda nuovamente, ascenderà talmente in alto da non poter essere vista finquando la corda sarà tutta srotolata. Codesto presagio va interpretato in tal modo: se la piattaforma vola dritta verso il cielo, dicono che la nave su cui la prova è stata fatta avrà un viaggio veloce e prospero, al che tutti i mercanti navigando insieme per il bene della navigazione, stando prossimi a quella. Però

*se la piattaforma non ascende, nessuno mercante sarà
disposto ad entrare sulla nave su cui la prova è stata
fatta, perché dicono che non riuscirà a finire il viaggio
e sarà colpita da tante sventure. E dunque quella nave
resterà nel suo porto per tutto l'anno.*[5]

Questo passo non si trova normalmente inserito nelle
versioni in commercio de *Il Milione*. La versione più
completa si trova in un manoscritto rinvenuto da Sir
Percival David (1892-1964) nell'archivio della cattedrale di
Toledo, in Spagna. Un manoscritto in latino trascritto nel
1795 e a sua volta basato su un manoscritto del 1400. Il testo
latino fu pubblicato nel 1935 per la prima volta. Dunque,
è vero: molte delle invenzioni attribuite a Leonardo furono
già descritte da ingegneri vissuti prima di lui e che ebbero
le proprie radici nel periodo ellenistico, e in molti casi una
traccia corrispondente è rintracciabile in Cina. Il territorio
di diffusione della scienza ellenistica fu un'area culturale
vastissima, incentrata ad Alessandria d'Egitto, sul mar
Mediterraneo, ove operarono le più grandi menti scientifiche
del mondo antico, come Euclide (325-265 a.C.), Ctesibio
(287-222 a.C.), Filone di Bisanzio (280-220 a.C.), Erofilo
d'Alessandria (325-255 a.C.), Aristarco di Samo (310-212
a.C.), Apollonio di Perga (260-190 a.C.), Ipparco di Nicea
(190-120 a.C.), solo per citare le maggiori, e furono tutte
collegate, in un modo o nell'altro, ad Alessandria d'Egitto.
Nemmeno la Cina classica fu in grado di competere con
una tale schiera di menti straordinarie, anche se certi punti
di contatto con la Cina mostrano uno scambio culturale in
ambo le direzioni attraverso la Via della Seta e l'Egitto, in
particolare durante la dinastia Tang (618-907), un periodo
di progresso e di grande splendore.

---

5. Arthur Christopher Moule, Paul Pelliot, G. Routledge, Marco Polo, The
Description of the World Londra, 1938, Vol. I, p. 356 ff.

Il punto d'incontro della cultura e della scienza cinese e indiana con quella ellenistica fu forse il regno della Bactria, di cui sfortunatamente non sappiamo molto. S'estendeva sino all'Afghanistan, il Tagikistan e l'Uzbekistan. La cultura greca e poi romana assorbì parte di questa grande cultura, adottandone certe soluzioni meccaniche. Per esempio, dei cuscinetti a sfera, molto simili a quelli mostrati da Leonardo nel Codice Madrid, furono ritrovati su una delle navi di piacere dell'imperatore Caligola, affondata nel lago di Nemi. Quei sofisticati componenti metallici appartenenti alle navi di Caligola sono ancora osservabili, dopo che la loro parte lignea è andata distrutta durante la Seconda guerra mondiale.

Il carro mobile, antenato della nostra automobile, era già conosciuto al tempo di Giulio Cesare, poi riprodotto da Erone D'Alessandria (10-70) e, in seguito, da Roberto Valturio (1410- 1484). Il carro armato era già noto prima di Leonardo, ed esiste un suo disegno ad opera di Guido di Vigevano e di Giovanni Fontana (1540-1614). Il giubbotto salvagente che appare nel Codice Madrid fu disegnato da vari autori ben prima di Leonardo, e lo stesso si può dire dei sommozzatori, i quali furono descritti da Vegezio (tardo IV secolo). Esiste anche una pietra assira ad altorilievo raffigurante uomini che respirano sott'acqua.

Pure il celebre *cryptex*, un lucchetto a combinazione, che riveste un ruolo primario nel romanzo *Il Codice Da Vinci* fu inventato dal Fontana, ben prima di Leonardo Da Vinci. Possiamo dire che, senza eccezione, un equivalente di tutti i disegni elaborati da Leonardo può essere rintracciato in un periodo precedente alle sue note.

Tutti i disegni di Leonardo, dunque, sembrano essere descrizioni di dispositivi già conosciuti, oppure rappresentano delle sue interpretazioni fantastiche, prive di alcuna utilità pratica, come ad esempio la sua balestra gigante, spesso riprodotta, assolutamente inutile, oltreché irrealizzabile.

In breve, Leonardo disegnava ciò che vedeva descritto in libri o manoscritti, oppure che udiva descrivere da ingegneri e dalle persone umili che incontrava per strada. Nomi che sono stati dimenticati ma che egli incontrò durante le sue peregrinazioni, e il resto lo fece la sua incredibile perspicacia.

Un eloquente esempio di ciò è quando parla della possibilità di costruire uno strumento capace di allargare gli oggetti distanti e poi usarlo per studiare le ombre sulla Luna, ma non abbiamo idea da dove prese questa straordinaria idea. La sua, con ogni probabilità, fu la stessa fonte anonima utilizzata da Gerolamo Fracastoro nel 1538, quando accennò a due lenti da usarsi per osservare la Luna.

Leonardo ci ha lasciato lo schizzo di un cannone funzionante a vapore, attribuendone la paternità ad Archimede e fornendo anche delle informazioni biografiche sul grande inventore greco che sono tuttora sconosciute agli storici moderni: ecco un'evidente indicazione della perdita di un prezioso manoscritto!

Uno dei discepoli più bizzarri di Leonardo fu Tommaso Masini, soprannominato Zoroastro. Egli nacque a Peretola, nel 1462, lo stesso borgo dal quale originava la famiglia di Amerigo Vespucci. Zoroastro era conosciuto come un abilissimo meccanico, oltreché un carattere eccentrico e un filosofo radicale.

Leonardo accenna a lui nel Codice Atlantico, riferendosi al periodo in cui stavano insieme a Milano e Zoroastro era forse il suo assistente più vicino. Zoroastro nel 1500 seguì Leonardo a Firenze, per dargli assistenza nella realizzazione della Battaglia d'Anghiari. Pare che fu lui che acquistò un olio avariato che provocò la distruzione di quel dipinto. Nel suo libro sul macchinario, Benvenuto della Volpaia

(1486-1532) accenna a Zoroastro e a Leonardo per la loro ricerca dell'alchimia nel suo manoscritto conservato alla Biblioteca Marciana di Venezia (Codice Marciano 5363), e nel suo *De Propria Vita* pubblicato postumo nel 1643 da Villery, a Parigi, il milanese Gerolamo Cardano scrive di un fabbro milanese che scoprì la vite a elica di Archimede e riuscì a fabbricare spade flessibili e vesti antiproiettile. Potrebbe essere che questo creatore di cose straordinarie non fosse Leonardo Da Vinci, come pensò Edmondo Solmi (1874-1912), ma Zoroastro. Un altro punto in attesa di essere investigato è che non sappiamo quanto Leonardo prese dal suo amico Zoroastro e, viceversa, Zoroastro da Leonardo. Sappiamo che Zoroastro morì a Roma intorno al 1530 e, secondo la sua brevissima biografia lasciataci da Scipione Ammirato (1531-1601), fu sepolto in una tomba monumentale con un angelo che stringeva in mano un martello e delle pinze, nell'atto di liberare un'anima dal busto di un uomo morto — una dimostrazione grafica che avverrà la risurrezione dell'anima. Ma un tale monumento non è mai stato ritrovato. E non si sa molto altro di lui, a parte che fu forse il figlio illegittimo di Bernardo Rucellai, una figura importante a Firenze. Anche lui fu un vegetariano al punto che non indossò mai una pelle animale, ma solo lino, come annotò il suo biografo Scipione Ammirato. Se davvero ci fu una prova di volo dal Monte Ceceri del grande uccello di Leonardo, lui fu certamente il primo pilota, e sopravvisse all'atterraggio.

Su questo tema del volo si dice che alcuni tentativi furono compiuti a Milano, ma occorre osservare, studiando i disegni di Leonardo, che i suoi velivoli non avrebbero mai potuto sollevarsi da terra perché oltreché essere sbagliati dal punto di vista ingegneristico non possedevano un elemento fondamentale: il motore. I muscoli umani non potevano sopperire a un motore a scoppio o a reazione.

L'unica macchina di Leonardo capace di volare, secondo Joseph Needham, fu già conosciuta ai cinesi come un giocattolo sin dal quarto secolo dopo Cristo e si trattava di una specie di elicottero.[6] Nel *De subtilitate* pubblicato nel 1550 a Norimberga dal Petreius, Gerolamo Cardano scrisse:

"Anche Leonardo tentò di volare ma fallì, anche se fu un pittore eccezionale."

E, in seguito, aggiunse:

> *Quel filosofo è anche un pittore, un architetto e un esperto nella anatomia. La prova di ciò sta nel fatto che cominciò un atlante del corpo umano e fu quasi completato; ma la sua opera richiedeva un esperto scienziato del calibro di Vesalio per essere ordinato.*[7]

Questa è una eloquente prova del fatto che Cardano vide gli schizzi di Leonardo posseduti dal Melzi, ma pare voler sottolineare che Leonardo era ben cosciente dei propri limiti e per tale motivo collaborava con un anatomista come il veronese Marcantonio della Torre.

Che la gran parte delle più eclatanti invenzioni attribuite a Leonardo fossero già conosciute, almeno a livello teorico o discorsivo, può essere osservato anche leggendo uno straordinario brano di Ruggero Bacone (1220-1292), conosciuto come *Doctor Mirabilis* ovvero dottore ammirabile. Anche lui, come Leonardo, fu visto come un grande visionario e uno scienziato. Leonardo lo nominò come Rugieri Bacho[8], e annotò che doveva trovare un suo libro (forse lo trovò come codice manoscritto, perché

---

6. Joseph Needham, *Science and Civilization in China* Cambridge University Press, Cambridge, 1954, Vol. IV, pp. 576-80.

7. Gerolamo Cardano *De Subtilitate* University of Arizona, Tempe, 2013, Vol. II, p. 834.

8. Codice Arundel, 71r. *Rugieri Bacho fatto in stampa*, ma non esistevano ancora libri a stampa con le sue opere.

sorprendentemente nessun incunabolo fu mai stampato).

Nella sua *Epistola de secretis operibus artis et naturae et de nullitate magiae* Ruggero Bacone scrisse:

Ora, in primo luogo, parlerò delle meraviglie della natura e dell'arte alcune elaborazioni meravigliose dell'arte e della natura, alle quali poi assegnerò le cause e metodi a loro, di cui non vi è nulla di magico, come sembrerà inferiore e privo di valore tutti i poteri magici. E per prima, secondo il modo dell'arte stessa. Dunque, dei congegni possono essere costruiti per navigare senza l'intervento dell'uomo; così che le navi delle maggiori dimensioni, sia nei fiumi che al mare, può essere mossa sotto il comando d'un solo uomo, a una velocità maggiore di quelle piene di rematori. Nella stessa maniera un carro può essere fatto per muovere senza l'aiuto d'un animale a grande velocità; ad esempio superiori a supponiamo i carri falciati che furono usati nelle battaglie nell'antichità. Inoltre, macchine capaci di volare possono essere fatte, così che un uomo sedendo nel mezzo della macchina stessa, facendo ruotare la manovella, le ali artificialmente disposte battono l'aria seguendo la maniera d'uccello al volo.

Anche uno strumento, piccolo di dimensioni, ma capace di sollevare e comprimere un peso quasi infinito, che è molto utile in ogni occasione: poiché con uno strumento all'altezza di tre dita, e della stessa larghezza, e di una massa minore, un uomo può liberare sé stesso e i suoi compagni dai pericoli della prigionia, e potrà salire o discendere.

Inoltre, uno strumento può essere facilmente elaborato per tirare a sé stesso mille uomini con la forza e contro la loro volontà, e nella stessa maniera con altri oggetti.

Degli strumenti possono essere fatti per camminare sotto il mare o sotto ai fiumi, anche sul fondale, senza alcun rischio corporale. Poiché Alessandro Magno fece uso per vedere i segreti del mare come racconta l'Astronomo Etico. Questi oggetti furono costruiti nei tempi antichi, e sono ancora costruiti ai tempi nostri, com'è certo; eccetto, forse, la macchina volante, la quale io non l'ho mai vista, né conosco persona che l'abbia vista, conosco però un saggio che pensa di realizzare questo dispositivo [forse lui stesso]. E quasi un numero infinito le cose che possono essere fabbricate, come ponti stesi su fiumi senza pontoni e altri macchinari e mai descritti motori.[9]

Può darsi che alcune delle invenzioni accennate da Leonardo furono create ad Alessandria d'Egitto, o direttamente o importate dalla Cina o dalla Persia. Un nuovo esempio è dato dallo sviluppo delle matematiche in Mesopotamia, dove fu inventato il numero zero, assieme a certi metodi algebrici che furono poi ulteriormente sviluppati ad Alessandria da Erone (10-70) e Diofanto (201-285) e rifecero più tardi capolino nella matematica indiana e cinese.

Un ultimo caso è l'invenzione degli occhiali, della quale si accenna anche nel romanzo di Umberto Eco *Il nome della rosa*. Già Ruggero Bacone disse che era possibile migliorare la vista usando dei pezzi di vetro opportunamente sagomati, ma pare certo che apparvero prima in Italia, probabilmente a Pisa, forse ad opera di un artigiano rimasto anonimo, e furono usati alla fine del tredicesimo secolo per la presbiopia: pure Leonardo ne fece uso quando la sua vista declinò, mentre le lenti concave per la miopia videro luce solo nel sedicesimo secolo.

---

9. Ruggero Bacone, *Opera Quaedam Hactenus Inedita*, Longman, Londra, 1859.

Gli occhiali furono nominati per la prima volta in una predica pronunciata a Firenze nel 1306 e rappresentati in un dipinto nel 1352 a Treviso, non lontano da dove oggi si trova uno dei più grandi produttori d'occhiali del mondo.

La nuova invenzione viaggiò in Cina molto velocemente, grazie alla dominazione mongola dell'Asia centrale e in seguito si diffuse in Asia meridionale, forse con l'aiuto di navi cinesi.

Chiudiamo qui il capitolo descrivendo la pittoresca e fantasiosa ipotesi proposta da Gavin Menzies, nel suo fortunato libro *1434: l'Anno in cui una magnifica flotta cinese attraccò in Italia e diede inizio al Rinascimento* uscito con HarperCollins nel 2009, nel quale si parla di una ambasciata cinese arrivata a Venezia, che si lasciò dietro dei disegni con istruzioni dettagliate di varie macchine e delle belle danzatrici cinesi, che innescarono quel movimento che oggi viene detto Rinascimento. Ma non abbiamo prove che la madre di Leonardo fu una di queste erudite danzatrici cinesi scesa da una delle navi di Cheng Ho.

Pensiamo piuttosto che il Rinascimento in Italia ebbe inizio grazie alla combinazione di vari fattori concomitanti, succedutisi nell'arco di un lungo periodo. Questi inclusero talune influenze orientali ma i fattori principali furono, come abbiamo già accennato, lo sgraditissimo arrivo della peste e il graditissimo arrivo di studiosi greci, prima per motivi economici e poi in fuga da Costantinopoli, conquistata dai turchi.

LEONARDVS·VINCIVS·

Cristofano di Papi Dell'Altissimo, *Leonardo Da Vinci*, Uffizi, Firenze.

Capitolo Dodici

*[Leonardo da Vinci] Era di bella persona,
proportionata, gratiata et bello aspetto. Portava uno
pitocco rosato corto sino al ginocchio che allora s'usavano
i vestiri lunghi : haveva sino al mezzo il petto una
bella capellaia et inanellata et ben composta.*
Anonimo Gaddiano

Quale fu il vero aspetto di
Leonardo Da Vinci?

Contrariamente all'opinione corrente non possediamo
un ritratto o autoritratto sicuro di Leonardo Da Vinci.
Ciò che possediamo sono dei dipinti e dei disegni che ci
danno un'idea più o meno vaga del suo aspetto, in diversi
periodi della sua vita. Prima di tutto occorre esaminare il
celeberrimo vecchione, un disegno a matita rossa avente
le dimensioni di 33x21 centimetri, conservato presso la
Biblioteca Reale di Torino (si veda la foto a pag. 337). Si
tratta di un'opera eseguita a sanguigna, tracciata con una
matita di ematite ferrosa su un foglio privo di filigrana,
ricavato da un impasto di stracci di lino e cotone, forse
prodotto in una cartiera francese, come ha suggerito Carlo
Pedretti.

Questa straordinaria opera d'arte fu acquistata da
re Carlo Alberto nel 1839, assieme ad altri disegni, per
cinquantamila lire dal collezionista Giovanni Volpato.
Secondo Bernard Berenson, tale ritratto di un uomo
anziano, capelluto e barbuto, sarebbe stato ritoccato sulle
narici e sulla bocca. Certamente fu disegnato da Leonardo

e, come accennato, la geometria di questo volto collima quasi perfettamente con quello della *Gioconda*, anche se nessuno può affermare con certezza che si tratti di un autoritratto. In alto, vi è una scritta rossa composta da una mano sconosciuta, ma non di Leonardo: *Leonardus Vincius* e in nero *ritratto di se stesso assai vechio*, anche se tali parole sono assai sbiadite e pressoché illeggibili.

L'immagine è coperta di macchie marroni di muffa che apparvero dopo che fu incorniciato e criminalmente lasciato esposto alla luce solare per anni. Nel 1930, accogliendo le proteste di archivisti ed esperti, fu tolto dalla cornice e archiviato. L'uomo che vi vediamo raffigurato guarda a sinistra, mentre le pupille dei suoi occhi sono rivolte a destra. Quasi certamente si tratta di un'elaborazione del suo volto, forse uno studio per un dipinto rappresentante un filosofo greco o un profeta biblico, oppure di suo padre, Ser Piero, o di suo nonno, Antonio e non di un vero autoritratto.

Secondo Pietro C. Marani e D. A. Brown si tratterebbe addirittura di uno studio per un apostolo del Cenacolo di Milano. Leonardo, dunque, lo disegnò guardandosi allo specchio e seguendo le proprie proporzioni facciali (qualcuno ha scritto che fece uso di tre specchi), e poi vi aggiunse e sottrasse certi dettagli, trasformandolo in qualcosa di diverso dal proprio volto.

Questo disegno è certamente il più celebre e il più facilmente riconoscibile di Leonardo in nostro possesso, tuttavia non sappiamo quanto davvero gli somigli. Non sappiamo neppure da dove sia saltato fuori, ma, secondo l'opinione corrente e per prima proposta da Carlo Pedretti, studiando lo stile e il tipo di carta andrebbe datato a circa il 1515, dunque quando Leonardo aveva sessantatré anni; seguendo invece Marani e Brown, Leonardo aveva meno di quarant'anni.

Il primo problema che incontriamo nel vederlo come

un autoritratto è che Leonardo sembra molto più vecchio della sua età anagrafica. A questa obiezione gran parte dei biografi di Leonardo s'affrettano a precisare che Antonio De Beatis quando lo incontrò, due anni dopo, in Francia, gli attribuì più di settanta anni, dunque essi concludono che l'insonne Leonardo era invecchiato male. Ignorano, però, che tale notazione di De Beatis appare solo nella seconda versione del suo diario ed è dovuta a un suo errore di trascrizione: infatti, nella prima stesura autografa del suo diario, egli scrisse: più di LX anni, che era corretto. Dunque, non è vero che Leonardo mostrava più anni di quanti effettivamente aveva.

La popolarità di questo disegno è forse dovuta al fatto che rappresenta esattamente il Leonardo Da Vinci che ci siamo costruiti nella nostra immaginazione: il mago, l'alchimista, il negromante, il capo di una setta segreta che risale alla Maddalena e al Cristo, il falsificatore della Sindone e via speculando.

Questo misterioso ritratto venne usato nel 1810 come modello per un'incisione fatta da Giuseppe Benaglia e pubblicata da Giuseppe Bossi nel suo libro sul Cenacolo di Leonardo. L'originale emerse venticinque anni dopo la morte di Bossi e fu prontamente acquistato dal re del Piemonte, vincendo i dubbi che lo dicevano essere una contraffazione creata dal Bossi stesso; lo studioso Hans Ost ancora nel 1980 scrisse che era un falso creato dal Bossi.[1]

Un punto che non è mai stato prima discusso è questo: ammettendo che sia davvero un autoritratto, perché Leonardo lo disegnò? Voleva tramandare ai posteri il suo sembiante? Se questa era la sua ambizione, perché non dipinse un ritratto a olio? In passato, molti esperti di Leonardo si dissero convinti che un autoritratto a olio già

1.Hans Ost, *Das Leonardo. Porträt ind der kgl. bibliothek Turin und andere fälschungen des Giuseppe Bossi*, W. De Gruyter, Berlin, 1980.

Anonimo, *Falso autoritratto di Leonardo Da Vinci*, Uffizi, Firenze.

esisteva e si trova agli Uffizi, nel quale il grande artista viene ritratto con un cappellaccio in testa. Anche questa è un'immagine assai popolare che vediamo spesso ripresa e messa su copertine di libri che lo riguardano. Eppure, è dal 1938 che sappiamo trattarsi di una volgare contraffazione, dopo una verifica ai raggi X, effettuata da due pionieri dell'applicazione della scienza all'arte: Ugo Procacci e Piero Sanpaolesi, i quali vi scoprirono sotto una banale Maddalena penitente seicentesca, forse fiamminga, ma ci tratterremo dallo scrivere speculazioni alla Dan Brown su eventuali collegamenti fra la celebre peccatrice redenta e Leonardo!

Vi sono altri presunti ritratti (o autoritratti) di Leonardo. L'impressionante *Adorazione dei Magi* fu realizzata su una tavola di legno di 243 x 246 centimetri. Si tratta di un'opera rimasta incompiuta, databile al 1481 o 1482. Anche il Vasari scrisse che era stata da Leonardo lasciata incompiuta: *la quale anch'ella rimase imperfetta come l'altre cose sue.*

Leonardo Da Vinci, *Adorazione dei Magi*, Uffizi, Firenze, 1481-1482.

Alcuni dei disegni preparatori di Leonardo per questo quadro si trovano al Louvre e nella collezione di Windsor: gli era stato commissionato dai frati del convento di San Donato di Scopeto, vicino Firenze, che furono buoni clienti di suo padre. Il contratto che Leonardo firmò nel marzo 1481 con i frati fu così svantaggioso che certamente non fu visto da Ser Piero Da Vinci. I frati smisero di pagargli anticipi il 28 settembre 1481 e Leonardo l'abbandonò e poi partì per Milano.

Nell'opera troviamo settanta figure di uomini e di animali, con Maria e il bambino Gesù al centro. Sul lato destro, in basso, scorgiamo una figura solitaria che orgogliosamente guarda verso gli astanti e pare turbata da qualcosa. Nonostante il cattivo stato di conservazione di questo dipinto, vi si può vedere Leonardo senza barba, con un cranio tondo, gli occhi profondi nelle orbite e un'espressione sprezzante sulle labbra. Ciò che la rende speciale è l'intera impostazione — la famosa frase della prima edizione dell'opera di Vasari, poi censurata, ci viene in mente: *stimando per avventura assai più lo essere filosofo che cristiano.*

Sul lato opposto della composizione si scorge un vecchio, che guarda Leonardo con aria preoccupata; forse si tratta di suo padre, Ser Piero? Questa composizione indica una chiara identificazione della figura di Leonardo, perché questo tipo di rappresentazione del pittore dentro il dipinto venne usata anche dal Botticelli nella sua *Adorazione di Magi* che precede quella di Leonardo. Il Botticelli vi assume una simile aria sdegnosa, ponendosi nella stessa posizione. Dunque, possiamo essere sicuri che il giovane sdegnoso è proprio il trentenne Leonardo Da Vinci. Se paragoniamo quest'immagine di Leonardo alla *Ginevra de' Benci*, alcune similitudini nella struttura facciale, mai prima notate, balzano all'occhio.

Esiste un altro ritratto di Leonardo che possiede un profumo orientale e che lo raffigura come un uomo maturo: si tratta di un quadro dipinto da un ritrattista tutto sommato mediocre, Cristofano di Papi Dell'Altissimo (1530-1605). Si trova anche questo nella Galleria degli Uffizi a Firenze ed è un olio su tavola di legno, avente le dimensioni di 60 x 45 centimetri. Nella parte alta vi si leggono le parole: *Leonardus Vincius* e sul retro i numeri 15 154 44 10, e le parole: *Pittore, scultore, inventore, fu uno dei migliori genii dell'umanità. Lavorò a Firenze e Milano protetto da Ludovico il Moro; in Francia, dove morì, ad Amboise, onorato e amato da Francesco I, re di Francia.*

Il ritratto fu certamente completato prima del 1568,

dato che ne parla il Vasari, e fu realizzato copiando un ritratto perduto di Leonardo, oppure un busto di marmo, proprietà di Paolo Giovio a Como, che faceva parte della sua collezione di ritratti.

Francesco Melzi morì intorno al 1568-1570 e conobbe Paolo Giovio, perché il Melzi, una volta rientrato dalla Francia, passò la propria esistenza fra Milano e Vaprio d'Adda, a pochi chilometri di distanza da Como, e visitò certamente il museo gioviano dove si trovavano il ritratto o il busto di Leonardo.

Il committente di questo quadro a olio fu il granduca Cosimo I di Toscana e assieme ad altri fu copiato dalla galleria di uomini e donne illustri del Giovio. Il ritratto creato da Cristofano è simile ai famosi disegni di Windsor e della biblioteca Ambrosiana di Milano, ma con l'aggiunta di una pelliccia e di quella speciale aria orientale che trasmette.

I letterati cinesi della dinastia Ming assomigliavano a questo ritratto di Leonardo, prima che gli invasori Qing costringessero tutti gli uomini a radersi la fronte e raccogliere i capelli in una coda, a imitazione dei cavalli, animali da loro ammiratissimi.

Cristofano fu un discepolo del Bronzino e del Pontormo. Nacque a Firenze nel 1525 e morì a Firenze il 21 settembre 1605. Fu Cosimo I de' Medici che lo spedì a Como per copiare i ritratti presenti nella galleria di Paolo Giovio, un appassionato di storia e di politica e per tale motivo nella sua sontuosa dimora comasca collezionò ritratti di poeti, di uomini di Stato, di teste coronate. Il suo bel palazzo era situato precisamente a Borgovico, edificato sulle rovine della villa di Caninio Rufo descritta da Plinio il Giovane. Il Giovio soleva sollecitare personalmente i personaggi: quelli viventi con delle lettere scritte nel suo aulico latino, insistendo che gli mandassero un proprio ritratto reale, perché non voleva ricevere delle immagini fantasiose. Per i grandi del passato insisteva che gli artisti usassero monete e statue per riprodurli fedelmente, senza abbellimenti.[2]

Fra il 1537 e il 1543 Paolo Giovio si costruì un museo in casa propria che divenne noto come Museum Jovianus e fu molto ammirato e visitato. Sfortunatamente, quel palazzo non esiste più perché fu fatto demolire e ricostruire da Marco Gallio, il quale poi, nel 1607, lo modificò nuovamente battezzandolo Villa Gallia: ma esiste una splendida stampa che lo rappresenta, una vista a volo d'uccello, in tutto il suo splendore. La collezione di ritratti, libri e statue che conteneva fu venduta o distrutta. Poca cosa rimase ai discendenti del Giovio: sappiamo che un certo Giuliano Giovio, nel 1780, scrisse a uno storico italiano, il Tiraboschi, dicendogli che possedeva un ritratto barbuto di Leonardo, ma da allora anche quello è andato perduto, o forse era proprio il disegno che oggi si trova a Torino.

Paolo Giovio fu uno scrittore che scrisse molto, uno storico e uno scienziato, ma fu soprattutto un grande umanista. Incontrò Leonardo Da Vinci durante gli studi a Milano e poi andò a studiare medicina e filosofia a Padova, con Pietro Pomponazzi (1462- 1525). Tornò di nuovo a Pavia prima del 1507, dove incontrò l'anatomista Marcantonio Della Torre (1481-1511), un collaboratore veronese di Leonardo Da Vinci.

Paolo Giovio si laureò in filosofia e medicina nel 1511, poi si trasferì a Roma nel 1512 per cercare di sfuggire a una nuova epidemia di peste e fu a Roma che, nel 1514, iniziò a praticare medicina e allo stesso tempo a insegnare.

Grazie all'amicizia con il cardinale Giulio de' Medici, Giovio riuscì ad entrare in confidenza con il Papa e nel 1521 tornò a Como come legato papale, quando gli spagnoli saccheggiarono proprio la sua città. Nel 1523, il suo amico

2. Thomas C. Price Zimmerman *Paolo Giovio* Princeton University Press, Princeton, 1995.

e protettore, Giulio de' Medici, fu eletto Papa con il nome di Clemente VII e la sua influenza crebbe ancora di più. Fu al suo fianco durante il saccheggio di Roma del 1527, un evento che sconvolse il mondo occidentale e gli costò la perdita di tutti i suoi bei libri e molte delle sue opere d'arte. Il Giovio fu poi nominato vescovo di Nocera, e dopo il sacco di Roma si trasferì ad Ischia, dove fece amicizia con due donne famose, Costanza d'Avalos e Vittoria Colonna, nonché con il marchese Alfonso Del Vasto. Nel 1533 lo troviamo in Francia per il matrimonio di Caterina de' Medici con Enrico II, e nel 1547 a Firenze, dove morì il 12 dicembre 1552.

Anche se Paolo Giovio non fu un esperto d'arte, mentre discorreva con un giovane Giorgio Vasari gli diede l'idea di scrivere un libro contenente le biografie dei più famosi pittori e architetti della loro epoca. Con un eccesso di franchezza, gli aprì gli occhi, dicendogli: "I vostri dipinti non dureranno per sempre, ma il tempo non consumerà i vostri scritti". Aveva ragione. I dipinti di Giorgio Vasari non vanno oltre la mediocrità, ma la sua opera letteraria, che abbiamo più volte citato, è davvero immortale.

Anche Paolo Giovio si cimentò nello stesso genere biografico e, in una sua breve bozza dedicata a Leonardo Da Vinci, probabilmente composta mentre era a Ischia, con brevi cenni ci comunica l'impressione di averlo davvero conosciuto da vicino a Pavia:

> *Fu d'indole affabile, brillante, generosa, di volto straordinariamente bello; e poiché era un meraviglioso inventore e arbitro d'ogni eleganza e, soprattutto, di spettacoli teatrali, sapeva cantare egregiamente accompagnandosi sulla lira, piacque sommamente a tutti i principi del suo tempo. Morì in Francia a 67 anni compiuti, dolendosi gli amici oltre che della sua*

287

*perdita, del fatto che tra i giovani che affollavano e
ravvivavano la sua bottega, egli non lasciasse nessun
discepolo di fama.*[3]

Sfarzo, feste teatrali, musica, appunto... e qui dovremmo
nuovamente richiamare le parole di Freud su Leonardo che
volle: "Far vedere al padre che aspetto abbia la distinzione".

Il breve abbozzo biografico del Giovio fu il secondo
in ordine di tempo fra quelli dedicati a Leonardo, dopo
il frammento contenuto nel Libro di Antonio Billi (una
raccolta di abbozzi anonimi, il Billi ne fu il proprietario,
non l'autore) che fu redatto tra il 1487 e il 1537.

Apparve in seguito un terzo abbozzo: l'Anonimo
Gaddiano. Una prova che Paolo Giovio conobbe Francesco
Melzi è il fatto che cita correttamente l'età di Leonardo
quando morì: sessantasette anni, diversamente dagli altri
biografi, e solo dal Melzi poteva aver conosciuto la data di
nascita e di morte. Giovio dice nella sua biografia, fra l'altro,
che Leonardo non ebbe discepoli di fama eccezionale, e
di nuovo anche qui ha ragione. Gli unici veri discepoli
di Leonardo furono due pittori che non gli furono vicini:
Albrecht Dürer e Raffaello Sanzio.

Albiera, la prima moglie di Ser Piero, ebbe almeno sei
sorelle e sette fratelli e uno di loro, Don Alessandro di
Giovanni Amadori, divenne un canonico a Fiesole e fu poi
in contatto con la marchesa Isabella d'Este (1474-1539), la
quale tentò in tutti i modi di venire ritratta da Leonardo.
V'è una nota di Leonardo nel Codice Atlantico circa questo
suo zio acquisito. Nel 1501 Isabella chiese espressamente a

---

3. Pietro C. Marani, *Il Ritratto di Leonardo nell'immaginario collettivo e nella
tradizione documentaria* Giunti, Firenze 2006. La biografia del Giovio si trova
nel suo *Fragmentum trium Dialogorum Pauli Jovii. Dialogum virium literis
illustrium cui in calce sunt additae Vincii, Michaelis Angelis, Raphaelis Urbinatis
vitae.* Gerolamo Tiraboschi, Storia della letteratura italiana, Soc. Tipografica,
Modena, 1781, IX, pp. 254-93.

Leonardo Da Vinci, *Ultima Cena*. Dettaglio di Giuda con barba nera. Santa Maria delle Grazie, Milano.

fra' Pietro da Novellara, vicario generale dei Carmelitani, di ricevere a tutti i costi un proprio ritratto dipinto da Leonardo. Ma il frate le rispose, dopo avere avvicinato Leonardo tramite il suo discepolo Salai, che il suo stile di vita era a tal punto instabile e incerto che uno poteva dire che viveva alla giornata e che era *impacientissimo al pennello* trovandosi immerso nello studio della geometria, oggi sappiamo che stava iniziando ad abbozzare il Codice Gates (Leicester).

Isabella fu una donna molto sofisticata, ma dal temperamento tirannico, abituata ad ottenere tutto ciò che desiderava, di volta in volta usando il proprio fascino o le minacce. Leonardo, da parte sua, non fu mai un uomo facilmente impressionabile, e pertanto ella usò con lui un tono più gentile rispetto ad altri artisti come il Perugino, Tiziano o Raffaello, con i quali spuntò ciò che chiedeva.

Nell'Archivio di Stato di Mantova si conserva una copia della sua lettera. Il 27 marzo 1501, non ottenendo risposta, fece seguito con una nuova missiva diretta a Leonardo, il 14 maggio 1504, ricordandogli le proprie richieste:

> *Se serrimo da voi compiaciuti de questo nostro*
> *summo desyderio, sapiati che ultra el pagamento,*
> *che vuy medesimo voreti, vi resterimo obbligati che*
> *non pensarimo in altro che in farvi cosa grata, et ex*
> *nunc ne offerimo ad ogni comodo et piacere vostro,*
> *expectando votiva risposta, et ali piaceri vostri ci*
> *offerimo.*

Pare che Leonardo neppure si prese la briga di risponderle.

Giovanni Paolo Lomazzo (1538-1592) fu un allievo di Gaudenzio Ferrari (1475-1546); divenuto scrittore e teorico dell'arte per via della sua progressiva cecità, questo ebbe a dire riguardo a uno dei suoi libri circa Leonardo:

> *Ebbe la faccia con li capelli longhi, con le ciglie e con*
> *la barba tanto longa, che gli pareva la vera nobiltà*
> *del studio quale fu già altre volte il druido Ermete o*
> *l'antico Prometeo.[4]*

Lomazzo fu amico del Melzi e, probabilmente, vide il ritratto di Leonardo che si trova oggi a Torino o quelli custoditi a Windsor, o qualche altro andato perduto.

Un'opera dell'incisore veneto Cristoforo Coriolano, che fu poi copiata da diversi illustratori, divenne la vecchia immagine per eccellenza di Leonardo. Come sottolineano Pietro C. Marani ed Edoardo Villalta:

---

4. Giovanni Paolo Lomazzo *Della forma delle muse. Cavata dagli antichi autori greci e latini* Pontio, Milano, 1591.

"Si affaccia quindi il dubbio che nessuno di questi 'ritratti' sia modellato su una conoscenza dal vero (impossibile cronologicamente sia per il Vasari che per Lomazzo), ma già mediata dal sentito dire e forse da ritratti disegnati di Leonardo già circolanti nella prima metà del Cinquecento".[5]

La Scuola di Atene è un grande affresco che venne dipinto da Raffaello fra il 1509 e il 1510. Papa Giulio II della Rovere scelse alcune stanze nel Vaticano e le fece affrescate ai migliori artisti sul mercato. Nella stanza del palazzo nota come Stanza della Segnatura – il Tribunale della *Segnatura Gratiae et Iustiae* – Raffaello vi eseguì quattro affreschi. In genere quando passiamo davanti alla *Scuola di Atene* sentiremo dire alle guide più o meno queste parole: "Potete notare che alcuni personaggi sono disposti su una linea ipotetica orizzontale alla fine di una scala, mentre altri sono disposti in piccoli gruppi, in primo piano. L'artista dona ai personaggi dell'antichità le sembianze di artisti suoi contemporanei, come una sorta di continuità di pensiero, per ribadire la nuova e orgogliosa affermazione che hanno ottenuto gli artisti moderni. Per esempio, possiamo vedere al centro, il filosofo greco Platone rappresentato con le sembianze di Leonardo da Vinci che parla con un altro grande filosofo dell'antichità, Aristotele. In basso, da solo e seduto sui gradini, intento a scrivere, appoggiato ad un blocco di marmo vediamo un altro grande dell'antichità, Eraclito con il viso di Michelangelo Buonarroti. Alcuni studiosi d'arte affermano che questo personaggio sia stato inserito da Raffaello dopo, verso il 1511-12 come una sorta di riconoscimento verso l'autore della Cappella Sistina, che poi eseguirà anche il *Giudizio Universale* nella parete centrale dell'altare. Davanti a lui possiamo vedere un altro

---

5. Carlo Pedretti, Pietro C. Marani, *Leonardo. Il genio e il mito*. Catalogo della mostra alla Venaria Reale, Silvana Editore, Torino, 2012, p. 129.

grande artista e architetto del Cinquecento. Si tratta del Bramante, intento a tracciare un cerchio con un compasso, mentre altri lo guardano ammirati."

Passi il Bramante (del quale si vede solo la pelata) e il Buonarroti (anche se non capiamo che c'entra con il filosofo Eraclito) che Raffaello aveva sotto agli occhi tutti i giorni a Roma, ma la figura centrale di Platone nulla ha a che vedere con Leonardo Da Vinci, che nel 1509 aveva 57 anni, viveva a Milano, non era stempiato e, forse, ancora non teneva la barba lunga.

Il punto è che quella figura ricorda il celebre disegno del 'vecchione' custodita a Torino e riapparsa nei primi anni del 800 e che, contrariamente a quanto molti credono, non è affatto un autoritratto ma uno studio per qualche altra opera che Leonardo aveva in mente di realizzare.

Dunque, dove prese quel viso di Platone il nostro Raffaello? Semplice, nei Musei Vaticani esistono varie erme e busti di marmo rappresentanti il grande filosofo greco ed è evidente che Raffaello s'ispirò a uno di quelli, senza dunque stare a scomodare Leonardo Da Vinci.

Infine, dovremmo prendere in considerazione il disegno conservato a Windsor, il quale pare simile a quello conservato alla Biblioteca Ambrosiana di Milano, entrambi attribuiti alla mano di Francesco Melzi.

Esiste un ritratto meno noto eseguito a Venezia, che raffigura Leonardo con la mano destra sospesa da una fascia: alcuni lo attribuiscono a Francesco Melzi e altri ad Ambrogio Figino (1553-1608), allievo del Lomazzo, il quale fu forse il possessore di un codice perduto di Leonardo, ricevuto da Guido Mazenta.

La scialba statua di Pietro Magni (1817-1877) posta di fronte al teatro della Scala a Milano, soprannominata dai milanesi *el liter in quater* con i quattro discepoli posti sotto il maestro, è invece un'interpretazione del ritratto di Coriolano, apparso sulla seconda edizione del libro di Vasari. Il monumento più brutto del mondo è senz'altro la statua in bronzo alta nove metri del bulgaro Assen Peikov. Dal 1960 accoglie i passeggeri dell'aeroporto Leonardo Da Vinci di Roma. Rappresenta Leonardo con il viso che imita lo schizzo di Torino, mentre tiene una sorta di aquilone cinese nella mano destra.

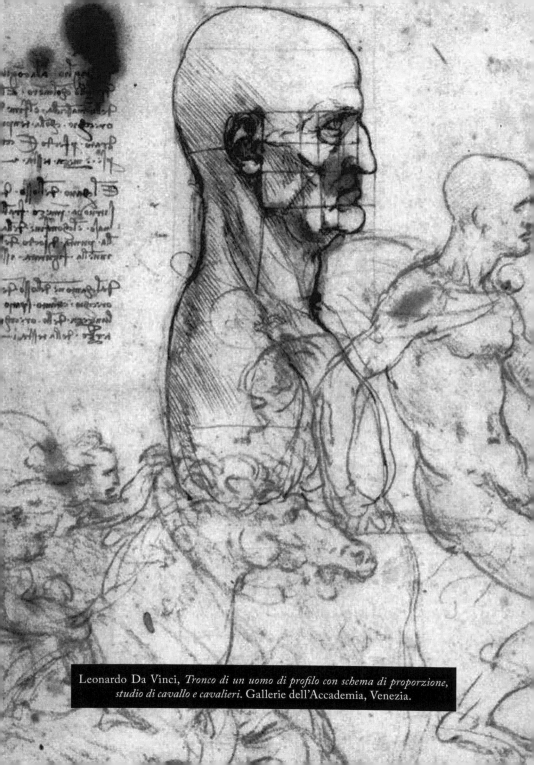

Leonardo Da Vinci, *Tronco di un uomo di profilo con schema di proporzione, studio di cavallo e cavalieri*. Gallerie dell'Accademia, Venezia.

Capitolo Tredici

Fare assegnazioni a Leonardo è come prendere nelle mani un ferro rovente
Adolfo Venturi

Leonardo, Faust, narcisista e creatore del proprio mito

Il termine *Faust italiano* fu affibbiato a Leonardo Da Vinci dal nostro Gabriele D'Annunzio (1863-1938). Il compositore Ferruccio Busoni (1866-1924), il quale incontrò il Vate, scrisse quanto segue:

> *Con D'Annunzio discussi a fondo (nel 1911 e a Parigi) un libretto su Leonardo da Vinci, il Faust italiano, come il poeta lo definiva, e del resto obiettò che Leonardo per lui era "uno scheletro che porta una fiaccola al posto della testa". Gli mancava quel tanto di 'materia lirica' di cui non poteva fare a meno, dato il concetto dell'opera ch'egli aveva ereditato dall'Ottocento, in quanto italiano e in quanto apostolo di Wagner. Da ciò 'lo scheletro scarnificato, senza cuore', da ciò 'la fiaccola che illumina senza pietà, portata al posto della testa.*

Alla fine, Gabriele D'Annunzio gli promise un libretto ma, in vero stile leonardiano, non lo consegnò mai.
John Addington Symonds (1840-1893) definì Leonardo *il Mago del Rinascimento* un precoce segno che la sua

immagine stava volgendo al mistico, un fatto che avrebbe assai divertito lo stesso Leonardo.

Nella sua biografia su Leonardo, uscita nel 1939, Kenneth Clark scrisse che:

Leonardo è l'Amleto della storia dell'arte, che ciascuno di noi ricrea per sé stesso, e seppure ho provato a interpretare la sua opera più impersonalmente possibile, riconosco che il risultato è ampiamente soggettivo.

E poi notò, giustamente, come ogni generazione reinterpreti Leonardo secondo la propria sensibilità: un processo evolutivo all'opera anche ai giorni nostri.

Ad esempio, vediamo una sorta di Leonardo nel personaggio di Albus Dumbledore, nella fortunata serie di Harry Potter, creata da J.K Rowling, oppure ci basta guardare alle decine di milioni di copie vendute del romanzo Il codice da Vinci di Dan Brown, che non è basato sull'opera di Leonardo, quanto piuttosto sulla sua aura misterica, derivante dai lavori pubblicati più di un secolo fa da Joséphin Péladan (1858-1918), Paul Vuillard (1875-1950), Édouard Vuillard (1868-1940) e Rudolf Steiner (1861-1925). Furono loro i responsabili della creazione della figura di Leonardo come mago in possesso di una conoscenza orfica e mistica, un'immagine che poi lo rese caro ai simbolisti.

Jacob Burckhardt (1818-1897) definì Leonardo un genio universale, 'i cui contorni possono essere solo ipotizzati, mai definiti'[1].

Giorgio Vasari nella sua *Vita di Leonardo Da Vinci* disse questo di lui:

E veramente il Cielo ci manda talora alcuni che non rappresentano la Umanità sola, ma la Divinità istessa,

---

1. Kostantinowa, A *Leonardo da Vinci* Strasbourg, 197, p.51

*acciò da quelli come da modello, imitandola, possiamo
accostarci con l'animo e con l'eccelenzia dell'intelletto
alle parti somme del cielo.*

Queste parole ci riportano a quelle scritte il 1° giugno
1519 da Francesco Melzi, nella sua lettera indirizzata a Ser
Giuliano Da Vinci e ai fratelli di Leonardo, per informarli
della morte del maestro:

*La perdita di un tale uomo è una perdita per tutti
poiché la natura non ha più potere di creare un altro
uomo come lui*

È possibile che Vasari basasse il proprio profilo biografico
del 1550 su un'intervista fatta a Francesco Melzi, che
divideva il proprio tempo fra Vaprio d'Adda e Milano.
Oppure è plausibile che gran parte del profilo fu scritta dal
Melzi stesso, e per il resto il Vasari attinse da altre fonti. Gli
studi filologici sull'uso dei termini e delle frasi utilizzate dal
Vasari hanno dimostrato che non tutto il suo opus è frutto
della sua penna.

Ma ciò che pare certo è questo: Leonardo lasciava
un'impressione profonda su tutti coloro che lo incontravano,
sia su semplici cittadini che su sovrani, benché egli sia
stato in fondo un genio solitario dalla personalità divisa e
complessa. Gli argomenti per impressionare il prossimo non
gli mancavano: usava la mano sinistra per vergare parole
rovesciate; era una sorta di negromante che disegnava il
viso dei morti e di notte tagliava i loro corpi. A tanti suoi
contemporanei appariva strano, fuori dal tempo e dalle
mode, come comparso dal nulla, un *angelo incarnato* come
lo definì Benvenuto Cellini, o un *miroir profond et sombre*
secondo la celebre definizione di Charles Baudelaire.

La lista degli scrittori e dei musicisti che tentarono di

decifrarlo è veramente troppo lunga per essere riportata qui. Leonardo era alto e bello, affascinante, eloquente, maestoso, eppure distaccato, e pareva possedere un'aria estranea alla mondanità, come fosse costantemente fuori luogo, una sorta di extraterrestre esiliato sulla terra. Cellini incluse nei suoi *Discorsi sulle Arti* del 1542 le parole pronunziate da re Francesco I a proposito di Leonardo, ventitré anni dopo la sua morte. Il re di Francia disse a Cellini, davanti al vescovo di Ferrara e al re di Navarra, che egli amava le virtù di Leonardo e si sentiva talmente compiaciuto di sentirlo parlare che non riusciva a star lontano da lui, salvo che per qualche giorno all'anno. Questo fu il motivo per cui Leonardo non riuscì a completare il lavoro che studiò con tanta applicazione.

Francesco I disse che: "Non credeva mai che altro uomo fusse nato al mondo, che sapesse tanto quanto Leonardo, non tanto di scultura, pittura e architettura, quanto ch'egli era grandissimo filosofo."[2] Un bel complimento fatto da un grande sovrano!

Anche se migliaia di libri sono stati già scritti su di lui, la vita di Leonardo resta, come si è detto più volte, un enigma, velata com'è da moltissime ombre. Tutti questi libri paiono aumentare, anziché diminuire, l'incertezza che circonda questo grande personaggio, le sue origini e i suoi scopi. Tale scarsità di notizie pare in ogni caso aumentare l'attrazione nei suoi riguardi, anziché farla scemare. Una spiegazione di questo fenomeno potrebbe risiedere nella profondità delle sue scoperte, nella sua non ortodossia e nella sua forte memoria, le quali furono a tutti manifeste, ma anche nella sua esistenza appartata e nella sua infantile timidezza. Al raggiungimento della maturità, egli volle sempre presentarsi ben vestito ed ebbe, nella sua tarda maturità, una lunga

---

2. Carlo Pedretti *Studi Vinciani: documenti, analisi e inediti leonardeschi* Librarie Droz, Ginevra, 1957, p. 16.

barba coi capelli lunghi, come un filosofo greco, o cinese. Forse, voleva apparire come un profeta, senza esserlo, ma l'impressione che lasciò sui suoi contemporanei fu talmente intensa che si riverbera su di noi. E questa immagine di Leonardo, offerta da Dmitrij Sergeevič Merežkovskij e poi citata da Sigmund Freud, è davvero meravigliosa: "Fu come un uomo che s'è svegliato troppo presto nell'oscurità della notte, mentre gli altri dormono ancora."[3]

Possediamo delle prove che Leonardo, intenzionalmente, voleva comunicare questa impressione su chi gli stava attorno. Quando incontrò il cardinale Luigi d'Aragona e Antonio De Beatis ad Amboise, mostrò loro i propri disegni d'anatomia umana e fu ben felice di far sapere che aveva sezionato trenta cadaveri. Possiamo immaginare l'impressione che le sue parole suscitarono sui due visitatori napoletani, un po' come stessero parlando con un negromante. Non possediamo indizi secondo i quali Leonardo partecipò a discussioni, risse o banchetti, e non leggiamo alcuna aspra critica nei confronti dei suoi colleghi nei suoi taccuini. Freud notò che, come in simili casi clinici, egli mostrava un carattere posato e rifiutava ogni antagonismo e ogni inutile controversia.

Le note da lui lasciate nelle quali si lamenta di qualche cosa, come dell'ingratitudine dei parenti e dei suoi collaboratori sono davvero poche. Parla, però, di un individuo misterioso, senza nominarlo mai, che diffuse menzogne sul suo conto. Non sappiamo quali furono tali accuse, ma notiamo che anche in queste circostanze egli preferì usare la ragione senza ricorrere alle minacce o agli insulti. Leonardo fu un uomo studioso, laborioso, preciso, il quale aspirava a essere rispettato e amato per quello che era e per ciò che era riuscito a realizzare. Fu anche un maestro

---

3. Sigmund Freud, *Leonardo Da Vinci. Un ricordo d'infanzia di Leonardo Da Vinci* Bollati Boringhieri, Torino, 2003, p. 74.

d'ironia, ed ecco un piccolo esempio.

Nel 1514-1515, mentre stava a Roma, Leonardo discute dell'anima in un suo codice, e per "anima" intende animo, ossia ciò che ci rende umani, che ci fa vivere e pensare. Ma si accorge di sconfinare nella teologia e allora aggiunge:

> *E il resto della definizion dell'anima lascio nella mente de' frati, padri de popoli, li quali per ispira[ta] azione san tutti li segreti.*[4]

Poteva perdonare tutto, eccetto il tradimento, forse perché fu tradito da suo padre.

Questo potrebbe spiegare perché per il Cenacolo scelse di rappresentare Gesù Cristo nel momento in cui annuncia che uno dei suoi discepoli lo tradirà, e non Gesù che istituisce l'Eucaristia, benché il pane e il vino si trovino già davanti a lui. Fu una sua rivoluzionaria novità. Inoltre, pose Giuda vicino a Gesù, con i capelli e la barba neri, mentre prima l'apostolo traditore era sempre rappresentato con i capelli e la barba rossi.

Nel breve profilo biografico conosciuto come *Anonimo Gaddiano* troviamo qualcosa che sembra una capsula temporale, qualcosa che pare fresco e realistico:

> *Passando Lionardo in compagnia di Giovanni da Gavina della Santa Trinita, dalla pancaccia delli Spini, ove era una ragunata d'uomini dabbene, et dove si disputava un passo di Dante, chiamaron detto Lionardo, dicendogli che dichiarasse loro quel passo. Et a caso appunto passò di qui Michele Agnolo. Et chiamato da uno di loro, rispose Lionardo: "Michele Agnolo ve lo dichiarerà egli". Di che paressi a Michele Agnolo che l'avessi detto per sheffarlo, con ira gli*

---

4. Codice Windor, RL 19115r.

rispose: "Dichiaralo pur tu che facesti un disegno d'un cavallo per gittarlo di bronzo, et non lo potesti gittare, et per vergogna lo lasciasti stare". Et detto questo, voltò loro le reni, et andò via; dove rimase Lionardo, che per le dette parole diventò rosso.

E il sanguigno Michelangelo, non pago, ci ritornò ancora sopra su quella storia del cavallo, sbottando:

Quei capponi de' milanesi!

Questo episodio potrebbe essere davvero avvenuto durante il secondo soggiorno a Firenze di Leonardo e sappiamo dalle note, lasciate specialmente nel *Codice Trivulziano* che Leonardo non padroneggiò mai l'italiano e il latino, ed ebbe una conoscenza superficiale della letteratura, sebbene amasse molto Dante Alighieri, il Pulci e Francesco Berni. Forse, voleva essere gentile con Michelangelo, evitando controversie con un artista più giovane, pensando che lui fosse a conoscenza della risposta. Ma Michelangelo possedeva un carattere contorto e inibito, e per questo reagì con collera, credendo che Leonardo volesse prendersi gioco di lui, e ignorando che il monumento equestre di Milano era stato abbandonato perché il bronzo per la fusione era stato spedito a Ferrara nel novembre 1494 per fondere dei cannoni. Non fu dunque colpa sua, ma il buon Leonardo arrossì e non rispose al rabbioso sfogo del Buonarroti.

Giovanni Paolo Lomazzo ci ha lasciato un bizzarro dialogo immaginario avvenuto fra Leonardo Da Vinci e Paolo Giovio. Lomazzo nacque vent'anni dopo la morte di Leonardo, ma conobbe Francesco Melzi e il Giovio, e, forse, riuscì a entrare in possesso di almeno uno dei codici di Leonardo. Infatti, Giorgio Vasari scrive di un pittore

milanese in possesso di uno dei suoi manoscritti: forse era
Lomazzo, oppure il suo allievo, il Figino.

Ad ogni modo, in tale dialogo del Lomazzo, Leonardo
confessa l'amore per una certa ragazza milanese, tale
Drusilla, ma questo amore non è reciproco, così Leonardo
decide di andare a Venezia e prendere una nave per
navigare verso Oriente. Dopo aver raggiunto una foresta
d'alberi con degli strani frutti, e dopo averne assaggiato
uno, Leonardo perde la barba e il suo corpo assume
le forme di una donna. Allora pensa a quanto sarebbe
bello aver lì la sua Drusilla, dal momento che anche
lei, mangiando uno di quegli strani frutti, si sarebbe
trasformata in un ragazzo, e in tal modo, a sessi invertiti,
loro due avrebbero potuto fare l'amore.

In un altro strano dialogo fra un immaginario Leonardo
e lo scultore greco Fidia, Leonardo è ancora più esplicito
riguardo alla sua passione per l'amore greco e confessa a
Fidia di aver sodomizzato Salai varie volte.

Sappiamo che certi suoi disegni anatomici conservati
nella Biblioteca Reale di Windsor dimostrano che ebbe una
buona idea del sistema genitale maschile, ma una scarsa
concezione della vagina, che rappresenta senza clitoride
e senza le piccole labbra. Inoltre, è ben noto che nella sua
gioventù, Leonardo fu anonimamente accusato di sodomia
su un ragazzo di vita, come lo chiameremmo oggi, insieme
a dei suoi amici — un'accusa molto grave che in quei tempi
poteva portare alla condanna a morte.

Ecco la denuncia anonima:

> *Notifico a voi Signori Officiali come egli è vera cosa
> che Jacopo Salterelli... fratello carnale di Giovanni
> Salterelli, sta co' lui all'orafo in Vachereccia, dirimpetto
> al buco, veste nero, d'età d'anni 17 o circa.*
> *El quale Jacopo va dietro a molte misserie et consente*

*compiacere a quelle persone che lo richiegono di simili
tristizie.*

*E a questo modo ha avuto a fare di molte cose, cioè
servito parechie dozine di persone, delle quali ne so
buon date, et al presente dirò d'alcuno.*

–Bartolomeo di Pasquino orafo sta in Vachereccia.

*–Lionardo di ser Piero da Vinci sta con Andrea del
Verrocchio.*

*–Baccino farsettaio sta da Orto San Michele in quella
via che v'è due botteghe grandi di cimatori, che va
alla loggia de' Cerchi, ha aperto bottega di nuovo di
farsettaio.*

–Lionardo Tornabuoni decto Teri, veste nero.

*Questi hanno avuto a soddomitare decto Jacopo, et così
vi fo fede Absoluti cum conditione ut retamburentur.*

Questo documento fu pubblicato nel 1896 da Nino
Smiraglia Scognamiglio, e causò imbarazzo e costernazione
fra gli ammiratori di Leonardo. Eppure, era certamente già
stato conosciuto in precedenza, poiché Gaetano Milanesi
(1813-1895), nella sua edizione delle Vite del Vasari, parlò
di una certa accusa contro Leonardo, anche se non specificò
la natura della stessa.

Che un Tornabuoni fosse coinvolto nell'affare ebbe
certamente un peso politico, e proprio per questo, secondo
alcuni suoi esegeti, fu provocato con intenti diffamatori,
dato che la moglie di Piero de' Medici era una Tornabuoni.
Tuttavia, questo è un argomento a doppio taglio: il
Tornabuoni può aver giocato un ruolo nella falsa accusa così
come nel proscioglimento in caso di provata colpevolezza.
Certo è che un uomo attento e intelligente come Leonardo,
all'epoca ventiquattrenne, ne deve essere uscito sconvolto,
spaventato e umiliato, poiché fu quasi certamente
imprigionato per qualche giorno. Non era comune a

Firenze infliggere la pena di morte per omosessualità, che vi era peraltro diffusissima, ma fu in ogni modo usata occasionalmente per i casi più eclatanti, preferendo in quelli ordinari comminare multe e pubbliche umiliazioni. Fra 1430 e il 1505 si ebbero più di diecimila casi di sodomia a Firenze, e solo in un caso su cinque vi furono delle condanne, fortunatamente pecuniarie.

Leonardo fu omosessuale? Non lo sappiamo e non possiamo incolparlo per non essere stato più esplicito, perché ammettere un tale orientamento sessuale era molto pericoloso. Possiamo dire che non è facile dimostrare che fu omosessuale, ma è ancora più difficile dimostrare che non lo fu. Il suo arresto non è una prova e del resto fare sesso con un ragazzo non fu mai nell'antichità un segno d'orientamento omosessuale. Come osservò Serge Bramly, Leonardo aveva un debole per i ragazzacci con un viso grazioso e i capelli ricci. È stato anche suggerito che la lunga serie di lamentele di Leonardo rivolte al Salai — ladro bugiardo ostinato ghiotto — nonché la lunga lista di suoi furti servirono a mascherare la forte attrazione sessuale nei suoi confronti, come per il poeta e regista Pier Paolo Pasolini, che fu ucciso da una moderna versione di Salai, il quale forse fu in combutta con altri personaggi.

Troviamo queste parole nel Codice Atlantico:

Pesce	*8*
Vino	*8*
Crusca	*302*
Pane	*4*

Salai, io vore' posare, cioè non guere, no più guera che io m'arendo.[5]

---

5. Codice Atlantico, 244 v.a.

Questa notazione può essere vista come una prova del forte controllo psicologico esercitato dal Salai sul granduomo.

Gerolamo Cardano — lui stesso non completamente libero dall'attrazione per l'amore greco — scrisse nel suo *Neronis encomium* stampato a Basilea nel 1562, un'accorata difesa dell'imperatore Nerone, il quale venne accusato d'ogni nefandezza, incluso l'aver avuto rapporti sessuali con ragazzi ed ecco come il Cardano lo difende, sostenendo che questo, comunque, è un fatto irrilevante:

> *È più spregevole soffrire certe cose anziché farle. Il farle è più virile e comune a tanti uomini nobili e famosi; l'altro è un vizio tipico degli uomini effeminati, privi di nobiltà virile. Questo atto di Nerone non fu legato alla sua libido, ma va attribuito alla sua età giovanile e riguarda la sua vita privata, che spesso valicò il confine fra lecito e l'illecito.*
>
> *Ma nessuno è così sciocco da voler conoscere queste cose, e ancora meno raccontarle: è chiaro che fatti simili debbano essere mantenuti nascosti per sempre, anziché essere scritti e addirittura inseriti nei libri di storia, con uno scopo perverso nella mente. O dovrei pensare che qualcuno sia interessato a sapere se Platone da giovane si masturbava?*[6]

La cultura gay nel Rinascimento fu vissuta essenzialmente da uomini adulti che ebbero rapporti sessuali con ragazzi adolescenti, un fatto che nell'antichità era definito amore greco. Il sesso omosessuale fra uomini e donne adulti fu raro, tutto sommato, anche se vari circoli d'omosessualità maschile furono svelati a Firenze, così come a Venezia, Bologna, e altrove.

Angelo Poliziano, Benvenuto Cellini, Sandro Botticelli e

---

6. Gerolamo Cardano *Nero: An Exemplary Life* Hong Kong, 2012, pp. 192–4.

il banchiere Filippo Strozzi non ebbero problemi a dichiarare le loro preferenze sessuali e Ariosto arrivò al punto di raccomandare ai giovani poeti di coltivare almeno una relazione omosessuale nella propria vita. Cellini, che ebbe una forte libido verso entrambi i sessi, disse che l'amore greco era una cosa comune. Ad esempio, racconta che la madre di un suo garzone assunto nella propria bottega, di nome Cencio, lo ricattò richiedendo una somma considerevole di denaro per tenere nascosta la tresca con il figlio.

E, d'altronde, in una delle sue lettere datate 1514, il più puritano e represso Michelangelo scrisse del suo imbarazzo nei confronti del padre di un ragazzo che gli disse che se lo avesse preso a lavorare a bottega da lui se lo sarebbe potuto portare anche a letto. Segno questo che era un fatto comune e accettato nell'ambiente artistico. Anche Andrea del Verrocchio, il maestro di Leonardo, non sfuggì alle accuse d'omosessualità.

Leonardo avrebbe trovato una situazione simile in Cina, durante la tarda dinastia Ming, fra la cosiddetta classe dei letterati, anche se gli invasori Qing distrussero una buona parte dei dipinti e delle collezioni di erotica omosessuale creati prima della loro conquista.

Forse, ci fu un'altra donna nella vita di Leonardo, oltre a sua madre: questa possibilità fu avanzata da Carlo Pedretti, il quale si basò su un tenue indizio solitamente trascurato dai biografi di Leonardo, ovvero la presenza di una cortigiana o, per meglio dire, di una prostituta che si chiamava Cremona. Le prostitute erano chiamate con il nome della loro città d'origine. Leonardo forse la usò come modella, forse per la giovane donna raffigurata nella Testa di fanciulla (detta La Scapigliata)? La fonte di questa informazione è Giuseppe Bossi, nativo di Busto Arsizio e scrittore ben noto nella Milano napoleonica, il quale fu amico del Canova e del poeta Carlo Porta. Quando si studia Leonardo, vari documenti passati per le mani del Bossi emergono spesso, e l'intera meravigliosa collezione dei disegni di Leonardo che troviamo nelle Gallerie dell'Accademia, a Venezia, origina proprio da lui, da Giuseppe Bossi.

Un libro contenente testi sull'arte di Bossi, a cura di Roberto Paolo Ciardi, fu stampato nel 1982 e possiamo leggervi:

> *Che Leonardo[...] amasse i piaceri è dimostrato da una nota riguardante una cortigiana chiamata Cremona, nota comunicatami da persona autorevole. Né sarebbe stato possibile ch'egli sì a fondo avesse conosciuto gl'uomini come l'umana natura per rappresentarla senza, col lungo praticarla, tingersi alquanto delle umane debolezze.[7]*

Se questa nota oggi perduta venisse da un uomo che non conobbe bene Leonardo, come il Bossi, sarebbe irrilevante, ma da un esperto come lui, che ebbe accesso a documenti originali ben prima della scoperta della denuncia anonima per pederastia, diventa allora assai credibile.[8]

Questo è l'unico indizio di un nesso sentimentale o sessuale fra Leonardo e una donna. Del resto, egli aveva scritto che:

> *L'atto del coito e le membra a quello adoprate son di tanta bruttura, che, se non fosse la bellezza de' volti e li ornamenti delli opranti e la sfrenata disposizione, la natura perderebbe la spezie umana.[9]*

---

7. Carlo Pedretti *Leonardo e Io* Mondadori, Milano, 2008, p. 481.

8. La pubblicazione del libro di Giuseppe Bossi sull'*Ultima Cena*, nel 1810, creò una grande controversia, alla quale partecipò anche Wolfgang Goethe, il quale pubblicò nel 1817 un saggio intitolato *Joseph Bossi über Leonardo da Vinci Abendmahl zu Mayland.*

9. Quaderni di Anatomia, Foglio A, 10r.

Leonardo da Vinci, la *Gioconda*, Louvre, Parigi

Capitolo Quattordici

Una donna ordinaria e sensibile
Leonid Brezhnev, osservando la *Gioconda* esposta
a Mosca

La Gioconda. Un'immagine surreale di Caterina Buti, la madre di Leonardo Da Vinci?

Quasi tutti i capolavori attribuiti a Leonardo si trovano al centro d'una nuvola di opinioni e di punti di vista contrastanti, sia per quanto concerne la loro datazione, sia per ciò che attiene alla loro autenticità. Pochi sono i documenti a disposizione degli storici dell'arte e anche i fatti sono scarsi e controversi.

La *Gioconda*, in mostra al Louvre di Parigi, è indubbiamente il dipinto più famoso del mondo e uno dei pochi per il quale l'attribuzione a Leonardo è universalmente accettata, anche se Carlo Pedretti, storico dell'arte italiano e uno dei maggiori esperti viventi della vita e delle opere di Leonardo Da Vinci, ha giustamente fatto notare che questo quadro soffre di un eccesso di critiche e di interpretazioni.

Negli anni successivi alla morte di Leonardo, la *Gioconda* fu quasi invisibile al pubblico, essendo stata chiusa negli appartamenti reali di Fontainebleau. Nel 1625 la vide e la descrisse Cassiano del Pozzo (1588-1657) viaggiatore e collezionista d'arte italiano:

Un ritratto, della grandezza del vero, in tavola incorniciata di noce intagliato, è mezza figura et è ritratto d'una tal Gioconda. Questa è la più copiata opera che di questo autore si veda, perché dalla parola in poi altro non gli manca. La figura mostra una donna di 24 in 26 anni, di faccia non al tutto alla maniera delle statue greche di donna, ma alquanto larghetta con certe tenerezze nelle gote e attorno a' labbri e agl'occhi che non si può sperare a quella squisitezza. La testa è adornata d'un acconciatura assai semplice, ma altrettanto finita; il vestito mostrava o negro o lionato scuro, ma è stato da certa vernice datali così malconcio che non si distingue troppo bene. Le mani son bellissime e in somma, con tutte le disgratie che questo quadro habbi patito, la faccia e le mani si mostrano tanto belle, che rapiscono chi le mira. Notamo che a quella donna, per altro bella, mancava qualche poco nel ciglio, che il pittore non gliel'ha fatto molto apparire, come che essa non doveva haverlo. Il Duca di Buckingham mandato d'Inghilterra per condur la sposa al nuovo re, hebbe qualche intenzione d'haver questo ritratto, ma essendone stato distolto il re dall'istanze fattegli da diversi, che misero in considerazione che S.M. mandava fuori dal Regno il più bel quadro che havesse, detto Duca sentii con disgusto questo intorbidamento, e tra quelli di cui si dolse fu il Rubens d'Anversa, pittor dell'Archiduchessa.[1]

Nel 1642 il dipinto era ancora al suo posto e Pierre Dan (158?-1649) ne accenna nel suo *Trésor des Marveilles de la Maison Royale de Fontainebleau*.

Nel 1695 la *Gioconda* fu spostata alla Petit Galerie du Roi, di Versailles, e il 13 luglio 1797 Jean Honoré Fragonard

---

1. Carlo Pedretti, *Storia della Gioconda di Leonardo da Vinci: con nuove congetture sulla persona ritratta*, Bibliothèque D'Humanisme Et Renaissance 18, no. 2, Parigi, 1959.

(1732-1806) in persona la trasferì a Parigi posizionandola nel *Salon Carré* al Louvre. Poi, dal 1800 fino al 1804, restò appesa nella camera da letto di Napoleone Bonaparte e solo in seguito fu riportata al Louvre.

All'inizio, non tutti furono rapiti dal fascino sprigionato da questa dama: per esempio, Denis Diderot neppure la menzionò, e Henry Beyle, il grande esteta creatore della *Sindrome di Stendhal* scrisse solo un fugace accenno relativo alle sue mani.

Paul Valery scrisse con leggerezza di lei:

> *Quel sorriso è sepolto sotto a una massa di vocaboli, e scompare fra innumerevoli paragrafi che cominciano a dichiararlo inquietante, finendo poi in una descrizione d'animo generalmente vaga. Esso meriterebbe tuttavia studi meno inebrianti. Leonardo non si serviva affatto di osservazioni inesatte e di segni arbitrari: se così fosse, la Gioconda non sarebbe mai stata compiuta. Egli era guidato da un'inflessibile capacità di discernimento.*[2]

Per quanto riguarda la vasta schiera dei suoi ammiratori, possiamo partire da Jules Michelet, il quale scrisse: "Bisogna fare attenzione con la *Gioconda*, perché è pericolosa. Mi attrae, mi invade, mi assorbe. Mi attrae contro la mia volontà, come un uccello va al serpente".

Théophile Gautier, Arsene Ussaye e Charles Baudelaire lo seguirono su questa strada e i loro commenti ispirarono molta curiosità, facendo sì che poi diventasse una sorta di icona per i simbolisti, i quali iniziarono ad adorarla, elevando questa signora misteriosa, con il suo sguardo ironico e invitante, a livello di una deità pagana.

Jules Verne scrisse una commedia basata su una storia

---

2. Paul Valery, *Introducion à la méthode de Léonard de Vinci*, Ed. Montmartre, Parigi, 1895.

d'amore fra Leonardo e la *Gioconda*, ma la lasciò incompiuta, benché la lesse pubblicamente ad Amiens vent'anni dopo: era intitola *Monna Lisa*. Malgrado ciò, Leonardo restò sempre nella sua mente. Nel suo libro *Ventimila leghe sotto i mari* il capitano Nemo tiene appeso un dipinto di una vergine di Leonardo nel suo Nautilus, e un'edizione dei suoi codici è fra i tesori della sua biblioteca.

Ogni anno milioni di visitatori al Louvre si fermano come ipnotizzati dal suo sguardo, eppure l'apice dell'isteria fu raggiunto nel 1963, quando fu esposta negli Stati Uniti.

Nel 1974, i politici francesi riuscirono, ancora per una volta, a tacitare le obiezioni dei curatori del Louvre e la inviarono in missione diplomatica, prima in Giappone e poi in Unione Sovietica. Da allora, il numero delle pubblicazioni, film e articoli è cresciuto in maniera esponenziale, sino al grande successo del *Codice Da Vinci* di Dan Brown.

La *Gioconda* è un dipinto a olio su una tavola di legno di pioppo di Lombardia (*Populus nigra*), avente dimensioni di 77 x 55 centimetri. Ammesso che davvero sia stata dipinta durante la seconda residenza di Leonardo a Firenze, questa è l'unica opera della sua maturità dipinta su questo genere di legno: il *Ritratto di musico*, la *Dama con l'ermellino* e il *Ritratto di Dama* (tradizionalmente noto come la *Belle Ferronnière*) sono stati tutti dipinti su tavole di legno di noce.

La *Gioconda* ha una base di preparazione di gesso duro sulla quale Leonardo prima applicò due colori: blu sulla parte superiore e marrone nel mezzo. Una parte del colore marrone è ancora visibile sulla sinistra e a destra, dietro le spalle della signora. Sulla sua sinistra affiora un angolo bluastro, parzialmente coperto dalla cornice superiore. Questo non è il colore originale del cielo, come credono alcuni, ma si tratta di una parte della preparazione di

base rimasta scoperta. Tutti questi dettagli avvalorano
l'affermazione — riportata dal Vasari — che il dipinto
non è finito, come del resto tutte le opere di Leonardo. La
Gioconda è conservata al Museo del Louvre con il numero
1601 e il 779 dell'inventario; sul lato posteriore della tavola
ci sono dei sigilli e altri numeri, come il 316 del vecchio
inventario del *Museé Royal* e una misteriosa lettera "H".
Questa lettera è stata variamente interpretata. Nel 1990
Janice Shell e Grazioso Sironi scoprirono un inventario dei
beni posseduti dal Salai (1480-1524), il discepolo prediletto
di Leonardo. Il suo nome era Gian Giacomo Caprotti ed era
originario di Oreno, vicino Milano. Possediamo una lista
di beni lasciati in eredità alla moglie e alle sorelle del Salai
dopo la sua morte prematura: una lunga lista di articoli di
lusso, comprendente indumenti, diamanti, smeraldi e perle.
Il Salai s'era arricchito con Leonardo! Nella lista viene
menzionato un dipinto rappresentante Leda, uno che ha per
soggetto Sant'Anna e infine un quadro che ritrae una donna
chiamata *Honda*. Questa parola fu poi cancellata e sostituita
con *Joconda*. Tale documento potrebbe spiegare la presenza
di una "H", poiché Honda potrebbe essere la dizione
toscana per *Gioconda*.

La *Gioconda* non si trova in buono stato di conservazione:
una crepa verticale è visibile sopra la testa, una parte della
vernice si era scrostata e dei ritocchi sono stati fatti sul
vestito, sulla mano destra, in cielo e in altre zone.[3] Mediante
gli esami ai raggi X, sono apparsi alcuni piccoli pentimenti
sulle mani e sui capelli. Inoltre, minute correzioni sono
state apportate da Leonardo, oppure da qualcuno dei suoi
discepoli. La donna guarda tranquillamente alla propria
sinistra, come per altri ritratti di Leonardo.

V'è una vernice verdastra e opaca che la ricopre, che fu
aggiunta nel 1809 dopo un'energica pulitura con un solvente

---

3. Ludwig Goldscheider *Leonardo Da Vinci* Phaidon, Londra, 1969, p. 157.

che danneggiò i colori e causò il deterioramento del livello più superficiale del colore. L'invecchiamento della vernice e del gesso duro creò poi la fine screpolatura che vediamo. Oggi, come in passato, le fenditure sono riparate usando colori ad acquerello. Il pannello di legno si sta deformando e crepando e, per evitare danni maggiori, per stabilizzarlo è stato aggiunto un telaio flessibile in legno di quercia.

Alcuni studiosi erano certi che il suo vestito avesse una

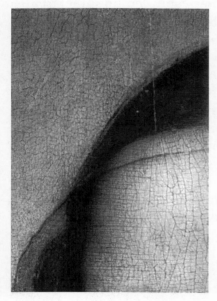

Gioconda. Dettaglio. Crepa nel legno.

colorazione più vivace di quella che vediamo oggi e che la tavola di legno fosse stata tagliata di sette centimetri su ambo i lati per rimuovere due colonne visibili in certe copie e in certi dipinti che essi credevano ispirati a questo, come la *Dama col liocorno* di Raffaello (1483-1520), dipinto intorno al 1505-1506, che si trova nella Galleria Borghese di Roma. È possibile che Raffaello, mentre si trovava a Firenze, effettivamente abbia visto la *Gioconda* e ne sia stato ispirato, o forse sia Raffaello che Leonardo furono ispirati da Lorenzo di Credi (1459-1537) e dal suo *Ritratto di giovane donna* (o *Dama dei gelsomini*) databile al 1490 e oggi conservato nella Pinacoteca Civica di Forlì. Secondo una nuova ipotesi che presenteremo più avanti, potrebbe darsi che lo stesso Lorenzo di Credi si sia ispirato a Leonardo Da Vinci.

Nel corso di un'accurata indagine effettuata dal Museo del Louvre nel 2004-2005, questa ipotesi delle colonne mancanti e dell'abito colorato si sono dimostrate errate. Il pannello di legno non è mai stato tagliato, e nessun altro colore è mai stato presente sul dipinto. Inoltre, la donna ritratta non ha mai posseduto le marcate sopracciglia descritte da Giorgio Vasari nella sua biografia di Leonardo, e neppure le fresche labbra di cui egli parla.[4] Leonardo deve aver lavorato a questo dipinto per molti anni

ed è possibile che dipinse ogni minuto dettaglio inforcando i suoi occhiali blu provvisti di lenti d'ingrandimento. Alla metà del diciannovesimo secolo un incisore italiano, Luigi Calamatta (1801-1869), tentò invano per vent'anni di riprodurre quella immagine su un piatto di rame ma, per sua stessa ammissione, fallì, non raggiungendo un risultato accettabile.[5]

All'inizio del Novecento, i restauratori del Louvre vollero condurre un'ulteriore pulizia del dipinto ma un provvidenziale intervento di Edgar Degas, il quale temeva che avrebbero distrutto ciò che restava, nonché le proteste di altri artisti, portarono all'abbandono dello scellerato piano.

Il 21 agosto 1911, il dipinto venne trafugato dal trentenne pregiudicato Vincenzo Peruggia, nativo di Dumenza, in provincia di Varese, il quale una mattina entrò

---

4. Giorgio Vasari *Le vite de' più eccellenti pittori, scultori, e architettori* Torrentino, Firenze, 1550.

5. Gazette des Beaux Arts, Parigi, 1859, Vol. I, p. 163.

Foto segnaletica di Vincenzo Peruggia, il ladro della *Gioconda*.

al Louvre, aprì la teca protettiva che lui stesso come operaio aveva montato e se lo portò via, tenendolo nascosto sotto il cappotto.

Guillaume Apollinaire, trovatosi impaniato in un complicato giro di articoli e di insinuazioni, fu arrestato per due giorni, accusato di aver rubato l'opera, un'esperienza che lo traumatizzò per il resto della vita, e anche Pablo Picasso venne interrogato dalla polizia francese assieme a centinaia di altri sospetti.

Nel frattempo, per riempire lo spazio vuoto lasciato dalla *Gioconda* sul muro appesero la *Donna con una perla* di Camille Corot, ispirato proprio dalla *Gioconda*.

Peruggia tentò di rivendere il dipinto al mercante londinese Henry Duveen, e poi al milionario americano J.P. Morgan, ma entrambi non lo presero sul serio. Due anni dopo, Peruggia si recò a Firenze e nella sua camera d'albergo, il Tripoli-Italia, mostrò la *Gioconda* a un antiquario,

Alfredo Geri, al quale aveva già scritto, firmandosi Vincent Leonard, e tentò di vendergli il quadro per mezzo milione di lire. Geri aveva avvertito il direttore del Museo degli Uffizi, Giovanni Poggi, il quale, dopo aver visto il ritratto, lo autenticò e se lo fece prestare per mostrarlo a un esperto.[6] Nell'uscire dall'albergo, Geri e Poggi vennero fermati da una guardia che sospettava stessero rubando una delle croste ad arredo delle stanze, vista la *Gioconda* si tranquillizzò e li lasciò andare. Giunto agli Uffizi, Giovanni Poggi chiamò i carabinieri che andarono ad arrestare Peruggia nella sua cameretta, dove sonnecchiava. Fu imprigionato, processato e condannato a più di un anno di reclusione, poi ridotto a sette mesi, perché nel frattempo l'opinione pubblica, ignorando la sua richiesta di denaro, volle credere alla matrice nazionalista, che Peruggia usò solo dopo l'arresto.

La sua reputazione d'eroe in Italia dura ancora, perché gli italiani tendono ad ignorare che re Francesco I acquistò la *Gioconda* pagandola una fortuna e che non fu bottino di guerra di Napoleone.

Il dipinto fu consegnato all'ambasciatore francese il 21 dicembre 1913 e tornò trionfalmente a Parigi, dove venne ricollocato al Louvre il 4 gennaio 1914. Va rilevato che la stessa cortesia non fu mai estesa dal governo francese all'Italia per quanto riguarda i piccoli ma deliziosi codici di Leonardo tuttora conservati a Parigi, dopo essere stati rubati nel 1796 da un altro celebre ladro di origini italiane, Napoleone Bonaparte.

Alfredo Geri incassò i ventiquattromila franchi di taglia offerti da *Les Amis du Louvre* e fu nominato cavaliere della Legion d'Onore, ma questo non gli bastò: poco nobilmente, intentò causa contro il governo francese, chiedendo il dieci per cento del valore del dipinto, ma la perse.

Vincenzo Peruggia, dopo la scarcerazione, combatté nella

---

6. Piero Macchione *Ho rubato la Gioconda* Macchione Editore, Varese, 2010, p. 53.

Prima guerra mondiale e poi, nuovamente disoccupato, ritornò in Francia. Per sbarcare il lunario vendeva cartoline della *Gioconda* con la sua firma sopra e andava ripetendo: "Marciranno i tetti delle case, ma tutti ricorderanno il mio nome!". Morì d'infarto a San Maur des Fossé, un sobborgo di Parigi, a quarantaquattro anni, l'8 ottobre 1925, proprio nel giorno del suo compleanno, mentre rincasava con una bottiglia di champagne e dei pasticcini per festeggiare con la moglie e la figlia. La sparizione durata due anni trasformò la *Gioconda* in un'icona a livello mondiale.

All'inizio della Seconda guerra mondiale, Jacques Jaujud, il direttore del Louvre, fece mettere la *Gioconda* al sicuro, assieme ad altri capolavori, prima ad Amboise e Chambor. Poi fu spostata varie volte: a Louvigny, ad Abboye de Loc Dieu, a Montauban e finalmente al Castello Montal, sopra Tolosa. Con la liberazione, nel 1944, ritornò a Parigi, ma solo nel 1947 fu ricollocata al Louvre.

La celebrità inevitabilmente attrae *gli stalkers*. E il 1958, in particolare, fu un *annus horribilis* per la *Gioconda* perché fu parzialmente danneggiata da un vandalo che le scaraventò contro dell'acido.

Il 30 dicembre di quello stesso anno, uno squilibrato boliviano, Ugo Ungaza, scagliò contro il dipinto una pietra, rompendo il vetro e danneggiando lievemente il gomito, che dovette essere ritoccato.

Nel 1962, la *Gioconda* fu portata via nave negli Stati Uniti. Vi sono varie foto che raffigurano il dipinto vicino a Jacqueline Kennedy, alla quale veniva paragonata.

Nel mese d'aprile del 1974, una donna spruzzò della vernice rossa sul dipinto, mentre stava in mostra al Museo Nazionale di Tokyo. Il 2 agosto 2009, una donna russa le scagliò contro un boccale di terracotta comprato nel negozio del museo, ma per fortuna l'oggetto si frantumò contro la protezione di vetro antiproiettile. In entrambi i casi, il

Deturpazione della *Gioconda*
per una buona causa.
Una campagna contro il cancro
in Italia.
(Per gentile concessione di
ANT, Italia).

dipinto non subì danni.

La *Gioconda* è anche stata replicata, e idealmente violata, da innumerevoli artisti, come Fernando Botero, Salvador Dalì, Max Ernst, Andy Warhol e Fernard Léger.

Barnett Newman (1905-1970) interpretò questo fenomeno con tali parole:

Coloro che mettono i baffi alla *Gioconda* non stanno attaccando l'opera, o l'arte per sé, ma Leonardo Da Vinci come uomo. Ciò che li irrita è che quest'uomo, con una mezza dozzina di quadri, possiede un così grande nome nella storia, laddove loro, con il loro vasto opus, non ne sono affatto sicuri.[7]

Il poeta cinese della dinastia Song (960-1279), Li Chai Lai, scrisse che sono tre le cose più angoscianti alle quali poteva pensare: la gioventù danneggiata da una cattiva

7. Barnett Newman, John P. O'Neill, *Barnett Newman: Selected Writings and Interviews* University of California Press, Sacramento, 1992, p. 294.

educazione; il buon tè sprecato da una cattiva manipolazione e un magnifico dipinto degradato da una moltitudine di spettatori ignoranti.[8] Forse, la sua è una dichiarazione troppo radicale, anche se bisogna ammettere che spesso il degrado e la popolarità vanno mano nella mano e, per spiegare questo concetto, la *Gioconda* può essere vista come un perfetto esempio.

Vari critici d'arte e storici notano che Leonardo non si separò dalla *Gioconda* sino a poco prima della sua morte, il che è indicativo del fatto che fosse conscio della sua originalità, oppure perché gli attribuiva un forte valore sentimentale.

Fu il Salai che la vendette a Francesco I dopo aver ricevuto i dipinti del maestro e incassò il pagamento, mentre già risiedeva a Milano. Il prezzo astronomico fu di 2.604 lire d'oro — una somma enorme per l'epoca. Solo il grande amore e la stima che il re di Francia nutriva per Leonardo possono spiegare il suo comportamento, giacché avrebbe potuto legalmente impossessarsi dei quadri e delle proprietà di Leonardo. Scelse invece di pagare quella grossa somma di denaro, in un periodo in cui la Francia era a corto di oro per via delle guerre incessanti che stava combattendo. Questo fatto può spiegare il motivo per cui i dipinti non appaiono nel testamento di Leonardo: essi furono portati via dal Salai prima che Leonardo morisse. La metà della vigna di Leonardo, a Milano, era già stata occupata dal Salai, mentre per l'altra metà, con una procura fatta dal de Villanis a Gerolamo Melzi, datata 29 agosto 1519, lo autorizzò a prendere possesso dell'altra metà e d'accordarsi con il Salai per i dettagli.[9] Questa vigna produsse vino fino

---

8. Serge Bramly, *Leonardo: Discovering the Life of Leonardo da Vinci*, Burlingame Books, New York, 1991, p. 367.

9. Bernard Jestaz *François I, Salaì et les tableaux de Léonard* Revue de l'Art, Parigi, 1999.

Kuo Hsi (Guo Xi),
L'inizio della Primavera,
circa 1080.

a cento anni fa, e possediamo una foto scattata da Luca Beltrami, databile al 1920, che ce la mostra. Il Salai non poté godere a lungo della propria ricchezza. Il suo carattere litigioso provocò la sua rovina. Morì a quarantatré anni, il 19 gennaio 1524, a Milano, sei mesi dopo aver sposato una ricca donna di nome Bianca Caldiroli. Un soldato francese gli sparò un colpo d'archibugio durante una rissa e il suo podere e le sue ricchezze furono divise fra la vedova e le sue due sorelle, Angelina e Lorenzuola Caprotti, descritte nei documenti legali come disoneste, litigiose e avide — tratti che sembravano correre nel patrimonio genetico dei Caprotti.

Pochi critici d'arte hanno notato i tratti orientali presenti nel viso della *Gioconda*, i quali non la fanno sembrare fiorentina e neppure europea. Pure le montagne e il fiume che scorre dietro di lei ci ricordano un panorama comune in tanti dipinti antichi cinesi. Inoltre, il paesaggio richiama

Tang Yin, *Frusciare di pini sul sentiero alpino*, 1516.

alla memoria il primo disegno datato di Leonardo, del quale discuteremo ulteriormente: la sua celebre veduta della Valdinievole.

Anche lo spirito, l'atmosfera e le proporzioni del dipinto paiono cinesi, mostrando una sorta di miscuglio fra il microcosmo del corpo femminile e il macrocosmo costituito della natura, con il cielo e il fiume che si uniscono sullo sfondo. Evoca una forte attrazione animistica che è onnipresente negli antichi dipinti cinesi, nei quali anche le rocce sembrano respirare e possedere un'anima. Possiede un fascino simile a quello dei dipinti del gesuita Giuseppe Castiglione (1668-1766), che operò alla corte imperiale di Pechino e riuscì a fondere la tecnica pittorica italiana con quella orientale nei propri capolavori.

Heinrich Wölffin (1864-1945)[10] notò come il paesaggio possieda una realtà diversa dalla figura e ciò, in qualche

10. Heirich Wölfflin *Classic Art* Phaidon, Londra, 1952, p. 32.

modo, aumenta la consistenza, la rotondità, della signora che vi è rappresentata. Sembra quasi che la donna stessa stia offrendo le proprie spalle a un dipinto che raffigura un paesaggio del quale lei non fa parte, e al quale non appartiene. L'impressione che si percepisce è che la figura, in qualche modo, si trovi davanti a noi — come una spettatrice del Louvre che si metta in posa per una foto con alle spalle un dipinto cinese, o come un fantasma.

Bernard Berenson, che non condivideva le esagerazioni che si leggevano sul genio di Leonardo, e che gioì nel 1911 quando seppe che la *Gioconda* era sparita dal Louvre, sperando di essersene liberato una volta per tutte, scrisse:

> *Perché dunque tale colta società del futuro dovrebbe ritornare alla Gioconda? Non v'è nulla nella sua espressione che non sia già soddisfacentemente resa nell'arte buddista. Non v'è nulla nel paesaggio che sia più suggestivo e magico di quello di Ma Yuan, di Li Lung-Men, di Hsia Kwei e di un gran numero d'altri pittori cinesi e giapponesi.*[11]

Non c'è vero fascino nel viso solenne della *Gioconda* che ci pare già risiedere nel mondo dei morti, non più su questa terra ma già nell'aldilà, pur apparendo serena e pacifica. Anziché la moglie d'un mercante fiorentino, ci ricorda uno spettro che esce da un remoto passato, forse direttamente dal passato di Leonardo Da Vinci.

Walter Pater (1839-1894), sfoggiando la sua caratteristica prosa a quattro dimensioni, scrisse che:

> *Questa presenza che s'erge misteriosamente presso alle acque, è espressione di ciò che nel corso di mille anni*

---

11. Bernard Berenson *The Study and Criticism of Italian Art* Third series, George Bells, Londra, 1916, S. 137

gli uomini hanno desiderato. La sua testa è il capo
sul quale tutti "ci troviamo alla fine del mondo" e
le palpebre paiono un po' stanche. È una bellezza
interiore, che sorge dalla carne, il deposito, piccola
cellula su cellula, di pensieri strani, di sogni fantastici
e di squisita passione. Posala per un istante vicina
ad una di quelle bianche dee greche o le belle donne
antiche, e quanto sarebbero turbate da questa bellezza,
in cui l'anima con tutte le sue malattie è passata! Tutti
i pensieri e tutte le esperienze del mondo la incisero e
la modellarono per quanto avean potere di affinare e
rendere espressiva l'esterior forma, l'animalismo della
Grecia, la sensualità di Roma, il misticismo del Medio
Evo con la sua ambizione spirituale e i suoi amori
immaginativi, il ritorno del mondo pagano e i peccati
dei Borgia. Ella è più vetusta delle rocce tra le quali
siede; simile al vampiro, fu più volte morta e conobbe
i segreti della tomba; fu abitatrice di mari profondi e
ne raccolse le luci declinanti; trafficò per strani crocicchi
con mercanti d'Oriente; e, come Leda, fu madre di
Elena di Troia, e, come sant'Anna, fu madre di Maria;
e tutto fu per lei non altro che suono di flauti e di lire,
e solamente ha vita nella delicatezza con la quale i
mutevoli lineamenti s'improntarono ed ebbero colore le
palpebre e le mani. L'immaginazione di una perpetua
vita che accolga tutte insieme migliaia di esperienze, è
di antica data; e la filosofia moderna ha concepito l'idea
dell'umanità come elaborata su essa e come somma di
tutti i modi di vita e di pensiero. Così, certamente,
Madonna Lisa potrebbe essere considerata come forma
della immaginazione antica, come simbolo dell'idea
moderna.[12]

---

12. Walter Pater *The Renaissance* Macmillan, Londra, 1869. Da "Il Rinascimento", (a cura di) Aldo De Rinaldis, Ricciardi, Napoli, 1925.

La frase *trafficò per strani crocicchi* con mercanti d'Oriente
ci pare effettivamente un'intuizione notevole.

L'impressione che se ne ricava è che Leonardo, come
i pittori cinesi del suo tempo, nel rappresentare questo
soggetto abbia voluto catturare il *Chi*, ossia la fonte
primigenia della vita, per offrirci un insieme di emozioni,
anziché raccontarci una storia.

La ragione per cui questo quadro è tanto famoso e resta
una così grande fonte d'ispirazione è che sembra stare in una
classe tutta sua. La posizione frontale del soggetto era una
novità contraria alla tradizione fiorentina, la quale tendeva
alla rappresentazione di profilo: quasi un'eresia quella di
Leonardo, dato che la posizione frontale era riservata al
Cristo. La completa posizione frontale fu raggiunta da un
ammiratore e copiatore di Leonardo, Albrecht Dürer (1471-
1528) con i propri celebri autoritratti.

Anche nella *Ginevra de' Benci*, conservata alla National
Gallery di Washington, Leonardo aveva tentato questa
nuova posizione. Ma nella *Gioconda* l'espressione soffusa e
la tecnica di sfumato e la morbidezza del tratto sono stati
portati all'estremo, raggiungendo un livello mai visto prima
in altre opere.

La tecnica usata da Leonardo fu molto particolare e
caratteristica del suo stile: prima dipingeva il fondo con due
colori di base e poi vi applicava sopra degli strati sottili di
pittura in tonalità più chiara, capace di riflettere la luce e
producendo in tal modo il contorno della carne. È qualcosa
di simile alla luce che viene riflessa da vetri colorati. Questa
tecnica spiega la luminosità che irradiano le sue opere.[13]

Julien Green scrisse, riferendosi alla *Gioconda*: "Ho
sentito dire che questo dipinto crea l'illusione della vita. Fa
molto di più: crea l'illusione di sognare".

Martin Kemp cita giustamente la capacità quasi

13. Serge Bramly, op. cit., p. 106.

magica di questo ritratto di parlare con chiunque lo ammiri e sottolinea la sua grande novità, alla quale ormai ci siamo abituati.[14] Ma quando Leonardo lo creò, era straordinariamente nuovo, completamente alieno alla scena d'arte europea di quell'epoca. E oggi non possiamo pienamente afferrare e apprezzare tale innovatività.

Kemp precisa: "La sua enorme originalità storica è divenuta difficilmente apprezzabile, ma si può dire senz'altro che non c'era stato mai prima ritratto simile, neppure lontanamente paragonabile".

Nel 1896, Robert de Sizeranne notò per primo che la *Gioconda* sorride solo con la parte sinistra della bocca e curiosamente questo è esattamente il consiglio dato da Agnolo Firenzuola (1493-1543) alle donne che vogliono apparire più belle. Infatti, suggerisce di chiudere le labbra nella parte destra e schiuderle lievemente sul lato sinistro, come in un segreto sorriso, la qual cosa va accompagnata con la civetteria di certi movimenti degli occhi.

Quando guardiamo il ritratto dritto negli occhi, il suo sorriso sparisce ma quando ci si focalizza altrove, entra nella visione periferica della retina e il sorriso appare, sfumato e ampio: dunque quel sorriso appare più evidente nella visione periferica che non in quella centrale.

Questo è un sottile dettaglio che conferisce alla *Gioconda* un che di enigmatico e di misterioso. Nel mio libro accenno che questo è in qualche modo descritto da Agnolo Firenzuola in un suo celebre trattato sulla bellezza delle donne del 1541, il *Dialogo delle bellezze delle donne intitolato Celso*.

Dato che Leonardo dipinse quel ritratto prima che il libro fosse scritto, come possiamo spiegare questa curiosa coincidenza?

L'unica spiegazione possibile, a nostro giudizio, è che

14. Martin Kemp *Leonardo* Mondadori, Milano, 1982, p. 247.

il giovane Firenzuola vide la *Gioconda* prima che questa venisse portata in Francia da Leonardo. Forse nel 1515 o nel 1516 quando Leonardo Da Vinci arrivò in Lombardia da Roma, fermandosi a Bologna e Parma, incontrando Re Francesco I di Francia che gli chiese di entrare al suo servizio ad Amboise.

> *Il serrar la bocca qualche volta, con un dolce atto e con una certa grazia, dalla banda dritta e aprirlo dalla manca, quasi ascostamente soghignando, o mordersi talora il labbro di sotto non affettatamente, ma quasi per inavertenza, che non paressero attucci o lezi, rare volte, rimessamente, dolcemente, con un poco di modesta lascivia, con un certo muover d'occhi, che or riguardino fissamente e allora allora rimirino in terra, è una cosa graziosa, un atto che apre anzi spalanca il paradiso delle delizie e allaga d'una incomprensibile dolceza il core di chi lo mira disiosamente.*

Agnolo Firenzuola nacque a Firenze il 28 sett. 1493, primo dei cinque figli del notaio Bastiano Giovannini da Firenzuola e di Lucrezia Braccesi, figlia dell'umanista Alessandro, che Bastiano servì come segretario personale. Alessandro Braccesi fu intimo di Giuliano e Lorenzo de' Medici e conobbe anche la bella Ginevra de' Benci, il cui fratello era amico di Leonardo.

Alessandro Braccesi iniziò la professione di notaio nel 1467 e fu impiegato nella cancelleria della Repubblica e della Signoria fiorentina, per la quale svolse varie attività diplomatiche. Nel 1470-1471 fu a Napoli e poi a Roma con gli ambasciatori Jacopo Guicciardini e Pierfrancesco de' Medici.

La svolta anti-savonaroliana a Firenze nel 1498 e che portò in maggio alla condanna del frate, provocò anche la caduta in disgrazia del Braccesi. Dopo qualche anno d'isolamento, dovette ottenere la fiducia dei nuovi signori di Firenze: alla fine del 1502 fu infatti inviato in missione a Roma, ma vi si ammalò e morì il 7 luglio 1503.

Agnolo Fiorenzuola fu battezzato con i nomi di Michelangelo e Gerolamo, trascorrendo l'infanzia a Firenze. Sedicenne, intraprese lo studio del diritto a Siena; quindi fu a Perugia, dove completò gli studi nel 1515-16. Venticinquenne, nel 1518 approdò nella Roma di Leone X con l'incarico di procuratore dell'Ordine presso la Curia. Apparentemente per qualche tempo fu al servizio di Paolo Giordano Orsini e frequentò l'accademia che si riuniva nel palazzo del cardinale Pietro Accolti.

Il Fiorenzuola si spense a Prato il 27 giugno 1543 in assoluta solitudine e povertà.

Secondo Sigmund Freud, Leonardo Da Vinci ebbe forti tendenze narcisiste, causate e rafforzate dall'esagerata tenerezza di sua madre. Ed ecco cosa ci dice a proposito del sorriso della *Gioconda* e di altri suoi tardi dipinti:

A chi pensi ai quadri di Leonardo la memoria richiamerà un singolare, seducente e misterioso sorriso che l'artista ha evocato sulle labbra delle sue figure femminili. Uno storico sorriso su labbra allungate, arcuate; esso è diventato una caratteristica dell'artista e per esso è stato scelto il nome "leonardesco". Nel viso di singolare bellezza della fiorentina Monna Lisa del Giocondo esso ha straordinariamente colpito e turbato gli osservatori. Questo sorriso esigeva un'interpretazione ed è stato spiegato nei modi più vari, nessuno dei quali è soddisfacente.[15]

Sigmund Freud, com'è noto, fu sfortunato quando scrisse

15. Sigmund Freud *Leonardo da Vinci* Bollati Boringheri, Torino, 1975, p. 61-62.

questo libro perché si fidò di una traduzione in tedesco degli scritti di Leonardo, pubblicata da Marie Herzfeld nel 1904.

Nel libro su cui basò il proprio saggio, Freud lesse di un sogno che Leonardo fece, in cui un nibbio, posatosi sulla sua culla, infilò la coda nella sua bocca. Freud vide in ciò una sublimazione dell'atto della fellatio, un abuso al quale Leonardo fu sottoposto da bambino. Ma altri psicoanalisti interpretano questa sua memoria come il succhiare dal capezzolo della madre. Il testo di Sigmund Freud fu costruito attorno a questa fantasia ricorrente.

> *Questo scriver sì distintamente del nibio par che sia mio destino perché ne la prima ricordazione della mia infantia è mi pare anche essendo io in culla che un nibio venisse a me e mi aprissi la bocha cholla sua coda ne molte volte mi percotessi con tal coda dentro alle labbra.[16]*

Nell'edizione usata da Freud il nome nibbio (Milvus milvus), *milan* in tedesco, fu tradotto come avvoltoio (Neophoron percnopterus), ovvero *geier* in tedesco.[17]

Leonardo, tuttavia, usò la parola nibbio. Questa traduzione sbagliata portò il padre della psicanalisi a fare un'irrilevante digressione sugli avvoltoi egiziani, ed essendo stato un grande collezionista d'antichità egizie, non solo cinesi, la tentazione per digressioni nella terra dei faraoni fu semplicemente troppo forte per resistere.

Mettendo da parte questa e altre piccole sviste — come un disegno nel quale Leonardo raffigura il rapporto sessuale tra un uomo e una donna, per il quale in seguito sono emersi pesanti ritocchi anonimi — dobbiamo ammettere che il contenuto di questo agile trattato di ottanta pagine è ancora

16. Codice Atlantico, f. 186v.

17. Sigmund Freud, op. cit., p. 61.

oggi una lettura assai avvincente e istruttiva. Anche se Freud accetta la vecchia ipotesi secondo la quale il bambino Leonardo sarebbe stato strappato dalle braccia di Caterina — un fatto che non è mai stato provato e probabilmente non è mai accaduto, poiché è chiaro che a ser Piero da Vinci poco importava del figlio, dato che poi non lo riconobbe legalmente.[18]

Occorre precisare che non si tratta tanto di un testo di pertinenza psicoanalitica, bensì di un libro scritto per svago da uno psicoanalista, il quale ha posto a buon frutto tutto il suo bagaglio clinico[19], e che per altro nel frattempo ha perso ogni pretesa di scientificità. L'autore stesso avverte i lettori che è per metà romanzo e per metà scienza, pur definendolo: "L'unica cosa carina che io abbia mai scritto".[20]

Oggi possiamo definire il libro di Freud un'opera d'arte scritta da un visionario, simile alla stessa *Gioconda*, nel senso che anch'esso contiene molto di più di quanto l'autore intese metterci. Da quanto Freud dice, l'ispirazione per scriverlo gli venne improvvisamente, e questo lo leggiamo in una sua lettera scritta a Carl Gustav Jung, datata 17 ottobre 1909: "Anche la biografia deve diventare nostra. Da quando sono tornato, ho avuto un'idea. Il mistero del carattere di Leonardo mi è divenuto improvvisamente chiaro... Poco fa ho incontrato il suo perfetto ritratto (senza il suo genio) in un nevrotico".

Sigmund Freud nota che un sorriso simile a quello della *Gioconda* appare in un altro dipinto di Leonardo, Sant'Anna, la Vergine e il Bambino con l'agnellino, esposto al Louvre, nel quale Gesù bambino viene raccolto da Maria, mentre Sant'Anna — sfoggiando un sorriso simile sulle labbra —

---

18. Sigmund Freud, op. cit., p. 64.

19. In una sua lettera a Hermann Struck del 7 novembre 1914.

20. Sua lettera a Lou Andreas-Salomè del 9 febbraio 1919. Arnold Zweig gli scrisse: "Emozionante come una novella".

osserva la scena.

L'intuizione di Freud è che anche la *Gioconda* rappresenti una visione onirica della madre di Leonardo:

> *Egli incontra la donna che desta in lui il ricordo della felicità e dell'estasi sensuale racchiusa nel sorriso della madre, e sotto l'influsso di questa evocazione ritrova l'afflato che lo sorreggeva all'inizio dei suoi tentativi artistici, quando creava col pennello donne sorridenti. Dipinge Monna Lisa, Sant'Anna, la Vergine e il Bambino con l'agnellino una serie di misteriose figure contraddistinte dall'enigmatico sorriso. Con l'aiuto dei suoi più antichi impulsi erotici, egli celebra il trionfo di superare, ancora una volta, l'inibizione che grava sulla sua arte.*[21]

Monna Lisa di Antonio Maria di Noldo Gherardini del Giocondo viene accettata da molti come la Monna Lisa per antonomasia. Nacque a Firenze il 15 giugno 1479 e sposò Francesco di Bartolomeo di Zanobi del Giocondo (1460-1528), un ricco membro dell'associazione dei tessitori di seta e banchiere. Egli era vedovo di Camilla Rucellai, con la quale si era sposato nel 1491 e dalla quale ebbe un figlio, Bartolomeo, nato il 24 febbraio 1493. Nel luglio 1494 Camilla morì e, nel marzo 1495, Francesco sposò Lisa Gherardini, la quale diede alla luce Piero, nel 1496, e tre anni dopo una figlia, Camilla. Seguirono poi altri figli.

Nel 2007, venne rinvenuto un documento nel quale si attesta che Lisa Gherardini fu sepolta nel 1542 nella chiesa di Sant'Orsola, a Firenze, e che era deceduta a sessantasei anni. Fu sepolta in questo luogo perché lei e il marito furono forti sostenitori medicei, e contribuirono alla manutenzione di quella chiesa. Dunque, quando iniziò Leonardo a

---

21. Sigmund Freud, op. cit., p. 87

Leonardo Da Vinci, *Cartone di Sant'Anna* (Sant'Anna, la Madonna, il Bambino e San Giovannino). Disegno a gessetto nero, biacca e sfumino, su carta (141,5x104,6 cm), databile tra il 1501 e il 1505. National Gallery, Londra. Una pittura simile con un agnello è custodita al Louvre di Parigi.

dipingere questo celebre ritratto? Se accettiamo che la signora nel ritratto raffigura davvero Lisa Gherardini, allora la data andrebbe retrocessa a immediatamente dopo il 1503, quando Leonardo fu congedato da Cesare Boria e rientrò a Firenze. Vediamo ora i problemi che occorre risolvere per accettare questa versione.

Monna Lisa aveva ventiquattro anni nel 1503, ma nel dipinto non porta un anello nuziale, e le dimensioni del

dipinto sono troppo grandi per la moglie d'un mercante, ben
77x53 centimetri. Tutti gli altri dipinti di Leonardo furono
inferiori.[22] Possiamo dire che un ritratto così grande per una
borghese sarebbe stato visto quasi come un sacrilegio. Ma ci
sono ancora altri indizi che puntano al fatto che il soggetto
non può essere stata Lisa Gherardini.

In una delle prime biografie di Leonardo Da Vinci, nota
come Anonimo Gaddiano, troviamo un accenno al fatto
che Leonardo dipinse un ritratto di Piero Francesco del
Giocondo, non di sua moglie.

In seguito, Giorgio Vasari, nella sua Vita di Leonardo,
scrisse:

*Prese Lionardo a fare per Francesco del Giocondo
il ritratto di mona Lisa sua moglie; e quattro anni
penatovi, lo lasciò imperfetto: la quale opera oggi
è presso al re Francesco di Francia in Fontanebleò.
Nella qual testa, chi voleva vedere quanto l'arte potessi
imitar la natura agevolmente si poteva comprendere,
perché quivi erano contraffatte tutte le minuzie che si
posson con sottigliezza dipingere: avvengaché gli occhi
avevano quei lustri e quelle acquitrine che di continuo
si vedono nel vivo, et intorno a essi erano tutti quei
rossigni lividi et i peli che non senza grandissima
sottigliezza si posson fare; le ciglia, per avervi fatto
il modo del nascere i peli nella carne, dove più folti e
dove più radi e girare secondo i pori della carne, non
potevano essere più naturali; il naso, con tutte quelle
belle aperture rossette e tenere, si vedeva essere vivo; la
bocca con quella sua sfenditura, con le sue fini unite dal
rosso della bocca con la incarnazione del viso, che non*

---

22. La Belle Ferronière: 63x44 cm; Cartone per Isabella d'Este: 63x46 cm; *Dama con l'ermellino*: 55x40 cm; Ritratto di musico: 45x32 cm; *Madonna del Garofano*: 62x47.5 cm; *Madonna Dreifus*: 15.7x12.8 cm; *Madonna Benois*: 49.5x33.

Leonardo da Vinci, *La Belle Ferronnière*, Louvre, Parigi.

colori ma carne pareva veramente.[23]

Il Vasari non lo vide mai questo ritratto, che stava
a Fontainebleau, come lui stesso dice, e mai incontrò
Leonardo Da Vinci. Anche se possiamo accettare che la
lucentezza dei suoi occhi e il rosso delle labbra furono
cancellati dalla disastrosa ripulitura del 1809 e dalla vernice
che vi fu poi applicata, resta il fatto che la *Gioconda* non
ha né sopracciglia, né ciglia. Le scansioni con filtri colorati
fatte da Pascal Cotte ci mostrano che non le ha mai avute,
salvo che per una sottilissima pennellata di sopracciglia,
molto leggera. Inoltre, questo riferimento a una testa,
invece che a un ritratto, ha creato perplessità fra gli storici
dell'arte. Una soluzione parziale a questo enigma è emersa
da una nota scritta su un volume di proprietà della biblioteca
dell'Università di Heidelberg, in Germania. Si tratta di un
appunto manoscritto sul libro Epistulae ad familiares di
Cicerone, pubblicato a Bologna nel 1477, fatto da Agostino
Vespucci, cugino di Amerigo e collaboratore di Nicolò
Machiavelli, che ne fu il possessore.

Armin Schlecter pubblicò una nota manoscritta in
latino che trovò al suo interno nel 2005 in occasione di
un'esibizione d'incunaboli, ma all'inizio non fu notata dai
biografi di Leonardo.

Ecco l'annotazione:

> *Apelle pittore. Così fa Leonardo in tutte le sue pitture,*
> *come è la testa di Lisa del Giocondo (ut est caput Lisae*
> *del Giocondo), e di Anna madre della Vergine. Vedremo*
> *che farà della sala Maggiore del Gran Consiglio,*
> *sulla quale cosa s'è già incontrato con il Vessillifero*
> *nell'ottobre del 1503.*

---

23. Giorgio Vasari, op. cit. Le parole non cambiano nelle due edizioni.

Questa nota è una conferma che Leonardo, mentre si trovava a Firenze durante il suo secondo soggiorno, ritraeva Lisa del Giocondo, ma che si trattava di un quadro di piccole dimensioni, una testa appunto. Nessuno può dimostrare che poi se la portò con sé a Milano, a Roma e poi, finalmente, ad Amboise. Quel che è certo è che non la consegnò alla famiglia Del Giocondo, poiché non v'è traccia nei loro testamenti e inventari di un quadro di Leonardo. Inoltre, non ci sono prove che la testa subì ritocchi o trasformazioni, trasformandosi in un ritratto a mezzo busto, come hanno dimostrano le scansioni e i raggi X.

Giorgio Vasari, dunque, potrebbe essersi confuso venendo a sapere che Leonardo e il Salai si riferirono alla *Gioconda*, per via del sorriso, nel senso di "spensierata" e "dilettevole".[24] Questo potrebbe aver influenzato la fonte delle informazioni raccolte dal Vasari e confonderla con il capo abbozzato a Firenze per Lisa del Giocondo, che andò poi perduto.

Un altro punto, da molti trascurato, è che, come disse Roberto Zapperi, Lisa Gherardini del Giocondo non fu mai chiamata la *Gioconda*, seguendo il cognome del marito. Ammettendo che sia stata davvero una gran bellezza, che però mai fu, l'avrebbero chiamata la Gherardina, usando il suo cognome. Per chiarire, Ginevra de' Benci fu una celebre bellezza riconosciuta a Firenze e sposò Luigi Niccolini (1442-1505), ma non fu mai chiamata la Niccolina. Riferendosi al suo cognome, veniva chiamata la Bencia, oppure la Bencina.[25]

L'opinione secondo la quale la *Gioconda* non possa rappresentare Lisa Gherardini non è nuova. Il primo a

---

24. Si veda Dino Compagni, *La Cronica le Rime e l'Intelligenza* Carabba, Lanciano, 1910. Somiglia la bianchezza del su'viso/C'accende amor nel cor chi 'l guarda fiso/Che vien giocondo poi per lungo stallo.

25. Roberto Zapperi *Monna Lisa Addio* Le Lettere, Firenze, 2012, p. 103.

Leonardo Da Vinci, *Autoritratto*. (?) Comunemente noto
come il *vecchione*. Biblioteca Reale, Torino, (15571 D.C.).

manifestare questo dubbio fu Charles Coppier, un artista
che nel 1914 pubblicò un articolo cercando di dimostrare
che quella signora rappresentava solo un fantasma
idealizzato. Nel 1925, Adolfo Venturi, uno storico d'arte di
grande valore, speculò sul fatto che quella non poteva essere
la moglie di un mercante e propose l'idea che fosse Costanza
d'Avalos, la Duchessa di Francavilla, perché il poeta Enea
Hirpino (ante 1495-1520) nel suo Canzoniere menzionò

un ritratto di Costanza d'Avalos creato da Leonardo Da Vinci, nel quale era rappresentata sotto un fine velo nero. Benedetto Croce sposò la tesi del Venturi.[26]

Di recente sono emerse altre opinioni: si potrebbe trattare di Caterina Sforza,[27] o addirittura del Salai che indossa vesti femminili,[28] anche se quest'ultima possibilità è stata messa da parte dopo che si è scoperto che il viso del vecchione di Torino[29] corrisponde a quello della Monna Lisa. Antonio de Beatis, segretario del Cardinale d'Aragona, del quale parleremo più avanti, visitò Leonardo nel 1517 assieme al suo signore e disse che videro prima un quadro d'una dama fiorentina commissionata da Giuliano de Medici; un San Giovanni giovane e della Madonna e Gesù bambino, seduti in grembo a Sant'Anna. Il primo quadro era la *Gioconda*.

Più avanti parla di un quatro dove è pintata ad oglio una certa signura di Lombardia di naturale assai bella, ma il De Beatis dice che non era bella come la Gualanda. Ma qui si riferivano al dipinto conosciuto come la *Belle Ferronnière* e non alla *Gioconda*.

Nel 1517 Isabella Gualandi, o la Gualanda, era una famosa bellezza a Napoli e probabilmente fu il cardinale Luigi d'Aragona a commentare con il suo segretario che la signora del dipinto non era bella quanto la Gualanda. Quello che avevano visto era certamente il dipinto conosciuto come la *Belle Ferronnière*, che fu bottino di guerra di Luigi XII a Milano, assieme alla rinominata libreria dei Visconti. Il nome di *Belle Ferronnière* viene dalla catalogazione errata di questo quadro, fatta nel diciassettesimo secolo, quando si pensava che fosse una delle tante favorite di Francesco

---

26. Marco Carminati *La Gioconda* 24Ore Cultura, Milano, 2011, p. 39.

27. Magdalena Soest, Ernesto Solari.

28. Gianni Clerici, Silvano Vinceti.

29. Biblioteca Reale, Torino, n.1r [15571r].

I. Una tenue eco di questa famosa biblioteca si trova anche nella Tempesta di Shakespeare, in cui leggiamo che Prospero, duca di Milano, fu troppo occupato a leggere i suoi libri di magia da venir deposto da suo fratello.

Poi abbiamo altre opinioni meno plausibili. Eccone alcune: Isabella d'Este; Bianca Sforza; Isabel de Requeses y Enriquez de Cardona-Anglesola, moglie del Viceré di Napoli, Raimondo Folch de Cardona, che fu una grande bellezza: infatti, il Louvre possiede un suo ritratto, dipinto da Raffaello intorno al 1518.[30]

Esaminiamo poi in dettaglio ciò che crediamo essere una delle interpretazioni più attendibili sulla committenza di questo quadro e termineremo con una nostra originale e inedita proposta.

Il chierico Antonio de Beatis tenne un diario durante il suo grande tour europeo, iniziato il 9 maggio 1517, in compagnia del proprio superiore, il cardinale Luigi d'Aragona, un bastardo di sangue reale. I due rientrarono a Roma nel gennaio 1518 e il motivo di una così lunga assenza da parte del ricco e potente porporato va ricercata nel fatto che egli era sospettato di essere stato a conoscenza di una congiura, ordita dal cardinale senese Alfonso Petrucci, che aveva l'obiettivo di assassinare papa Leone X. Petrucci fu arrestato, assieme ad altri sospettati, e poi venne strangolato in carcere, il 4 luglio 1517.

Di Antonio De Beatis sappiamo, come si è detto, che era un prete nativo di Molfetta, ma non conosciamo null'altro, neppure la data di nascita e di morte. Sappiamo però che nel 1519, alla morte del suo superiore e compagno di viaggio, abbandonò Roma, ritornando a Molfetta. Era un uomo semplice e svolgeva funzioni d'assistente personale, una sorta di valletto che mai pensò di pubblicare le proprie note

---

30. Alessandro Vezzosi *La Gioconda è nuda*, *Strumenti Memoria e Territorio* Brindisi 2010, pp. 34-35.

e, proprio per tale motivo, queste furono redatte con grande candore. Nel 1521 le ricopiò, correggendole e riordinandole, poi inviò entrambe le copie a Roma, al reverendo Antonio Seripando (1494-1539), il quale era stato a sua volta segretario personale del cardinale d'Aragona. Seripando le mise da parte e, forse, neppure le lesse.

Il cardinale era stato un grande appassionato d'arte, del buon vivere e delle belle donne, e si può pensare che i due uomini se la spassarono durante il viaggio, visitando località storiche e artistiche in Austria, Germania, Olanda, Belgio e Francia. Incontrarono l'imperatore Carlo V a Middelburg, Jacob Fugger ad Augusta e il re Francesco I a Rouen. Si trattennero pure con Leonardo Da Vinci ad Amboise e, sulla via del ritorno, fecero sosta a Milano per ammirare il suo Cenacolo che si stava rapidamente deteriorando. Nel 1873 il diario di De Beatis stava ancora su uno scaffale della biblioteca Vittorio Emanuele di Napoli, dove fu notato da Ludwig von Pastor (1854-1925), il quale, intuendo la sua grande importanza storica, pubblicò una prima edizione critica nel 1905, facendo una collazione dei manoscritti originali.[31]

Il 10 ottobre 1517 i due viaggiatori incontrarono Leonardo Da Vinci ad Amboise, dentro al suo studio, e diligentemente il De Beatis annotò le parole pronunciate da *Messer Lunardo Vinci fiorentino... pictore in la età nostra eccellent.mo*, il quale disse quanto segue al cardinal d'Aragona circa *i tre quatri* che stavano appesi nel suo studio di Clos Lucé:

---

31. Ludwig von Pastor *Die Reise des Kardinals Luigi d'Aragona durch Deutschland, die Niederlande, Frankreich und Oberitalien* 1517-1518. Erläuterungen und Ergänzungen zu Janssens Geschichte des deutschen Volkes, IV, Herder, Freiburg im Breslau. 1905.

*...In uno de li borghi, el Sig.re con noi altri andò
ad vedere M.r Lunardo Vinci fiorentino, uecchio
de più di LX anni, pictore in la età nostra ecellent.
mo quale mostrò a s. Ill.ma tre quatri, uno di certa
dona fiorentina facta di naturale ad istanza del
quondam ma.co Jiuliano de Medici. L'altro di San
Joane Giovanni Bat.ta giouane et uno de la Madona
et del Figliolo che stan posti in grembo di S.ta Anna
tucti perfettissimi, e ben vero che da lui per esserli
uenuta certa paralisi dextra, non se ne può expectare
più cosa buona. Ha ben facto un creato Milanese che
lavora assai bene, et benché il p.to M. Lunardo non
possa colorir con quella dolceza che solea, pur serve ad
far disegni et insegnare ad altri. Questo gentil'omo
ha composta de notomia tanto particularmente con
la demostrazione de la pictura sí de membri come
de muscoli, nervi, vene, giunture, d'intestini tanto
di corpi de homini come de done, de modo non è
mai facta anchora da altra persona. Il che abbiamo
visto oculatamente et già lui ne dixe haver facta
notomia de più de XXX corpi tra masculi et femine
de ogni età. Ha anche composto la natura de l'acque,
le diverse machine et altre cose, secondo ha riferito
lui, infinità di volumi et tucti in lingua volgare,
quali se vengono in luce saranno proficui et molto
dilettevoli.[32]*

La donna fiorentina alla quale accenna è certamente il
dipinto da noi oggi conosciuto come la *Gioconda* ma questa
affermazione di Leonardo crea grossi problemi: infatti,

32. Antonio De Beatis, *D'illustri città, messeri e leggiadre madonne: il viaggio
del Cardinale Luigi d'Aragona in Germania, Olanda, Francia e Alta Italia*, 1517-
1518, scritto da Antonio De Beatis, in (a cura di) Giovanni A. Bartolin, Claudio
M. Tartari, "Trasposizione dall'originale in volgare edito da Ludwig Pastor",
Edizioni Terra Santa, Milano, 2012.

Monna Lisa di Antonio Maria di Noldo Gherardini del Giocondo, nata il 15 giugno 1479, non aveva nulla a che fare con il quondam Magnifico Giuliano, ovvero Giuliano de' Medici, duca di Nemours, figlio di Lorenzo de' Medici, fratello di papa Leone X e patron di Leonardo, morto nel 1516. Egli infatti fu esiliato da Firenze dal 19 novembre 1494 al 1° settembre 1512.

Giuliano de' Medici diede ordine a Leonardo di farne un ritratto. Egli preparò la tavola, la base e i colori, e magari era già a metà lavoro quando Giuliano de' Medici morì. Come mai Leonardo fu così riservato parlando con il De Beatis e con il cardinale Luigi d'Aragona? Ebbene, aveva buoni motivi per tenere la bocca chiusa. I Medici erano una famiglia potentissima, e il cardinale d'Aragona era un loro avversario, essendo il nipote di Ferrante d'Aragona, re di Napoli. Papa Leone X, inoltre, era il figlio di Lorenzo de' Medici. Per di più, Leonardo era ospite della regina Luisa di Savoia, madre di re Francesco I e sorellastra della moglie di Giuliano de' Medici.

Giuliano de' Medici — per quanto ne sappiamo — mai conobbe Isabella Gualandi, così come mai conobbe la massaia Lisa Gherardini del Giocondo. Non esistono collegamenti fra Giuliano e le due signore. Infine, Giuliano de' Medici non si recò mai a Napoli.

La possibilità che la signora nel dipinto di Leonardo possa rappresentare Pacifica Brandani, o la Brandana da Urbino, fu avanzata da Carlo Pedretti nel 1957 e poi dimostrata plausibile dallo storico d'arte Roberto Zapperi in un suo aureo libretto molto ben documentato, uscito nel 2010, e poi tradotto e pubblicato in varie lingue.

La linea del ragionamento seguito da Zapperi è semplice: fu proprio Leonardo Da Vinci a dire al cardinale Luigi d'Aragona, quando s'incontrarono a Clos Lucé il 10 ottobre 1517, che quell'immagine della signora fiorentina la dipinse

su incarico di Giuliano de' Medici, e questo commento
che viene direttamente dalla bocca di Leonardo è la
chiave per svelare tutti i misteri circa la vera identità della
signora rappresentata nella *Gioconda*. Zapperi è certo che
il riferimento fu a Pacifica Brandani, anche se non fu una
fiorentina. Ma chi fu Pacifica Brandani?

Prima di tutto notiamo come gli aggettivi *pacifica* e
gioconda siano quasi sinonimi. Pacifica Brandani fu l'amante
— pur essendo già sposata a un altro uomo — di Giuliano
de' Medici (Giuliano de' Medici junior, figlio di Lorenzo,
detto il Magnifico) e morì di parto nel 1511, dando alla
luce un figlio maschio. Si conserva una lettera datata 1°
ottobre 1519 scritta da Baldassarre Castiglione a Francesco
Maria Della Rovere, in cui egli discute il matrimonio tra il
giovane Ippolito de' Medici, figlio di Giuliano de' Medici
e della Brandani, con una dama francese. In questa lettera
Baldassarre Castiglione lo riconosce come il figlio del
Magnifico Giuliano e della Brandana, e questo è importante
perché Castiglione era amico di Giuliano, e conobbe Pacifica
Brandani, ma aveva delle riserve sulla paternità del figlio in
quanto esistevano dicerie secondo le quali la bella Brandana
aveva avuto una relazione amorosa contemporaneamente
con un altro uomo, un certo Federico Ventura, per non
menzionare il legittimo marito. Pacifica era una dama di
compagnia della duchessa Elisabetta Gonzaga ad Urbino e
fu lì che Giuliano la conobbe, dato che Giuliano trascorse
alcuni anni d'esilio a Urbino, a partire dal 1505.

Pure Giuliano de' Medici doveva nutrire dei dubbi
sulla propria paternità, ma chiuse un occhio e riconobbe
pienamente il bambino, dandogli il proprio cognome e un
nome, Ippolito, mai apparso nella famiglia de' Medici.

A parte la lettera di Castiglione, abbiamo una breve
biografia di Giuliano de' Medici, scritta da Gerolamo
Galimberto. Egli la scrisse più o meno allo stesso tempo

di Castiglione, ma, a differenza di quest'ultimo, crede
che Pacifica e Giuliano furono davvero i genitori di
Ippolito. Anche Paolo Giovio (1486-1522) è d'accordo con
Galimberto, anche se prudentemente dice che Pacifica
Brandani era una vedova e non una donna sposata.[33] I
Brandani furono prominenti a Urbino, dove possedevano
terre e proprietà. Anche se Pacifica era nata illegittima, fu
subito riconosciuta e cresciuta nella casa del padre, Giovanni
Antonio Brandani, uno dei più illustri cittadini urbinati.

Il figlio di Pacifica e di Giuliano venne abbandonato
davanti alla Chiesa di Santa Chiara de' Cortili d'Urbino, il
19 aprile 1511. Quella era una chiesa strettamente collegata
alla Corte d'Urbino e a Elisabetta da Montefeltro, figlia
di Federico da Montefeltro, un cavaliere dell'Ordine della
Giarrettiera. Sul neonato, com'era tradizione, fu lasciata una
moneta particolare, che avrebbe agevolato il riconoscimento
nei giorni seguenti. Forse il motivo per cui il bimbo (il
futuro Ippolito) non venne subito adottato si spiega proprio
con il fatto che il marito di Pacifica rifiutò d'accettarlo in
famiglia, per via della relazione adulterina della moglie, o
perché il marito era effettivamente defunto come sosteneva
Paolo Giovio.

Qualche giorno dopo, un ricco notaio si fece avanti,
mostrando una moneta identica a quella lasciata sul neonato,
dicendo che avrebbe provveduto lui all'adozione del piccolo.
In quel tempo, Giuliano de' Medici si trovava a Ravenna,
immobilizzato a letto da un attacco di tubercolosi, che lo
avrebbe ucciso pochi anni dopo. Quando venne a sapere
della morte di Pacifica e che lui era il padre del bimbo,
s'affrettò ad Urbino e lo adottò. Anni dopo, una volta
ritornato a Roma, Giuliano avrebbe dato a Leonardo Da
Vinci l'incarico di dipingere il ritratto di Pacifica Brandani,
come ricordo per il figlio e, secondo Roberto Zapperi, l'opera

33. Roberto Zapperi, op. cit., p. 102.

venne iniziata fra aprile e maggio del 1515, come per il ritratto di Giuliano de' Medici dipinto da Raffaello.

Ebbene, questa era una tradizione fiorentina che potrebbe spiegare il perché la *Gioconda* sia vestita con il colore marrone scuro delle vedove e con un velo nero. Leonardo usò le proprie fattezze come riferimento, perché il soggetto del dipinto era già morto. Può darsi che Giuliano neppure menzionò a Leonardo il nome della donna da ritrarre, ed è probabile che egli abbia pensato a una signora fiorentina. Oppure, se seppe chi fu davvero quella signora, non osò parlare di lei dinanzi a un uomo potente come il cardinale Luigi d'Aragona, ostile alla casata dei Medici e al regnante pontefice, ossia allo zio del piccolo Ippolito de' Medici.

Il figlio di Pacifica, battezzato con il nome di Ippolito, divenne un uomo potente, un cardinale, anche se morì ancora giovane, nel 1535, certamente avvelenato. Fu un bastardo, ma venne ufficialmente legittimato a Roma, qualche giorno prima della morte di Leonardo. Chiaramente, non sarebbe stato nell'interesse di Giuliano rivelare il nome della sua amante, perché quel tipo di dicerie avrebbe potuto mettere a repentaglio il futuro del figlio, oltre che macchiare il proprio onore.

Sempre ci fu una forte tradizione d'omertà fra i Medici per i figli illegittimi e le loro madri. Un esempio di ciò fu Carlo de' Medici, figlio di Cosimo de' Medici e di una sua schiava originaria del Caucaso. Poi, Alessandro de' Medici (1510-1537), il primo duca di Firenze, conosciuto come "il Moro" per via del colore della pelle. Sua madre fu una schiava domestica d'origine africana, Simonetta da Collevecchio. Come per la madre di Leonardo, anche Simonetta dopo il parto fu data in sposa a un uomo di umili condizioni, ma non sappiamo neppure quale fra i Medici la mise incinta. Forse, fu Lorenzo II, Duca d'Urbino, o il cardinale Giulio de' Medici — il futuro pontefice Clemente

VII — lui stesso figlio bastardo di Giuliano de' Medici senior (1453-1478) e di Fioretta Gorini. Giuliano de' Medici senior, fratello di Lorenzo il Magnifico, cadde sotto i colpi di spada dei congiurati, il 26 aprile 1478, al culmine della congiura dei Pazzi, ordita in Vaticano. La sua amante, Fioretta Gorini, morì di parto mettendo al mondo Giulio de' Medici. In quegli anni, Leonardo dipinse Ginevra de' Benci, conservato alla National Gallery di Washington, ma non conoscendo Fioretta usò forse la propria madre, Caterina, come modella.

Dunque, il quadro della signora fiorentina che Leonardo menzionò al cardinale d'Aragona in presenza di Antonio De Beatis, il quale diligentemente prese appunti, poteva essere il ritratto conosciuto oggi come la *Gioconda* e quando De Beatis disse che era fatto di naturale non intendeva che fu dipinto con la signora seduta davanti all'artista, bensì che fu solo un ritratto, come Roberto Zapperi osserva giustamente dopo aver analizzato l'utilizzo di questo termine da parte dell'autore del diario.[34]

L'opinione comune secondo cui Monna Lisa, moglie del mercante di seta e banchiere, che oggi chiameremmo strozzino, Francesco del Giocondo non avrebbe dunque alcun credito. Potrebbe essere che Leonardo iniziò il ritratto di Pacifica Brandani a Roma, come chiesto da Giuliano de' Medici, e poi portò l'opera ancora incompleta in Francia. Non la consegnò a Giuliano, poiché egli morì prima che Leonardo la terminasse, e inoltre Leonardo non era pagato da Giuliano a compimento di un'opera, ma godeva di una pensione mensile.

Una nuova conferma di quanto esposto viene dallo studio effettuato da Lillian F. Schwartz, la quale utilizzò una scansione ad alta definizione per dimostrare che geometricamente le proporzioni della *Gioconda*

34. Roberto Zapperi, op. cit., p. 80.

Antonio De Beatis *The travel journal of Antonio De Beatis. Germany, Switzerland, the Low Countries, France and Italy 1517-1518* Hakluyt Society, Londra, 1979.

corrispondono al cosiddetto autoritratto di Leonardo conservato a Torino.[35] Ciò sembra confermare la loro autenticità reciproca. Leonardo deve aver usato uno specchio per disegnarli, basandosi sulla geometria del proprio volto. Quando questa ricerca fu resa nota, finì in copertina sulla rivista *Scientific American* dell'aprile 1995. Il ritratto di Leonardo è rivolto a sinistra ma le sue pupille guardano a destra, verso lo specchio. Lillian Schwartz invertì quest'immagine e vi posizionò accanto una scansione bisecata. Le due parti giustapposte e adiacenti s'incontrano alla radice del naso e, anche se ci sono alcuni tratti di non contatto, tutti i punti chiave si toccano. Altre scansioni comparative furono condotte su altre copie della *Gioconda* ma non produssero due metà tanto simili. Questa scoperta venne dapprima vista dagli esperti di Leonardo come un'assurdità, eppure, in realtà, potrebbe essere una dimostrazione della reciproca genuinità delle due opere. Sarebbe interessante condurre una simile scansione con il ritratto di Ginevra de' Benci, poiché potrebbe produrre una nuova corrispondenza, anche perché *Ginevra de' Benci* ha il viso rivolto verso sinistra, con gli occhi allo specchio, come il presunto autoritratto di Torino.

Inoltre, osservando il ritratto di *Ginevra de' Benci* e il giovane che si trova in basso a destra nell'Adorazione dei Magi, le similitudini appaiono impressionanti, ed è sorprendente che nessuno l'abbia notato prima. Dunque, George Sand ebbe ragione nel riconoscere l'alter ego dell'artista nella *Gioconda*.[36]

Ma è ormai tempo di avanzare la nostra proposta, utilizzando il rasoio di Occam, che già evocammo nell'introduzione. Questa è la nostra ipotesi sulla

35. Renzo Manetti, L. Schwartz, A. Vezzosi *La Gioconda: il viso nascosto di Leonardo* Edizioni Polistampa, Firenze, 2007.

36. Stefan Klein *How Da Vinci Reimagined the World* Da Capo Press, New York, 2010.

committenza della *Gioconda* che non è mai stata prima presa in considerazione da nessuno, ma ci pare la più semplice e la più logica.

Come possiamo essere sicuri che quando Leonardo Da Vinci dice al cardinale d'Aragona e ad Antonio De Beatis che il ritratto che stavano ammirando rappresentava *una certa donna fiorentina fatta di naturale,* ad *istantia del quondam ma.co Iuliano de Medici* stesse alludendo a Giuliano de' Medici, duca di Nemours, come tutti danno per scontato?

E se invece si stesse riferendo al suo omonimo zio, Giuliano de' Medici, il fratello di Lorenzo de' Medici?

Giuliano morì domenica 26 aprile 1478, mentre assisteva alla messa nella Cattedrale di Santa Maria del Fiore, trafitto da diciannove colpi di spada inferti da Franceschino Pazzi e da Bernardo di Bandino Baroncelli?

Questa interpretazione cambierebbe tutti gli scenari a noi conosciuti, aprendone dei nuovi, ancora inesplorati.

Lisa Gherardini del Giocondo e Pacifica Brandani non erano ancora nate quando Giuliano moriva e dunque, chi potrebbe mai essere questa donna o per meglio dire la prima modella per questo quadro?

Esattamente un mese dopo l'assassinio di Giuliano, il 26 maggio 1478, nacque un suo figlio naturale, che il giorno successivo fu battezzato con il nome di Giulio de' Medici, alla presenza di Antonio da Sangallo, un amico del defunto padre, il quale seguiva le istruzioni di Lorenzo de' Medici. Il neonato venne subito accolto in famiglia ed educato insieme ai figli di Lorenzo. Nel 1523 Giulio de' Medici verrà eletto papa con il nome di Clemente VII e il Machiavelli gli dedicherà le sue *Istorie Fiorentine*.[37]

---

37. Un'ulteriore ipotesi, ancor più problematica, è quella di Aldo De Rinaldis nel suo *Storia dell'opera pittorica di Leonardo da Vinci*, uscito nel 1926 a Bologna, presso Zanichelli, secondo cui il dipinto del Louvre potrebbe essere il vero ritratto di Ginevra de' Benci di cui parlano il Vasari, l'Anonimo Gaddiano e Il libro di Antonio Billi.

Chi fu la madre di Giulio, che morì nel darlo alla luce?
Si dice sia stata la cortigiana Fioretta Gorini (1453-1478),
della quale nulla conosciamo. Può essere che quando
Giuliano seppe che la sua amante era in dolce attesa chiese
al giovane Leonardo di dipingere il suo ritratto? Oppure fu
Lorenzo che gli chiese di dipingerla, subito dopo la morte di
entrambi i genitori?

Un ulteriore indizio che ci induce a muovere indietro
nel tempo l'origine della *Gioconda* è che fu dipinta su una
tavola di pioppo, mentre i dipinti successivi alla venuta di
Leonardo a Milano furono dipinti su legno di noce.[38]

Una domanda che ci facciamo è la seguente: l'epiteto
di *Magnifico* fu usato solo per Lorenzo de' Medici e per
suo figlio, Giuliano, duca di Nemours, una volta diventato
signore di Firenze, oppure fu forse usato anche per
Giuliano, il fratello di Lorenzo?

Certamente fu utilizzato anche per il fratello di Lorenzo,
tant'è che possediamo *Le Stanze de Messer Angelo Poliziano
cominciate per la giostra del Magnifico Giuliano di Pietro
de' Medici*, un poemetto in ottave, rimasto incompiuto
e composto da Angelo Poliziano (1454-1494). Venne
pubblicato per la prima volta nel 1484 e poi nel 1498 da
Aldo Manuzio. Dunque, Leonardo Da Vinci poteva riferirsi
a Giuliano senior e non a suo nipote, Giuliano, duca di
Nemours, parlando ai due visitatori napoletani. La *Gioconda*
potrebbe essere stata iniziata venticinque anni prima di

38. Il Battesimo di Cristo, attribuito al Verrocchio e solo parzialmente di
Leonardo, fu dipinto su legno di pioppo; non possiamo dire su che tipo di legno
fu dipinta la *Madonna Benois*, oggi al Museo dell'Ermitage di San Pietroburgo,
perché fu strappata e posta su una tela; pioppo per la *Vergine delle rocce*, alla
National Gallery di Londra, per la *Madonna del Garofano*, alla Alte Pinakothek
di Monaco di Baviera; per l'Annunciazione, alla Galleria degli Uffizi di Firenze;
pioppo per la Ginevra de' Benci, alla National Gallery di Washington; pioppo
per l'Adorazione dei Magi, agli Uffizi, per la Madonna Litta, all'Ermitage, per
Tobia e l'Angelo, alla National Gallery di Londra sono tutti su legno di pioppo,
come la *Gioconda*. Certo, potrebbe essere che Leonardo, trovandosi a Firenze nel
1503/4/5, trovasse una tavola di pioppo e l'utilizzasse, invece che usare il legno
di noce che aveva usato a Milano.

quanto si è sempre pensato, forse prima ancora della *Signora del Lichtenstein* (Ginevra de' Benci).[39]

Il Louvre potrebbe eseguire un test al carbonio per stabilire una più corretta datazione della tavola di legno su cui si trova la *Gioconda*, se non è già stato fatto. Il margine d'errore per questo genere di test è molto ampio ma, forse, analizzando un piccolo frammento ligneo prelevato dal retro della tavola si potrebbero ottenere risultati, certo approssimati, ma per lo meno indicativi sull'anno della effettiva preparazione della tavola — 1478, oppure 1503 o 1513? Se gli anni stimati saranno il 1478 e il 1513, allora avremo la prova finale che Lisa Gherardini del Giocondo nulla ha a che vedere con questa famosa opera.

Un'ultima notazione. Le schiave orientali erano marcate su una delle dita, di solito con una croce, al fine di identificarle nel caso si dessero alla fuga. Nei contratti di vendita emessi dai notai ci furono anche le descrizioni degli occhi. Quasi tutte le tartare ebbero occhi descritti come suffornati (affondati), oppure scarpellini, ossia "con palpebre rovesciate", che potrebbe intendere le palpebre pesantemente doppie delle donne estremo orientali, che quasi celano gli occhi. Altre sono descritte come "senza palpebre".[40]

La *Gioconda* — non importa quale fu la modella — venne a rappresentare per Leonardo l'immagine onirica della propria madre, Caterina, la schiava di Vinci. Quest'opera può esser vista come il monumento immortale eretto in sua memoria. Leonardo la dipinse a intermittenza durante tutta la sua esistenza, sino alla fine, per mantenerla viva accanto a sé. L'aura radiosa che emana questo dipinto e il fascino che esercita ancor oggi su milioni di uomini e di donne, sono legati al mistero della vita di sua madre, la schiava Caterina.

---

39. Walter Ingeborg *Lorenzo il Magnifico e il suo tempo* Donzelli Editore, Roma, 2005

40. Iris Origo *The Domestic Enemy* Speculum, Vol. XXX, n.3, luglio 1955.

Riferimenti Bibliografici

Aa.Vv., *Attualità Leonardiane* Giunti, Firenze, 1980.

Aa.Vv., *A Selection of Chinese Paintings and Calligraphy on Fans from the Xubaizhai Collection* Hong Kong Museum of Art, 1994.

Aa.Vv., *Leonardo da Vinci: La Vera Immagine*, Giunti, Firenze, 2005.

Aa.Vv., *Schiave Ribaldi e Signori a Siena nel Rinascimento,* Il Leggio, Siena, 1994.

Aa.Vv., *Travels to Tana and Persia by Josafa Barbaro and Ambrogio Contarini*, Cambridge University Press, Cambridge, 2010.

Aa.Vv., *Leonardo Da Vinci*, De Luca Editore, Roma, 1986. Aa.Vv., *Leonardo & Venezia*, Bompiani, Milano, 1992.

Aa.Vv., *Schiavitù e Servaggio nell'Economia Europea*, Secc. XI-XVIII, (a cura di) Simonetta Cavaciocchi, Firenze University Press, Firenze, 2014.

Aa.Vv., *La dama con l'ermellino*, Silvana Editoriale, Roma 1998.

Aa.Vv., *Leonardo. Il genio e il mito*, Silvana Editrice, Milano, 2012.

Abbattista, Guido, *L'espansione europea in Asia* (Secc. XV-XVIII), Carocci, Roma, 2012.

Abel, Wilhelm, *Agricultural Fluctuations in Europe from the Thirteen to the Twentieth Centuries*, Palgrave Macmillan, Londra, 1980.

Angela, Alberto *Gli occhi della Gioconda*, Rizzoli, Milano, 2016.

Agostino, Sant', *La città di Dio*, Einaudi, Torino, 1992.

Anonimo, *Pearl*, Oxford University Press, Oxford, 1963.

Arrighi, Vanna, *La nascita di Leonardo*. In (a cura di) Vanna Arrighi, Arrighi, V., Bellinazzi A., Villata, E., *Leonardo da Vinci: La vera immagine*, Giunti, Firenze, 2006.

Artale, Alessandra, *Tutte le ricchezze di Marco Polo*. Intervista a Marino Zorzi. "Il Mattino di Padova", 6 ottobre 2007.

Azzari, Margherita, Rombai *Leonardo, Amerigo Vespucci e i mercanti fiorentini del Cinquecento*, Firenze University Press, Firenze, 2013.

Babinger Franz, Heydenreich Ludwig H., *Vier Bauvorschläge Lionardo da Vinci's an Sultan Bajezid II.* (1502/3), Vandenhoeck & Ruprecht, Gottinga, 1952.

Balard, Michel, *Les Genois en Asie Centrale et en Estreme-Orient au XIV siecle: un cas exceptionelle?* in "Économies et Sociétés au Moyen-Âge. Mélanges offerts à Edouard Perroy", Publications de la Sorbonne, Parigi, 1973.

Baldacci, Antonio, *La barca con l'olivo e il lupo verso l'aquila imperiale*, Regia Accademia di Bologna, Bologna, 1939.

Baltrušaitis, Jurgis, *Il Medioevo fantastico*, Adelphi, Milano, 1993.

Bandello, Matteo, *Novelle*, Giovanni Silvestre, Milano, 1814.

Battaglia, Roberta, *Leonardo*, Il Sole 24Ore Milano, 2004.

Barber, Barrington, *Leonardo da Vinci*, Gramercy Books, Bexley, 2004.

Barfucci, Enrico, *Leonardo e Lorenzo di Credi*, Gonnelli, Firenze, 1964.

Bellinati, Claudio, *Giotto*, Vianello, Treviso, 2003.

Beltrami, Luca, *La madre di Leonardo*, La Nuova Antologia, Roma, 1921.

Benedictow, Ole Jørgen., *The Black Death 1346-1353*, The Boydell Press, Woodbridge, 2004.

Berenson, Bernard, *The study and criticism of Italian art*, Third series, George Bells, Londra, 1916.

Bilancioni, Guglielmo, *Leonardo e Cardano*, VIII Congresso Internazionale di Storia della Medicina, Lischi & Figli, Roma, 1931.

Billi, Antonio, *Il Libro di Antonio Billi*, Grote'sche Verlagsbuchhan- dlung, 1892.

Black, Samuel, *The ground is burning*, Faber & Faber, New Yok, 2011.

Boccaccio, Giovanni, *Il comento alla Divina Commedia*, Laterza, Bari, 1918.

Borromeo, Federico, Museum, *La Pinacoteca Ambrosiana nelle memorie del suo fondatore*, Claudio Gallone, Milano, 1997.

Bossi, Giuseppe, *Del Cenacolo di Leonardo da Vinci*, Stamperia Reale, Milano, 1810. Ristampa anastatica dell'edizione di Milano 1810, Skira editore, Milano, 2009.

Bossi, Giuseppe, *Vita di Leonardo da Vinci*, Padova, 1814.

Bottazzi, Filippo, *La mente e l'opera di Leonardo Da Vinci*. Discorso del 3 agosto 1941, Napoli, 1941.

Bramly, Serge, Leonardo. *Discovering the Life of Leonardo da Vinci*, HarperCollins, New York, 1991.

Bramly, Serge, *Mona Lisa. The Enigma*, Assouline, Londra, 2004.

Brotton, Jerry, *A History of the World in Twelve Maps*, Penguin, Londra, 2012.

Brunelli, Maurizio, *Cangrande I della Scala. Il sogno di un Principe Cortese*, Bastogi, Roma, 2016

Cahill, James, *Parting at the Shore Chinese Painting of the Early and Middle Ming Dynasty 1368-1580*, Weatherhill, New York & Tokyo, 1978.

Calvi, Giuseppe, *I manoscritti di Leonardo da Vinci*, Bramante, Busto Arsizio, 1982.

Campbell, Caroline; Chong, Alan; Howard, Deborah; Rogers ,J. Michael, *Bellini and the East*, National Gallery, Londra, 2005.

Cantor, Norman, *In the Wake of the Plague*, Simon & Shuster, New York, 2001.

Capra, Fritjof, *L'anima di Leonardo*, Rizzoli, Milano, 2012.

Cardano, Girolamo, *De Subtilitate*, University of Arizona, Tempe, 2013.

Cardano, Girolamo, *Nero: An Exemplary Life*, Touchstone, Hong Kong, 2012.

Carmignani, Massimo, *The Castello Sforzesco of Milan*, Skira, Torino, 2008.

Carminati, Marco, *La Gioconda*, 24Ore Cultura, Milano, 2011.

Carswell, John, Blue & White. *Chinese Porcelain Around the World*, British Museum Press, 2000.

Casati, Carlo, *Leone Leoni d'Arezzo*, scultore, e Giov. Paolo Lomazzo, pittore Milanese, Hoepli, Milano, 1884.

Castiglione, Baldassarre, *Il Cortegiano*, Einaudi, Torino, 1960.

Cayol, Christine; Hongmiao, Wu, *À Quoi Pensent Les Chinois en Regardant Mona Lisa?*,Tallandier, Parigi, 2012.

Cellini, Benvenuto, *Discorso dell'Architettura*, Milano, 1968.

Cianchi, Francesco, *La Madre di Leonardo era una Schiava?*, Museo Ideale di Leonardo Da Vinci, Vinci, 2008.

Chiappori, Maria Grazia *Riflessi figurativi dei contatti Oriente-Occidente e dell'opera poliana nell'arte medievale* italiana Electa, Milano, 1982.

Cianchi, Renzo, *Ricerche e documenti sulla madre di Leonardo*, Giunti, Firenze, 1975.

Cibrario, Luigi, *Della Schiavitù e del Servaggio*, Civelli, Milano, 1868. Cianchi, Marco, *Quel filo intriso di acido muriatico*, in "Leonardo. I codici", Giunti, Firenze, 1999.

Clarence Smith, W.G., *Islam and the Abolition of Slavery*, Oxford University Press, Oxford, 2006.

Clark, Kenneth, *Leonardo. An account of his development as an artist*, Cambridge University Press, Cambridge, 1939.

Clark, Kenneth, (con Carlo Pedretti), *The drawings of Leonardo da Vinci in the collection of Her Majesty the Queen at Windsor Castle*. III Vol., Phaidon, Londra, 1968.

Cleugh, James, *The Medici*, Dorset, Londra, 1975.

Cline H. Eric, *1177 B.C. The Year Civilization Collapsed*, Oxford University Press, Oxford, 2014.

Compagni, Dino, *La Cronica, le Rime e l'Intelligenza*, Carabba, Lanciano, 1910.

Conato, Luigi Giuseppe, *Leonardo da Vinci nella Valle dell'Adda*, New Press, Lecco, 2013.

Cosmo Di, Nicola, *Mongols and Merchants on the Black Sea Frontier (13th—14th c.): Convergences and Conflicts in Turco-Mongol Nomads and Sedentary Societies*, eds. Reuven Amitai and Michal Biran, Brill, Leida, 2005.

Cremante, Simona, *Leonardo da Vinci*, Giunti, Firenze, 2005.

Cummins, Harold; Midlo, Charles, *Finger Prints, Palms and Soles: An introduction to Dermatoglyphics*, The Blakiston Co., Philadelphia, 1943.

D'Ambrosio, Cleopatra, *L'Abuso Infantile*, Erickson, Trento, 2010.

D'Orazio, Costantino, *Leonardo Segreto*, Pickwick, Milano, 2015. Ming, Ding, *The Art Book of Chinese Paintings*, Long River Press, San Francisco, 2006.

Da Vinci, Leonardo, *Disegni di Leonardo e della sua scuola alla Biblioteca Reale di Torino*, Giunti Barbera, Firenze, 1975.

Da Vinci, Leonardo, in (a cura di) Carlo Pedretti, *On Painting a Lost Book (Libro A)*, University of California Press, Berkeley, 1964.

Da Vinci, Leonardo, *Textes Choisis*, Société du Mercure de France, 1908.

Dauzat, Pierre-Emmanuel, *Giuda*, Arkeios, Roma, 2006.

De Beatis, Antonio, *D'illustri città, messeri e leggiadre madonne: il viaggio del Cardinale Luigi d'Aragona in Germania, Olanda, Francia e Alta Italia, 1517-1518*, scritto da Antonio De Beatis, in (a cura di) Giovanni A. Bartolin, Claudio M. Tartari, *"Trasposizione dall'originale in volgare edito da Ludwig Pastor"*, Edizioni Terra Santa, Milano, 2012.

De Beatis, Antonio, *The Travel Journal of Antonio De Beatis*, in (a cura di) J.R. Hale, M.A. Lindon, Hakluyt Society, Cambridge, 1979.

De Rinaldis, Aldo, *Storia dell'Opera Pittorica di Leonardo da Vinci*, Zanichelli, Bologna, 1926.

De Vaissère, Pierre, *Le Chateau D'Amboise*, Calmann-Lévy, Parigi, 1935.

Durazzini, Anton Francesco, *Raccolta di Elogi d'Uomini Illustri*, Toscani Giuseppe Pellegrini editore, Lucca, 1770.

LEONARDO DA VINCI

D'Irsay, Stephen, *Defence Reactions during the Black Death*, Annali di Storia della Medicina, Roma, 1927.

Edgell, George, *A History of Sienese Painting*, MacVeagh, New York, 1932.

Eissler, K.R., *Leonardo Da Vinci*. Psychoanalytic Notes on the Enigma International, Universities Press Inc., New York, 1961.

Favaro, Giuseppe, *Come scriveva Leonardo*, Atti del VIII Congresso di Storia della Medicina, Lischi & Figli, Roma, 1931.

Firenzuola, Agnolo, *Alle gentili e valorose donne pratesi*, Mazzoleni, Bergamo, 1828.

Filesi, Teobaldo, *Le Relazioni della Cina con l'Africa nel Medio-Evo*, Giuffrè, Milano, 1962.

Firpo, Luigi, *Leonardo, Architetto e Urbanista*, UTET, Torino, 1963. Flora, Francesco, *Leonardo*, Mondadori, Milano, 1952.

Fiumi, Enrico, *La popolazione del territorio volterrano*, Giuffrè, Firenze, 1962.

Forcellino, Antonio, *Gli ultimi giorni di Leonardo*, Rizzoli, Milano, 2014.

Frankopan, Peter, *The Silk Roads*, Bloomsbury, Londra, 2015.

Freeman, Charles, *The Closing of the Western Mind*, Vintage Books, New York, 2005.

Frey, Carl, *Anonimo Gaddiano*, Grote'sche Verlagsbuchhandlung, Berlino, 1892.

Freud, Sigmund, *Leonardo da Vinci. Un ricordo d'infanzia di Leonardo da Vinci*, Bollati Boringheri, Torino 2003. Prima edizione dell'opera: *Eine Kindheitserinnerung des Leonardo da Vinci*, Deuticke Verlag, Lipsia, 1910.

Frosini, Fabio, *Leonardo e Pico*, Leone S. Olschki, Firenze, 2005.

Frugoni, Chiara, *Medioevo sul naso*, Laterza, Bari, 2014.

Gyllensvärd, B., *Recent Finds of Chinese Ceramics at Fustat*, Università di Stoccolma, Stoccolma,1975.

Giacomelli, Raffaele, *Gli scritti di Leonardo sul volo*, Rivista di Medicina Aeronautica, Roma, 1952.

Giles, Herbert A., *History of Chinese Pictorial Art*, Bernard Quaritch, Londra, 1918.

Gill, Anton, *Il Gigante. Michelangelo, Florence and the David, 1492-1504*, St. Martin's/Dunne, New York, 2002.

Gioia, Melchiorre, *Del merito e delle ricompense*, Giuseppe Ruggia, Lugano, 1835.

Gioia, Melchiorre, *Nuovo prospetto delle scienze economiche*, Pirotta, Milano, 1815-1817.

Gnoli, Raniero, *Ricordo di Giuseppe Tucci*, Istituto Italiano per il Medio ed Estremo Oriente, Roma, 1985.

Goldscheider, Ludwig, *Leonardo da Vinci*, Phaidon Press, Londra, 1969.

Gordon, Stewart, *When Asia Ruled the World*, Yale University Press, Londra, 2008.

Grafton, Anthony; Newman, William R., *Secrets of Nature*, MIT, Cambridge, 2001.

Grafton, Anthony, *Cardano's Cosmos*, Harvard University Press, Harvard, 1999.

Grazi, Giulia, *Il Battista della Croce del Sud*. Omaggio a Andrea Corsali, Lulu Press, New York, 2009.

Hales, Dianne, Mona Lisa. A Life discovered, Simon & Schuster, New York, 2014.

Hall, James, *The Sinister Side*, Oxford University Press, Oxford, 2008.

Harrison-Hall, Jessica, *Ming: Art, People and Places*, British Museum Press, Londra, 2014.

Heers, Jacques, *Esclaves et domestiques au Moyen Âge dans le monde méditerranéen*, Hachette, Parigi, 1996.

Heydenreich, L. Heinrich, *Leonardo da Vinci*, Phaidon, Londra, 1954.

Hirth, Friedrich, Rockhill, William W., *Chau Ju-kua*, Imperial Academy of Science, San Pietroburgo, 1912.

Hobson, John M., *The Eastern Origins of Western Civilisation*,

Cambridge University Press, 2009.

Houssaye, A., *Histoire de Léonard de Vinci*, Didier, Parigi, 1869.

Howorth, Sir Henry, *History of the Mongols: from the 9th to the 19th Century*, Longmans, Londra, 2003.

Keely, John, *The Great Mortality. An intimate history of the Black Death*, Harper Perennial, Londra, 2013.

Kemp, Martin, *La Bella Principessa*, SM Ed., Milano, 2014.

Kemp, Martin, *Leonardo da Vinci*, Mondadori, Milano, 1982.

Kenneth, Clark, *Leonardo da Vinci*, Cambridge University Press, Londra e New York, 1939.

King, Ross, *Leonardo and The Last Supper*, Bloomsbury, Londra, 2012.

Klein, Stefan, *L'eredità di Leonardo da Vinci*, Bollati Boringhieri, Torino, 2008.

Jestaz, François, *Salaì et les tableaux de Léonard*, Revue de l'Art, Parigi, 1999.

Ingeborg, Walter, *Lorenzo il Magnifico e il suo tempo*, Donzelli Editore, Roma, 2005.

Laurenza, Domenico, Leonardo. *L'Anatomia*, Giunti, Firenze, 2009.

Lester, Toby, *Da Vinci's Ghost*, Profile Books, New York, 2012.

Lester, Toby, *The Fourth Part of the World*, Free Press, New York, 2009.

Livi, Rodolfo, *L'Esclavage Domestique au Moyen Age et son importance en anthropologie*, Bulletins et Mémoires de la Société d'anthropologie de Paris, Année 1909, Volume 10, Numéro 1, Parigi, 1909.

Livi, Rodolfo, *La schiavitù domestica nei tempi di mezzo e nei moderni. Ricerche storiche di un antropologo*, Cedam, Padova, 1928.

Livi, Rodolfo, *La schiavitù medioevale e la sua influenza sui caratteri antropologici degli italiani*, Landi Editore, Parma, 1907.

Lomazzo, Giovanni Paolo, *Della Forma delle Muse*, Cavata Da Gli

Antichi Autori Greci e Latini, Pontio, Milano, 1591.

Lopez, Robert, *The Birth of Europe*, Evans & Company, New York, 1966.

Luiso P. Francesco, *Sulle tracce di un usuraio fiorentino del Secolo XIII,* Tipografia Galileiana, Firenze, 1908.

Luzio, Leopoldina, *Alcune notizie intorno al viaggiatore fiorentino Andrea Corsali,* Soc. Geo. Italiana, Roma, 1954.

Macchione, Pietro, *Ho rubato la Gioconda,* Macchione Editore, Varese, 2010.

Main, Angelo, *La Via alle Indie e Vasco Da Gama. Leonardo Ca' Messer e Giovanni da Empoli,* Unione Cooperativa Editrice, Roma, 1899. Mandeville, John, Mandeville's Travels, Hakluyt Society, Cambridge 1950.

Manetti, Renzo; Schwartz, Lillian; Vezzoi, Alessandro, *Monna Lisa. Il Volto Nascosto,* Edizioni Polistampa, Firenze, 2007.

Marani, C. Pietro, *La Gioconda,* Giunti, Firenze, 2003. Marani, C. Pietro, Leonardiana, Skira, Torino, 2010.

Marani, C. Pietro, *Leonardo Da Vinci. The Complete Paintings,* Harry N. Abrams, New York, 2003.

Marani, C. Pietro, *Il Genio e le Passioni. Leonardo e il Cenacolo,* Skira, Milano, 2001.

Marcocci, Giuseppe, *Indios, cinesi e falsari. Le storie del mondo nel Rinascimento,* Laterza, Bari, 2016.

Marquardus, de Susanis, *De Iudeis et aliis infidelibus,* Cominus de Trino, Venezia, 1568.

Mazzonis, Querciolo, *Spirituality, Gender, and the Self in Renaissance Italy,* The Catholic University Press of America, Washington, 2007.

Maxwell, Robin, *Signora da Vinci,* New American Library, New York, 2009.

McCurdy, Edward, *The Mind of Leonardo da Vinci,* Dodd Mead, New York,1928.

Menzies, Gavin, *1421 The Year China Discovered the World,*

Bantam Press, Londra, 2002.

Merezhkovsky, Dmitry Sergeyevich, (trad. di) Herbert Trench, *The Romance of Leonardo da Vinci*, Putnam, New York, 1912.

Morales, Juan; Gordon, Peter, *The Silver Way. China, Spanish America and the birth of globalization. 1565-1815*, Penguin, Hong Kong, 2017.

Morelli, Roberta, *La seta fiorentina nel Cinquecento*, Giuffré, Milano, 1976.

Moss, Paul, *Escape from the Dusty World: Chinese Paintings and Literati Works of Art*, Sydney L. Moss, Londra, 1999.

Münsterberg, Oskar, *Chinesische Kunstgeschichte*, II Vol,. Esslingen, 1910-12.

Müntz, Eugène, *Leonardo da Vinci: Artist, Thinker, and Man of Science*, Charles Scribner's Sons, New York, 1898.

Nanni, Romano; Sanna, Antonietta, *Leonardo Da Vinci*, Leone S. Olschki, Firenze, 2012.

Needham, Joseph, *Science and Civilization in China*, Cambridge University Press, Cambridge, 1954.

Newman, Barnett, *Selected Writings and Interviews*, University of California Press, Sacramento, 1992.

Nicholl, Charles, *Leonardo da Vinci: The Flights of the Mind*, Penguin Books, Londra, 2004.

Nuland, Sherwin B., *Leonardo Da Vinci*, Penguin, Londra 2000.

Occhipinti, Carmelo, *Fontainebleau e la fama di Leonardo da Vinci*, Libreria Universitaria, Roma, 2011.

Odorico da Pordenone, *Viaggio*, Ist. Editoriale Italiano, Firenze, 1961.

Olschki, Leonardo, *Marco Polo's Precursors*, Octagon Books, New York, 1972.

Orto Dall', Giovanni, *La fenice di Sodoma,* Riv. Sodoma n.4, Fondazione Sandro Penna, Torino, 1988.

Orazio D', Costantino, *Leonardo segreto,* Sperling & Kupfer, Milano, 2015.

Origo, Iris, *The Domestic Enemy, Speculum*, Vol. XXX, n. 3, Cambridge, Massachusset, luglio 1955.

Origo, Iris, *The Merchant of Prato*, Jonathan Cape, Londra, 1957.

Ost, Hans, *Das Leonardo. Porträt ind der kgl. bibliothek Turin und andere fälschungen des Giuseppe Bossi*, W. De Gruyter, Berlino, 1980.

Pacey, Arnold, *Meaning in Technology*, MIT Press, Cambridge, Massachusset, 1999.

Pacioli, Luca, *De Divina Proportione*, Paganino Paganini, Venezia, 1509.

Pacioli, Luca, *De Viribus Quantitatis*, Aboca, Sansepolcro, 2009.

Pagliughi, Paolo, *La scrittura mancina di Leonardo da Vinci*, Edizioni del Comune di Milano, Milano, 1984.

Pallanti, Giuseppe, *Mona Lisa revealed*, Skira, Torino, 2006.

Paratico, Angelo; Criveller, Gianni, *Five Centuries of Italians in Hong Kong and Macau 1513-2013*, Società Dante Alighieri di Hong Kong, 2013.

Pater, Walter, *The Renaissance*, Macmillan, Londra,1869.

Patterson, Orlando, *The Social Death*, Harvard University Press, Harvard, 1982.

Patuzzo, Mario, *Storia di Verona*, La grafica, Verona, 2013.

Pedretti, Carlo; Cianchi, Marco, *Leonardo. I Codici*, Giunti, Firenze, 1995.

Pedretti, Carlo, *Leonardo e Io*, Mondadori, Milano, 2008.

Pedretti, Carlo, *Leonardo Da Vinci & France*, CB Publishers, Napoli, 2009

Pedretti, Carlo, *Leonardo. L'arte del disegno*, Giunti, Firenze, 2014.

Pedretti, Carlo, *Disegni di Leonardo da Vinci e della sua scuola alla Biblioteca Reale di Torino*, Giunti Barbera, Firenze, 1975.

Pedretti, Carlo, *Codice Leicester*. Catalogo dell'asta tenutasi a Londra il 12 dicembre 1980, Christie's, Londra, 1980.

Pedretti, Carlo, *Leonardo Architetto*, Electa, Firenze, 1978.

Pedretti, Carlo, *Leonardo. Le Macchine*, Giunti, Firenze, 1999.

Pedretti, Carlo, *Leonardo, Machiavelli*, Borgia, De Luca, Roma, 2003.

Pedretti Carlo, *Le macchie di Leonardo.* ' Perché dalle cose confuse l'ingegno si desta a nove invenzioni' , Letture vinciane, XLIV, 17 aprile 2004, Giunti, Firenze, 2004.

Pedretti, Carlo, *Storia della Gioconda di Leonardo da Vinci: con nuove congetture sulla persona ritratta*, Bibliothèque D'Humanisme Et Renaissance 18, no. 2, Parigi, 1959.

Pedretti, Carlo, *Studi Vinciani: documenti, analisi e inediti leonardeschi*, Librarie Droz, Ginevra, 1957.

Pedrocco, Maria Teresa; Soavi, Gloria; Carini, Maria, *L'abuso sessuale intrafamiliare*, Raffaello Cortina, Milano, 2001.

Piatti, Piattino, *Elegiae cum epigrammatis veteribus et novis*, Gottardo Da Ponte, Milano, 1507.

Piemontese, Angelo Michele, M*emorie levantine e ambienti curiali. L'Oriente nella vita e nella produzione di un senese del Quattrocento: Beltrami di Leonardo Mignanelli*, Quaderni di storia religiosa, XIII, Torino, 2006.

Pignoria, Lorenzo, *De servis et eorum apud veteres ministeriis commentarius in quo familia tum urbana, tum rustica, ordine prodicitur et illustratur.* Editio novissima emendata et figuris aeneis exornata e Servis et eorum apud veteres ministeriis, A. Frisii, Amsterdam, 1674.

Pillosio, Antonia, *Viaggio nei misteri di Leonardo*, Ancora, Milano, 2006. Pisanello, *Opera Completa*, Rizzoli, Milano, 1972.

Plutarco, *Del mangiare carne. Trattati sugli animali,* Adelphi, Milano, 2001.

Ponting, Clive, World History, Pimlico, Londra, 2000.

Polo, Marco, *The Description of the World*, (trad. di) Arthur Christopher Moule, Paul Pelliot, G. Routledge & Sons, Londra, 1938.

Popham, A.E., *The Drawings of Leonardo da Vinci*, The Reprint Society, Londra, 1963.

Popma, Titus, *De Operis Servorum Libris*, A. Frisium, Amsterdam, 1622.

Pouzyna, I.V., *La Chine, L'Italie et les Débuts de la Renaissance*, Éditions d'art et d'histoire, Parigi, 1935.

Prager, Frank D.; Scaglia Giustina, *Mariano Taccola and his Book De Ingeneis*, MIT. Press, Cambridge, Massachusset, 1972.

Prezzolini, Giuseppe, *Machiavelli Anticristo*, Gherardo Casini Editore, Roma, 1954.

Pulver, Max, *Symbolik der Handschrift*, *V*erlag Orel, Zurigo, 1931. Reischauer, E.O.; Fairbank, J.K., *East Asia. The Great Tradition*, Houghton Mifflin Co., Boston, 1958-1960.

Renier, Rodolfo, *Spigolature dalla corrispondenza di Guido Postumo*, Silvestri, Bergamo, 1894.

Reti, Ladislao, *The Library of Leonardo Da Vinci*, The Burlington Magazine, Londra, 1968.

Rey, Carl, *Il Codice Magliabechiano*, Gregg Int., Upper Saddle River, New Jersey, 1969.

Raffaello, Sanzio, *Opera Completa*, Rizzoli, Milano, 1966.

Richter, Irma, *Selection from the Notebooks of Leonardo da Vinci*, Oxford University Press, Oxford, 1953.

Richter, Jean Paul, *The Literary Works of Leonardo da Vinci*, Phaidon, Londra, 1970.

Rinaldis De, Aldo, *Il Rinascimento*, Ricciardi, Napoli, 1925. Roger, Crowley, 1453, Hyperion, New York, 2005.

Rossabi, Morris, *China and Inner Asia*, Thames and Hudson, New York, 1975.

Russo, Flavio, *Leonardo Inventore? L'equivoco di un testimone del passato scambiato per un profeta del futuro*, Casa editrice Scientifica e Artistica, Napoli, 2009.

Russo, Lucio, *La Rivoluzione Dimenticata. Il pensiero scientifico greco e la scienza moderna*, Feltrinelli, Milano, 1996.

Sabba da Castiglione, *Ricordi*, Domenico Farri, Venezia, 1534.

Sacchetti, Franco, *I sermoni evangelici, le lettere ed altri scritti inediti o rari raccolti e pubblicati con un discorso intorno la vita e le sue opere per Ottavio Gigli*, Le Monnier, Firenze, 1857.

Sachs, Hannelore, *The Renaissance Woman*, McGraw Hill, New York, 1971.

Sarton, George, *Six Wings. Men of Science in the Renaissance*, Indiana University Press, Bloomington, 1957.

Sassoon, Donald, *Il mistero della Gioconda*, Rizzoli, Milano, 2007.

Scisciolo de, Angelo, *Per un'Altra Storia*, Edilmond, Città di Castello, 2006. Scognamiglio, R., *La vita di Leonardo da Vinci*, Napoli, 1900.

Scotti, R.A., *The Lost Mona Lisa. The Extraordinary True Story of the Greatest Art Theft in History*, Bantham Press, Londra, 2009.

Seibold, Dietrich, *Leonardo Da Vinci im Orient*. Geschichte eines europäischen Mythos, Böhlau Verlag, Weimar, 2011.

Sgroi, Suzanne, *Handbook of Clinical Intervention in Child Sexual Abuse*, Simon & Schuster, New York, 1982.

Schott, G.D., *Mirror writing: neurological reflections of an unusual Phenomenon, Review of Neurosurgical Psychiatry*, New York, 2007.

Shlain, Leonard, *Leonardo's Brain*, Rowman & Littlefield, Connecticut, Helena, Montana, 2014.

Silvestri, Paolo De, *Leonardo or the Universal Genius*, Ats Italia, Roma, 2009.

Smith, William G., *Islam and the Abolition of Slavery*, Oxford University Press, Oxford, 2006.

Solmi, Edmondo, *Leonardo (1452-1519)*, Longanesi, Milano, 1972. Solmi, Edmondo, *Scritti Vinciani*, La Nuova Italia, Firenze, 1976.

Soulier, Gustave, *Les Influences Orientales dans la Peinture Toscane*, Henri Laurens, Parigi, 1924.

Spallanzani, Marco, *Ceramiche alla Corte dei Medici nel Cinquecento*, Franco Cosimo Panini, Modena, 1994.

Spallanzani, Marco, *Giovanni Da Empoli*, S.P.E.S. Firenze, 1999.

Spallanzani, Marco, *Ceramiche Orientali a Firenze nel*

Rinascimento, Chiari, Firenze, 1997.

Spence, Jonathan, *The Chan Great Continent*, Norton, New York, 1999.

Spencer, Colin, *The Heretic's Feast*, University Press of New England, Lebanon, New Hampshire,1995.

Stonor-Sauders, Frances, *Hawkwood. The Diabolical Englishman*, Faber & Faber, Londra, 2004.

Sticker, Georg, *Die Pest*, Deutsk, Lipsia, 1908.

Sun Dazhang, *Ritual and Ceremonial Buildings: Altars and Temples of Deities, Sages, and Ancestors*, Times Books Inc., New York, 2015.

Takahashi, Tomoko, *Il Rinascimento dei trovatelli*, Ed. di Storia e Letteratura, Roma, 2000.

Tregear, Mary, *Chinese Art*, Thame & Hudson, New York, 1997.

Tucci, Giuseppe, *L'Oriente nella cultura temporanea*, Istituto Italiano per il Medio ed Estremo Oriente, Roma, 1934.

Tucker, Rebecca; Crenshaw, Paul, *Discovering Leonardo*, Universe Publishing, New York, 2011.

Turner, Richard A., *Inventing Leonardo*, Alfred Knopf, New York, 1993.

Ulivi, Elisabetta, *Documenti Inediti su Luca Pacioli, Piero Della Francesca e Leonardo Da Vinci, con Alcuni Autografi*, Bollettino di storia delle scienze matematiche,Vol. XXIX, Fabrizio Serra Editore, Pisa, 2009.

Ulivi, Elisabetta, *Per la genealogia di Leonardo*, Museo Ideale, Vinci, 2008.

Unger, Miles J., *Magnifico*, Simon & Schuster, New York, 2008.

Uzielli, Gustavo, *Paolo dal Pozzo Toscanelli*, Tip. Scienze Matematiche, Firenze, 1884.

Uzielli Gaetano, *Ricerche attorno a Leonardo Da Vinci*, G. Pellas, Firenze, 1872.

Uzielli, Gustavo, *Ricerche Intorno a Leonardo Da Vinci I & II*, Loescher, Firenze, 1896.

Vaissière de, Pierre, *Le Chateau d'Amboise*, Calman Levy, Parigi, 1935.

Valery, Paul, *Introducion à la méthode de Léonard de Vinci*, Montmartre, Parigi, 1895.

Valery, Paul, *Introduction to the French Translation of Edward McCurdy's Notebooks of Leonardo*, Braziller, New York, 1955.

Vannucci, Marcello, *Il Furto della Gioconda*, Ed. Novecento, Palermo, 1993.

Vartema, Ludovico, *Itinerary of Ludovico Di Vartema of Bologna*, Hakluyt Society, Cambridge, 1863.

Vasari, Giorgio, *Le Vite degli Artisti*, *S.P.E.S.*, Firenze, 1976.

Vasari, Giorgio, *Le vite de'più eccellenti pittori, scultori, e architettori*, Torrentino, Firenze, 1550. Seconda edizione con Giunti, Firenze, 1568.

Vestri P., Baldazzi S., Prato. *Nascita e Sviluppo di una Città di Mercanti*, Banca San Paolo, Torino 1983.

Vezzosi, Alessandro; Sabato, Agnese, *La Gioconda è Nuda*, JFK edizioni, Salerno, 2010.

Vezzosi, Alessandro, *Attualità di Leonardo*, Giunti, Firenze, 1989.

Vezzosi, Alessandro, Leonardo Da Vinci, Harry N. Abrams, New York, 1997.

Vezzosi, Alessandro, *Toscana di Leonardo*, Becocci Editore, Firenze, 1984.

Vezzosi, Alessandro, *Leonardo e l'Europa*, Relitalia Studi Editoriali, Spoleto, 2000.

Vezzosi, Alessandro; Sabato, Agnese, *Leonardo. Mito e verità. Riscoperte, attualità e nodi della conoscenza*, Museo Ideale, Vinci, 2006.

Vezzosi, Alessandro, *La Gioconda è Nuda*, Strumenti Memoria e Territorio, Brindisi, 2011.

Vezzosi, Alessandro; Sabato, Agnese, *I ritratti di Leonardo*, Museo Ideale, Vinci, 2009.

Villani, Giovanni, *La Nuova Cronica*, Guanda, Parma, 1991.

Villata, Edoardo, Leonardo Da Vinci, Ed. 5 Continenti, Milano, 2005.

Villata, Edoardo, *La Biblioteca, il Tempo e gli Amici di Leonardo*, De Agostini, Novara, 2010.

Wölfflin, Heinrich, *Classic Art*, Phaidon, Londra, 1952.

Wong, Wen-Wei, *The Most Fabulous Fans Printed with Calligraphy & Paintings by Celebrated Great Masters of the Country*, Kung Shan Press, Taipei, 1974.

Zanelli, Agostino, *Le Schiave Orientali a Firenze nei Secoli XIV e XV*, Loescher, Firenze, 1885.

Zapperi, Roberto, *Monna Lisa Addio*, Le Lettere, Firenze, 2012.

Ziegler, Philip, *The Black Death*, Penguin Books, Londra, 1998.

Zimmerman Price, T.C., *Paolo Giovio*, Princeton University Press, Princeton, 1995.

Zöllner, Frank, *Leonardo*, Taschen, Colonia, 2000.

Zorzi, Alvise *Marco Polo e la Venezia del suo Tempo*, Electa, Milano, 1981.

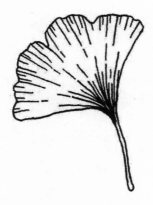

Per maggiori informazioni visita il nostro sito:
www.gingkoedizioni.it
www.facebook/Gingkoedizioni

Gingko Edizioni
Vicoletto Valle, 2
37122 Verona
gingko@gingkoedizioni.it

Distribuzione Nazionale
CDA, Bologna

Questo volume è stato stampato
per conto di Gingko Edizioni
nel mese di Aprile 2022 da
UNIVERSAL BOOK – Rende (CS)

Stampato in Italia – Printed in Italy